浄土論註講義 上

幡谷明 講話集 5

法藏館

浄土論註講義　上＊目次

凡例

一、本書の編纂にあたっては、できるだけ読みやすいものにすることを第一の方針とした。
一、読みやすさの観点から、引用においては可能な限り、歴史的仮名遣いをさけ、片仮名書きを平仮名にし、原漢文は書き下し文にあらためた。
一、文中の漢字は、一部の人名等の固有名詞をのぞき、原則として旧字は新字にあらためた。
一、人権の視点から配慮すべき表現は、原意を損なわない限りあらためた。
一、本文中の丸括弧（　）は、編者の補いや註記を示す。
一、本文中に引用される文献で、『真宗聖典』初版（東本願寺出版）にあるものは、これによった。
一、本文中に引用される文献で、『真宗聖教全書』（大八木興文堂）にあるものは、これによった。
一、『真宗聖教全書』の送り仮名のみでは読みづらいため、蓑輪秀邦編『解読浄土論註　改訂版』（東本願寺出版部、一九八七年）に収められた書き下し文によって、適宜送り仮名を補った。
一、『大正新脩大蔵経』からの引用は、『国訳一切経』にもとづいて書き下した。
一、引用文献は以下のように略記した。

『真宗聖典』初版（東本願寺出版）…………『聖典』
『真宗聖教全書』（大八木興文堂）…………『真聖全』
『定本親鸞聖人全集』（法藏館）…………『定親全』
『大正新脩大蔵経』…………………………『大正蔵』

浄土論註講義　上

第一章　『浄土論註』を読むために

第一節　出発点に帰る

私は、これまで曇鸞大師（四七六～五四二）を中心に真宗学を学んできましたので、曇鸞関係の書物はほとんど手許にございます。そこで、これからみなさまとどのように読んでいいのか思索していますが、私としては出発点に帰るという意味で、曽我量深先生（一八七五～一九七一）と金子大榮先生（一八八一～一九七六）が曇鸞についてお書きになった論文がありますので、そこに帰って『無量寿経優婆提舎願生偈註』（以下『浄土論註』と略称）を読み直せないかと思いました。

曽我先生の論文に、龍樹菩薩（一五〇～二五〇頃）に始まる浄土真宗の七祖の教学の伝統を明らかにされた「七祖教系論」があります。この「七祖教系論」は、明治三十一年（一八九八）、二十四歳の時に『無尽灯』という機関誌に発表されたものです。私は学生時代に、それを読んだことで、『無量寿経優婆提舎願生偈』（以下『浄土論』と略称）と『浄土論註』を学ぶもとになったため、大事な論文になるのです。

また、曽我先生を師と仰がれました金子先生が、大正四年（一九一五）、三十五歳の時の『真宗の教義と其の歴史』という書物があります。曽我先生にその原稿を見ていただかれ、直していただかれたのが本になったものです。そして、『彼岸の世界』は、大正十四年（一九二五）、四十五歳の時、大谷大学で教壇に立たれたころの書物で、『浄土論』についての講義です。また、『教行信証の研究』は、岩波書店から出た本で、昭和三十一年（一九五六）、七十六歳の時に出されたものです。先生の直弟子の寺田正勝先生（一九一二〜二〇一〇）によれば、金子教学が本当に確立したのは、『教行信証の研究』においてである、とおっしゃっていますが、そのなかに七祖についてまとめられたものがあります。それから、昭和四十三年（一九六八）、八十八歳の時に書かれた『晩学聞思録』にも、七祖についてのまとめがあります。

金子先生の教学は「聞思の教学」と言われます。「聞思」という言葉は『教行信証』総序に「聞思して遅慮することなかれ」（『聖典』一五〇頁）とあります。よき人の教えを聞いて、それを自らに納得のいくまで思索を尽くすというのが、金子先生の「聞思の教学」です。それに対して、「内観の教学」というのが曽我先生の特質で、「法蔵の内観」、どこまでも法蔵の因位の姿を宿業の身の根源に尋ね当てるということです。

以上のような曽我先生と金子先生の書物を手掛かりにしながら、『浄土論註』を学んでいこうと思います。

『浄土論』の概要

まず、曽我先生の「七祖教系論」によって、曇鸞がどういう方で、どういう教学なのかを見ていきます。しかし、その前に、『浄土論註』ですから、天親菩薩（四〇〇〜四八〇頃。世親とも言うが、以下天親）の『浄土論』についてあらましだけを申し上げておきます。

浄土真宗の学者は「天親」という呼び方をしますが、親鸞聖人（一一七三～一二六二）が晩年にお書きになられた『入出二門偈』の初めのところに、「天親」と言うのは訛りで新訳の「世親」が正しいとおっしゃっています（『聖典』四六〇頁趣意）。「Vasubandhu」（ヴァスバンドゥ）の「Vasu」は「天」とも「世」とも訳されますが、仏教学者は「世親」、真宗学者は「天親」と、習慣として読みます。

『浄土論』は『無量寿経優婆提舎願生偈』というのが正式な題です。「優婆提舎」は、サンスクリットの音写で、「upadeśa」（ウパデーシャ）の「upa」は「近づけて」、「deśa」は「示す」という意味です。仏陀が入滅されて時代が久しくなっていく、いわば正法の時代が終わって像法の時代に移っていく。そういう時代になると経典を読んでも正しく理解していく能力が薄れていく。そういう人びとのために経典に説かれた教えを分かりやすく伝えるというのが「ウパデーシャ」ですが、曇鸞は「優婆提舎」とは「論議経」（『真聖全』一、二八〇頁）という意味と言われます。経典にはいろいろな形式があるけれども、そのなかのひとつに「論議経」と呼ばれる経典がある。論議を明らかにするということで、『無量寿経』の意を分かりやすく、その時代の人びとに伝えるということをもって著され、自らの宗教体験、救いの証を通して明らかにされたのが『浄土論』であるというわけです。『浄土論』は仏弟子、菩薩が書いたものであるけれども、経典に匹敵するものである、と評価したのが曇鸞です。

ちなみに、『無量寿経優婆提舎願生偈』ですから、『無量寿経論』と呼び、それを註釈したものを『無量寿経論註』と、佛教大学の藤堂恭俊先生（一九一八～二〇〇〇）は呼ばれます（『無量寿経論註の研究』仏教文化研究所、一九五八年）。それに対して、『無量寿経優婆提舎願生偈』を略称して『浄土論』と呼ぶわけですが、本願寺派の方は『往生論』の略称を用い、曇鸞の書物は『往生論註』となります。どちらが間違っているということではなく、『浄土論』や『往生論』と呼ばれたりするふたつの内容がこの論の特色であるということです。つまり、「浄土はいかなる世界なのか」「浄土に往生するということはいかなることなのか」を明らかにするのがこの書物の内容だということです。

『無量寿経優婆提舎願生偈』には「無量寿経」とありますが、天親ご自身がおっしゃった「無量寿経」とは何かは厳密には分からないと言わなければなりません。少なくとも正依の経典である、いわゆる『大無量寿経』であることは間違いないけれども、『観無量寿経』（以下『観経』と略称）『阿弥陀経』を含めてであったのかは分かりません。分からないけれども、「無量寿経」というのは、「浄土の三部経」、ことに真実教と宗祖が選ばれた『大無量寿経』の教えを明らかにするということです。

それでは、「浄土の三部経」は何を明らかにするのか。これは、親鸞聖人が法然上人（一一三三～一二一二）を受けて明確にお示しになりましたように「選択本願」です。法蔵菩薩によって選び抜かれた選択本願の念仏がもとにあります。それは、曽我先生がおっしゃられたように「釈尊以前の仏法」ということです。また、「初めに名号ありき」と言われるように、「南無阿弥陀仏」という名号、選択本願の名号、歴史を超えた根本の真理が、仏陀によって智見され、群萌の宗教として明らかにされたのです。そこに、「浄土の三部経」があるということです。その「浄土の三部経」を優婆提舎された『浄土論』は、浄土教には数多くのお聖教がそれぞれの祖師によって著されてきたけれども、そのなかで「浄土の三部経」の意を明らかにされたものとして大事な意味を持ちます。

「浄土の三部経」は天親の『浄土論』によって明らかにされたことを注意したのが『浄土論註』です。『浄土論註』は『浄土論』を解釈するうえで、「三部経」に返して明らかにされています。「浄土の三部経」

のこころを明らかにされたのが『浄土論』であるということに立って、「浄土の三部経」に返して『浄土論』の意味を説いていくのが『浄土論註』です。

しかしながら、「三経一論」という言葉で表されたのは法然上人です。法然上人は、「三経一論」が浄土宗の依りどころであり、浄土宗の教えを明らかにするものは、「浄土の三部経」とそれを明らかにした『浄土論』、「三経一論」であるとおっしゃられました。そして、『浄土論』にさき立つ龍樹の『十住毘婆沙論』(以下『十住論』と略称)は「浄土の三部経」を直接明らかにするものではない。確かに『十住論』には「易行品」があり、「弥陀章」がある。「阿弥陀の本願」について説かれ、念仏の功徳について説かれ、「現生不退」ということが示されている。しかし、それは三部経を直接明らかにされたものでなく、あくまで『十地経』の註釈であって、法然上人の言葉で言えば、傍らに往生浄土の教えを明らかにされたものであるということです。それに対して、正しく往生浄土の教えを明らかにしたものが『浄土論』であり、『浄土論』は大事な重い意味を持ったお書物である、とおっしゃっていかれます。しかし、法然上人は『浄土論』の具体的な内容について特に取り上げて明らかにされていないのですが、法然上人のご指示を受けて、『浄土論』の意味を明らかにしていかれたのが親鸞聖人です。

『浄土論』は「三経一論」と言われるほど、浄土真宗の教学を開顕するうえで、決定的な重い意味を持ったものです。それによって大乗至極の宗教、浄土教が大乗至極であることを明らかにしたのが曇鸞です。「親鸞」という名告りは、「大乗至極の浄土真宗」、大乗仏教の究極である浄土真宗の教学を明らかにするという教学者としての使命感です。教学者としての使命感を明らかにする名告りが「親鸞」あるいは「愚禿親鸞」という名告りなのです。

親鸞聖人は、『浄土論』を「一心の華文」ということで明らかにしていきます。

広く三経の光沢を蒙りて、特に一心の華文を開く。

（『聖典』二一〇頁）

「華文」とは最上の書、最高の書、つまり、このうえなく尊い書物ということです。「一心」というのは信心を表す言葉です。それは『浄土論』冒頭の帰敬偈に「世尊、我一心に、尽十方無碍光如来に帰命して、安楽国に生まれんと願ず」（『聖典』一三五頁）とあるように、世尊と弥陀の二尊を仰いで、勅命に随って浄土を願生して生きるということです。二尊の勅命に信順して浄土を願生して生きること、しかも浄土を願生して生きることは、ただ個人ではなく、「普くもろもろの衆生と共に」（普共諸衆生）ということが問題なのです。浄土という世界は普くもろもろの衆生と共に生きている。衆生として生きているということは、愛憎善悪という人間の生活、業縁関係のなかに生きることです。生死流転しているのが我われ衆生のあり方であり、生死流転している衆生と共に浄土を願生して生きるという信念を述べられたのが帰敬偈の言葉です。それは、帰命の心であり、帰命を通してさらに願生していく心です。帰命願生の心、勅命に随って、如来の呼びかけに随って、そして呼びかけに応答しながら浄土を願生して生きる。そのような信心、願として展開していくような信心を「一心」と表されたのが『浄土論』なのです。

『浄土論』に表された「一心」の意味を浄土の三部経に依りながら明らかにしていくことは、『大無量寿経』の第十八願に誓われた仏の三心に照らして「一心」を明らかにすることであり、本願と本願成就を明らかにしていくことなのです。そういうことで、『浄土論』が浄土真宗において重い意味を持ったお聖教と言えます。

その『浄土論』がまさしく浄土の三部経の優婆提舎であることを明らかにしてくださったのは曇鸞の

『浄土論註』によるわけですから、「曇鸞和讃」にあるように、曇鸞の教えがなければ、『浄土論』の「一心」のこころは明らかにならなかったということでしょう。

天親菩薩のみことをも
鸞師ときのべたまわずは
他力広大威徳の
心行いかでかさとらまし

（『聖典』四九二頁）

『浄土論』に示された「一心」、純粋なる信を、曽我先生は天親のところだけで『浄土論』を見るならば、それは「自利各別の心」だとおっしゃっています。天親のところだけで『浄土論』を見るならば「自利各別の心」であって、「他力の信」ということは『浄土論』だけでは決して言えない。しかし、それを「他力の信」と明らかにされたのが曇鸞だということは、曽我先生でなくては言えないと思いました。

『浄土論』を読む視座

曽我先生は、「七祖教系論」において、

『唯識三十頌』は天親菩薩の機の深信の記述であり、『浄土論』の我の一字の註脚である。

（『曽我量深選集』第一巻、弥生書房、一九七〇年、一一五頁）

と言われています。この一句を明らかにしたいということが私の『浄土論註』研究の出発点です。先生の百年前の論文ですが、私にとっては忘れられない大事な論文です。

『浄土論』はインドの天親が書かれ、『浄土論註』は中国の曇鸞が書かれたものですから、時代も歴史も社会も違います。私は、『浄土論註』を本当に明らかにするためには、『浄土論』そのものを明らかにしなければいけないと思いました。『浄土論』そのものを明らかにするためには、天親の「瑜伽行唯識」という教学を学ばなければいけません。瑜伽行唯識の教学者でありました天親がなぜ浄土を願生するのか、ということをはっきりしないといけないのではないかと考えたのです。

すると、指導教授の稲葉秀賢先生（一九〇一～一九八五）から、『浄土論註』を通さずして『浄土論』を読むわけにはいかない、お前の考えていることは間違っている、と叱られました。けれども、『浄土論註』を本当に理解しようとするならば、『浄土論』を『浄土論』として一度読まなくてはならないと思います。なぜ唯識の学者であった天親が、『浄土論』、すなわち「願生偈」という信念を表白する書物を書かれたのか。そこに必然性があるのかないのかを明らかにしたい、というところから私の学問は始まりました。真宗学における『浄土論』を仏教学という土俵のうえに出す、と言いますか、仏教学のうえに提示するということをしなくてはならなかった。そのような私の時代状況がありました。ですから、難しかったけれども仏教学を学びながら、『浄土論』を考えさせていただきました。

もうひとつ、そのような『浄土論』に対して、歴史も社会も違う曇鸞がどのような立場で註釈していかれたのか、ということがあります。端的に言いますと、『浄土論註』の背景には中国の思想がある、ということです。親鸞聖人が讃嘆された「曇鸞和讃」は、菩提流支（五～六世紀頃）に出遇って仙経を焼き捨てて浄土教に帰された回心から始まりますが、その回心に着目して、聖人は『無量寿経』を『浄土論註』によって読んでいくわけです。その『浄土論註』が著されていく背景に、「長生不死の神方」に迷うという民間信仰、あるいは老荘思想があるということは注意すべきです。そういうなかで、ことに大事なのは鳩摩羅什（三四四〜四一三）のお弟子の僧肇（三八四〜四一四）の教学です。師の羅什は西国から中国に来て仏教経典を翻訳した人ですけれども、その羅什を迎えに行って羅什の教えを学んだ人が弟子の僧肇です。

僧肇の教学は、インドの般若思想を中国的な老荘思想を素材にしながら、インドの大乗仏教を明らかにした中国般若学です。中国般若学は、インドの龍樹の空の思想を、自然という思想を説く中国の思想を素材にしながら、中国仏教として明らかにしていく。そういう僧肇の思想に影響されながら、さらに浄土教のうえで明らかにしたのが曇鸞です。そのようなかたちで、私は『浄土論註』を学んでまいりました。

第二節 「七祖教系論」を読む

それでは、「七祖教系論」の第三節「曇鸞大師の教義」を読んでまいります。

万法唯心を本宗とする天親菩薩は、自己の来生の事件に就ても、一心帰命を宣布して信心為本を明瞭にされた。而も同時に各自の主観を重んずる唯心主義は、云何に痛切に如来の願力に帰命し浄土を願生することを表明するにも拘わらず、我等は所帰所願の強盛の力を感ぜずして、却て論主の能帰能願の一心力の強盛なるを感ぜずにはいられぬ。随って論主の一心を以て、論主の個性を基礎として建立せる自利各別の我一心と感じ、如来回向たる平等の一心と感ずることが出来ぬ。之を広大無礙の一心とすることは、一に宗祖聖人の教化に由る。而して宗祖聖人の教化は、その源、鸞師の註解に由る。而して鸞師は云何にして論主の微意を開顕し給いたるかを求むるに、遠く龍樹大士の釈義に溯らねばならない。

（『曽我量深選集』第一巻、弥生書房、一九七〇年、一一〇頁）

「万法唯心」は「万法唯識」とも言いますが、すべては心の変現であるということです。「来生」とは「来たるべき生」です。曽我先生は、晩年、「純粋未来」ということをおっしゃいましたが、「自己の生死のいきつくところ」ということかと思います。「自己の来生」とは、ただ未来ということだけではなく、生死の帰していくところ、死につつある我われがいかにして死にうる我われになるか、ということでしょう。そういうことについて、天親は「一心帰命」を表明し、「信心為本」を明らかになされました。これが「世尊我一心」という帰敬偈に示される願心の表白です。先生は、「而も同時に各自の主観を重んずる唯心主義は、云何に痛切に如来の願力に帰命し浄土に願生することを表明するにも拘わらず、我等は所帰所願の強盛の力を感ぜずして、却て論主の能帰能願の一心力の強盛なるを感ぜずにはいられぬ」とおっしゃられて、論主の一心が「論主の個性を基礎として建立せる自利各別の我一心」であるとおっしゃっています。これは、曽我先生の独自な領解だと思います。一心・帰命・願生とおっしゃっている天親の表白の帰敬偈を読むと、天親の熾烈な願生心というものを感じます。つまり、本当に天親の存在、いのちをかけての信心であって、それが如来からの回向された信心だと、万人に回向せられる信心だということを、人はなかなか受け取れない。あくまでも「我」というところに信心の強烈さを思うのです。

「之を広大無礙の一心とすることは、一に宗祖聖人の教化に由る」とありますが、これはその通りだと思います。一心というのは如来回向の信であり、如来の真実が我われのうえに、釈尊の発遣の教え、本願念仏の歴史、諸仏・善知識にお出遇いすることによって、彼岸に通ずる一道に立たしめられる。その広大無碍の一心は親鸞聖人の教えによってはじめて明らかにされるのです。

龍樹の実相論

蓋し客観の世界は一面には平等なるものの如くにして、而も一面には差別せるものの如くである。是れ人々の実際上に解釈に苦しむ所以である。然るに平等を以て客観の実相とし、差別を以て各自主観の妄想に由るものとし、依りて各自の妄想を捨てて無礙の正智を以て平等の実相を観照すべしと主張するものは龍樹の実相論である。之に反して、差別を以て客観の現相とし、而してその客観の差別の淵源を以て各自の主観の差別に在りとし、世界が平等に似て現ずるは、我等が徒に客観の皮相に執著して深く自己の差別を観ぜざるが為に生ずる妄想であるとなし、客観の法執を捨てて専ら自己の一心を観ずべしと主張するものは天親の唯心論である。即ち前者が、差別の迷妄の淵源なる自己を空うして、直に平等なる客観の実相を観ぜよと主張するに対して、後者は、平等に似たる客観を否定して偏に差別の主観を観ぜよと主張する。されば差別の主観を重んずる唯心の宗教が、自然に自力に傾くと共に、平等の客観を重んずる実相の宗教が、自然に他力に傾くは容易に推知し得る所である。

（『曽我量深選集』第一巻、弥生書房、一九七〇年、一一〇～一一一頁）

曽我先生は「龍樹の実相論」とおっしゃっていますが、そもそもそのような言葉遣いはなく、「龍樹の般若空思想」と言います。「諸法実相」という言葉が『中論』にありますが、『法華経』などにも出てまいります。「実相」とは「ありのまま」ということで、真実なるものは我われの心の行処の滅せるところであり、我われの一切の言葉を超えたものである、ということで、「心行処滅言語道断」という言葉で「実相」を表します。我われは、実体的にものを対象化して考え執着していきますが、そういう執着がまったく滅せられたものであり、それが「空」なるものである、ということです。そこに龍樹の思想があります。

実体を否定し実体を超えて空・無我なるものが「平等を以て客観を実相と」するものであり、「直に平等なる客観の実相を観」ずるものであります。ところが、我われはそれをどこまでも実体化し執着して、すべて客観を我われの妄執の現れとする。それが「万法唯識」と言われる唯識の立場です。天親の「万法唯識」の立場というのは、「平等に似たる客観を否定して偏に差別の主観を観ぜよと主張する」ものです。

鸞師の『論註』は即ち龍樹の客観宗に依りて天親の主観宗を解釈し、『浄土論』の能帰能願の一心を以て所帰所願たる如来浄土を顕すに在るものとし、遂に観㆓仏本願力㆒を以て一論の帰趣と決定し、仮令一心は機に於て差別するも、増上縁なる本願他力よりすれば平等となすことを得べしとする。然るに鸞師は『浄土論』の観㆓仏本願力㆒の一句より因位の本願と果上の仏力との二つを分ち（『論註』下巻、不虚作住持功徳の下）、先づ本願力に乗じて浄土に往生し、次に仏力住持に由りて大乗正定聚に入ると解決し給う（『論註』上巻の初）。かく仏の因果の二力を開き、又区分するは何が故であるか、又鸞師は云何にこの二力を顕示し給うかは重要の論点である。

（『曽我量深選集』第一巻、弥生書房、一九七〇年、一一一頁）

曇鸞の『浄土論註』は「龍樹の客観宗に依りて天親の主観宗を解釈し」とあるように、すべては諸法の実相であって空であるという思想によって、我が心、妄想を観ぜよという天親の唯識の教えを解釈したものです。それによって、「観㆓仏本願力㆒を以て一論の帰趣と決定し」たのが、曇鸞が見る『浄土論』の眼目です。どこに『浄土論』を見る目を見出したかというと、「観仏本願力」というところです。

『浄土論』において浄土を明らかにする場合、「三種荘厳」を説きます。「荘厳」とは「願心荘厳」であり願心の象徴です。如来のはたらきを国土、仏、菩薩の三種に分けます。国土十七種、仏八種、菩薩四種の二十九種荘厳ですが、その仏八種荘厳の八番目が「不虚作住持功徳」となります。仏のはたらきは虚しくなく、我われをして空過を超えしめたまうのです。「住持力」とは我われを根源から支えるはたらきで、「不散不失」（『聖典』二八二頁）と言われますが、虚しく生死流転していく我われの空過を超えしめる根源的な力が如来のはたらきであり、それを「本願力」と言うのです。本願の力に『浄土論』の眼目、中心を見出したのが曇鸞です。そこに立って『浄土論』を解釈していきます。

「仮令一心は機に於て差別するも、増上縁なる本願他力よりすれば」とおっしゃられています。「一心」は我われ一人ひとり、仏に帰する心はそれぞれ違うので「自利各別の心」となる。めいめい違うように思えるけれども、その信心を我われに起こさしめるはたらきとしての「増上縁なる本願他力」です。これは大事な言葉です。「一心」を我われのうえに起こしてくる「増上縁」です。「増上縁」とは強い力、因を支え、因を強固ならしめる強い力ということですが、増上とはあくまでも縁です。「一心」はそれぞれみな違うようであるけれども、そういう一心を起こす「増上縁」としての本願力からすれば、みな平等であるということです。ですから、「鸞師は『浄土論』の観二仏本願力一の一句より因位の本願と果上の仏力との二つを分ち、先づ本願力に乗じて浄土に往生し、次に仏力住持に由りて大乗正定聚に入ると解決し給う。かく仏の因果の二力を開き、又区分するは何が故であるか、又曇師は云何にこの二力を顕示し給うかは重要の論点である」ということです。

続いて、読み進めてまいります。

溯って龍樹天親の二祖を観察するに、龍樹の「易行品」には本願力と無量力功徳とを併せ説いてあれども、『智度論』の明かす所に依るも、その主とする所が果の仏力に在ることは疑を容れない。又

『浄土論』には解義分の観察体相章に不可思議の名字を出してあれども、浄入願心章には三種成就は願心の荘厳と決定し、特に偈頌には専ら仏本願力の因の一力を説き給う点より見れば、その本意が因の願力に在ることは明かである。即ち龍樹は諸仏平等の絶対の大智慧力を憶念し、天親は弥陀不共の相対の本願力に帰命する。

（『曽我量深選集』第一巻、弥生書房、一九七〇年、一一一～一一二頁）

龍樹の教えは空というところに立って、「果の仏力」である「諸仏平等の絶対の大智慧力」に立つのが龍樹の立場です。ところが、「世尊我一心」と名告って阿弥陀の浄土を願生する、阿弥陀一仏に依るということが明確な『浄土論』においては、「その本意が因の願力に在る」「弥陀不共の相対の本願力に帰命する」ところに天親の立場がある、というわけです。

我等は今その差別の由来を求めて、二菩薩の立脚地なる実相唯心の差別点に想到するのである。蓋し実相論は現在の世界を以て直に無作の真如、久遠の法身の顕現と観ずる。されば実相論より論ずれば、弥陀の真身は久遠実成の法性法身である。この法性法身が果後の方便を以て且く相対有限の菩薩と現じ、衆生救済の本願を立て、十劫の正覚を唱うるのである。されば因願酬報の如来は真実法身に非ずして方便法身である。この故に我等は大悲方便の本願力を通じて、久遠実成の絶対の真法身を憶念すべしと教ゆるは、実相観の他力教の面目と云わねばならぬ。相対の人界に迷いつつあるものの為に、如来は已むなく絶対の光明を隠没して相対的なる本願を立つる、而も本願成就の始覚の如来は本覚に還帰して何等の相対の痕跡もない。この故に如来の本願を念ずるもの、徒に方便の本願に拘束せらるることなく、深く如来の向下発願の大精神を明かにし、法性法身の本源を憶念せなければならぬと教ゆるものが龍樹大士である。元より流転の凡夫は方便法身の本願を通さずして直に法性法身に接することは出来ない。真に方便法身の大精神に徹底する時、久遠の法身を観ずるを得るのである。是れ龍樹が特に絶対平等の仏力を憶念の中心とし、随って常に能く十方諸仏を念じ給いたる所以である。

（『曽我量深選集』第一巻、一一二頁）

このように、龍樹・天親の「二菩薩の立脚地なる実相唯心の差別点に想到」し、まず龍樹の実相論より論じていかれます。法性法身・方便法身の二身説が出てまいりますが、法性法身は無相です。空・無相と言われますように、一切の限定を持たない、色もなく形もない、絶対そのものです。『浄土論註』の言葉で言えば、一切の相対的な知を超えたものが「無相の相」「無知の知」ということで、別な言葉で言えば「無生の生」（『真聖全』一、三二七頁）です。つまり、相対的な分別を超え、形を超え、一切の相対的な知を超え、そして、実体的なものを超えた「無相」「無知」「無生」ということ、あるいは、「無願」「無作」とも言います。

色もなく形もない絶対のさとりそのものが、我われのうえに形をとってはたらきたまうのが方便法身です。「方便」とは「近づく」ということで、方便法身は「報身」と表されます。現れるときには本願の行として現れてくるわけですから、ただ近づくではなく、本願のはたらきとして我われのうえに現れるのです。本願のはたらきによって成就するものが方便法身ですから、「報身」ということです。

唯識の言葉に返せば、真如法性そのものがそのまま本質を失わず、現れてくるものですから、「等流身」とも言われます。「等流」とは、本質・絶対なるものが絶対なるものを失うことなく、相対的に自らを現すということです。平等の大悲の流れということで、「等流身」とも言い、あるいは、「受用身」とも言います。「受用身」とは、それを受け入れるということで、この場合、自受用と他受用とに分かれます。

「自」とは『大乗荘厳経論』によりますと、さとりそのものを「真法身」とも表されますが、真理そのものです。龍樹の場合は「無自性」ということで、「自性」は「実体」という意味です。そういうものが一切存在しないのが、龍樹の「無自性空」の思想です。唯識になりますと、龍樹によって否定された「自性」という言葉を、仏のさとりそのものを表すものとして用い、それが受用身ということです。さとりそのものが開示されるということで、『大乗荘厳経論』ではそれ自身を開くと言います。つまり、一切の形を超えたものが、それ自身を開いてくるはたらきを「受用身」と言うのです。それをなぜ開くのかというと、「他受用」、他の衆生を受け入れるからです。衆生を受け入れるためにはたらくことを「受用身」と言います。それが方便法身ということで、方便法身を通して法性法身を明らかにする。どこまでも「空」というところに立つのが龍樹の思想です。

一切の我われの相対の世界は迷いでしかないわけで、そういう迷いを超えた絶対そのものを覚るのですから、龍樹の立場はどこまでも否定道です。「空」とはまったく否定道ですから、すべてのものはゼロであり、すべてのものが絶対的に否定されていくのです。そして、「空亦復空」と言うように、なにか「空」なるものがあると、「空」という言葉に執われ、言葉を通してものを実体的に捉えるのです。ですから、「空亦復空」と龍樹のところで徹底的に否定され、単刀直入にそのものと一体化することが龍樹の思想になるわけです。

「本願成就の始覚の如来は本覚に還帰して何等の相対の痕跡もない」とありますが、「始覚」「本覚」(『大正蔵』三二、五七六頁)というのは『大乗起信論』の言葉です。「本覚」というのは本来のそのままの覚りです。始覚とは、それが覚りを求めるというはたらきですから、相対的なものに執われてはならないのであって、絶対そのものを明らかにしなくてはならない。形を通して形を超えたものに触れなくてはいけないと言うのが龍樹です。

『浄土論註』もこのことが大事になってきます。『浄土論註』におきましても、二種法身の関係につきまして、法性法身が方便法身として我われのうえにはたらくわけです。その場合、

諸仏菩薩に二種の法身あり。一つには法性法身、二つには方便法身なり。法性法身に由って方便法身を生ず。方便法身に由って法性法身を出だす。この二つの法身は、異にして分かつべからず。一にして同じかるべからず。（『聖典』二九〇頁）

とあります。色も形もない絶対そのものが方便法身として、「尽十方無碍光如来」という、光輝く如来として我われのうえに名告りたまうところに「生ず」ということがあります。そして、「無相の相」「無知の知」「無生の生」と言うように、大事なのは後の「出だす」ということです。つまり「方便法身に由って法性法身を出だす」とあるように、方便法身のところにおいて法性法身が全現するのです。方便法身を抜きにして法性法身を考えるわけにはいかないのです。これが『浄土論註』における基本論理です。

天親の唯心観

続いて、天親の唯心観のところを読んでまいります。

然るに天親菩薩の唯心観に依るに、現在の苦悩の世界は自己の過去の罪業を縁として自己の根本識が親しく感発したる果報である。有限の世界は有限を因とする。若し無限より有限を生ずるとすれば是れ因果の理を破壊するものであろう。即ち世に久遠実成の如来なるものあることなく、一切の如来は

各自の能力に応じて特別なる本願を起し、特別なる修行を経て正覚を成ずる。この故に有始無終の報身如来は如来の真身であって方便身ではない。されば諸仏如来は全体としては同一に万徳を具するものなるも、而もその特別なる本願は猶果上を支配して、部分的には優劣なしと云うを得ない。是れ特に天親論主が弥陀の本願力に帰命し給う所以である。唯心論より弥陀の本願を観るに、その本願は利他なると共に即ち自利の為である。度衆生即願作仏の本願である。仮りに歩を譲りて法蔵比丘の本願を専ら果後の方便とするも、相対有限の凡夫は到底相対有限なる本願力を憶念するを得べきのみ、云何にして絶対の仏智を念ずることを得ようか。

（『曽我量深選集』第一巻、弥生書房、一九七〇年、一一二～一一三頁）

仏とは、願のはたらきとしての行によって成就するのですから、釈尊もそうなのです。釈尊は具体的な形をとって、我われと同じ肉体をもって歴史のうえに現れますが、釈尊が仏となられたということは、実は願と行によって仏になられたということです。そこには、それぞれの願があるわけですから、父の願いと母の願いが違うように、それぞれの願によって違い、そういう願によって成就した仏です。ですから、仏において同じであっても、願によって成就するという因果の法則のうえに明らかにされるものである以上、そこには因が異なるのです。つまり「是れ特に天親論主が弥陀の本願力に帰命し給う所以である」と言われるのです。我われは、どこまでも、方便法身を抜きにして法性法身を考えるわけにはいかない。ことに「尽十方無碍光如来」という阿弥陀は、「尽十方無碍光如来」として有碍の世界から一歩も出られない我われのうえに、無碍道としてはたらきたまう「光如来」であります。それは、法蔵菩薩の願行によって成就した如来であるということです。

即ち実相論に在りては、如来の因位の本願を深く観ずることなくして、唯現在の果上の功徳のみを観じ、随ってその自己を観ずるや、現実の生死の苦海の沈溺に専注して、苦果の原因たる過去の罪業を看過する。彼は罪業を自己の主観より離隔して之を客塵に帰し、之に対して自己は全くその責任を有せざるものとする。彼は罪悪を以て単に久遠実成の法身を知らず、この光明世界を以て生死の苦海と見る所の無明に過ぎざるものとする。即ち彼には深き生死観はあれども、全く深き罪悪観はない。深き生死観の解脱の法としては生死即涅槃を教ゆると共に、浅き罪悪観は煩悩即菩提を唱うるに依りて明かである。則ち知る、その果上の仏力を信の中心とするは、深き生死観のあることを証明し、因位の本願力を重んぜざるは、その罪悪観の甚だ浅きことを証明する。

（『曽我量深選集』第一巻、一一三頁）

過去の罪業を深く問うことなくして、現在の生死の苦海だけをいかにして超えるかということを、龍樹の空観においては問題にするわけですが、ここで「客塵」という言葉が出てきます。般若空の思想においては「心性清浄」ということがあります。それは、阿含以来の仏教の人間観の基本として、仏陀が説かれた人間観です。人間のなかには、清く浄める心、透き通った心がある。ただそれが煩悩によって覆われている。そのことを、教えを聞くことができない者は知ることができない。しかし、教えを聞くことができる者は、そのことをよく知る、という言葉が『阿含経』にあって、これが仏教の人間観の基本です。心性清浄ですから、どんな人にも清らかな心があり、のちに「悉有仏性」と言われ、あるいは、すべての衆生のなかに如来が蔵せられている「如来蔵」という言葉になっていきます。ですから、風が吹けば木の葉が落ちるように、煩悩は客塵だからそれを取り除くならば、本来の自性である心性清浄が開かれる、ということです。

ところが、天親の場合はそうではなく、煩悩は客塵と言えないとします。曇鸞の言葉によると「煩悩成就」（『聖典』二八三頁）する身であり、善導大師（六一三～六八一）の言葉によると「煩悩を具足せる」（『往生礼讃』、『真聖全』一、六四九頁）者です。唯識では煩悩を深く問い、煩悩を客塵とするにはあまりにも根が深いのはなぜか、ということを天親が問うたのです。曽我先生は、「彼は罪悪を以て単に久遠実成の法身を知らず、この光明世界を以て生死の苦海と見る所の無明に過ぎざるものとする。即ち彼には深き生死観はあれども、全く深き罪悪観はない」と言い切って、龍樹の空思想においては、生死輪廻ということは問われているけれども、罪悪観ということは必ずしも深く問われていると言うことはできない、とされます。

若し夫れ唯心系統の他力教は、已に現在の仏智を深く観察して因位の超世の本願力に溯り、随って自己を観ずるに当りても、徒に現在の生死に専注するの余り遂に之を自己の計度の空影とするが如きことなく、飽くまで之を実在の生死海とすると共に、之が原因を深く自己の罪業に求むる。而してこの罪業は自己の中に深き根柢を有し、実相論に云うが如き無体の客塵ではない。かくて罪悪に対して絶対無責任を唱うる実相論に反対して、唯心論は一切の罪に対して自己を全責任者とする。実相論に依らば、一切の罪悪は畢竟するに妄想顚動の一無明の分化に過ぎざれども、唯心論に於ては、無明は他の煩悩の生起の所依たるに止まり、こは唯根本六大煩悩の随一に過ぎざるものとする。かくて消極的なる無明よりも積極的なる我見を重んじ、罪悪生死の積極的存立を認むるのである。

（『曽我量深選集』第一巻、弥生書房、一九七〇年、一一三～一一四頁）

なぜ、果てしなく生死していくのか、迷いに迷いを重ねていくのか。それを自己の内に問うていくと、煩悩は決して客塵ではなく、客塵と言われようとも、煩悩はあまりにしつこく、いつまでも離れることはない、と言わなければなりません。「無自性空」と説く般若空観においては、妄念と切ることはできるかもしれないけれども、切れない現実の身です。どこまでも生死輪廻から一歩も出られないこの現実は、深い罪悪を内に感じなければいけない。そこに罪業の身として、自らの内に責任を取らざるを得ないのです。

無明についての曽我先生の指摘は大事なことです。龍樹においては、無明の明とは自己および他を正しく見る智慧なので、無明とは智慧を欠く愚痴、愚かということです。無明においては、空ということを知らない無明に生死が起こっている。唯識の立場においては無明というよりも根底にある我見です。どこまでも「我」というものに執着していく。その罪業、我に対する執着、罪業の深さを内に問い、それは他でもない自業自得という責任存在としてである、ということを内に深く問うのです。

『唯識三十頌』は『浄土論』の我の一字の註脚

我等を以て観るに、天親の『唯識三十頌』は仏教史上に於ける最深の自己観である。一面には実我の執の虚妄なるを認むると共に、更に我執の根柢の深細なるを観じて妄執徒に起るべからずとし、遂に至深の人格を無意識の阿頼耶識となし、この根本的人格を妄執する根本的我執の主体を亦無意識の末那識となし、この末那識を以て長恒不断の我執となし、恒に我痴我見等の四煩悩と相応するものとしてある。即ち具に五十一の心所を立つる中に於て、根本煩悩の六と二十の随煩悩とを立て、特に六煩悩の中より唯四煩悩を選択して末那識に附属せしむるが如きは、誠に破天荒の達見であって甚深の内観に由らなければ不可能のことである。即ち現在の世界の本体を深く主観に求めて、究竟の自己なる阿頼耶識に到達し、又罪業の淵源を内観して常恒の四惑を有する末那識に到達したのである。而もこの二識は能執蔵所執蔵の別はあれども、畢竟自我なる一人格の二面に過ぎざるものである。この二識は相互に不離にして生死と罪業とは永久に相続して絶ゆることがない。されば『唯識三十頌』に現れたる万法唯心は即ち客観の世界である。自我の人格を否定せんが為の唯心ではなくして、最も深く自我を建立し、自我の実在と罪業とを実現せるものとして客観の世界を観ぜんとするに在る。客観の世界の自由に否定すること能わざるは、之が原因なる根本識の深き実在を証明すべく、客観の世界の苦痛の解脱し難きことは、末那識の罪業の深き実在を証明するであろう。心外の世界と心外の迫害とは、之を否定すること必ずしも難くはない。唯心中の世界と心中の罪悪とは、われの殆ど云何ともするを得ざる所のものである。万法唯心は心外の苦悩世界を否定すると共に、心の内に於て至深の自我の罪悪に到達するものである。この罪悪は永久に滅絶し得ぬのではない、而も是れ現世に於て不可能の事業である。能断能証の道としては、唯識観は現世に於ては理想に過ぎぬ。即ち唯識観は唯現実の自己を内観して煩悩成就の凡夫と観知するの能知の道たるを得るのみ。蓋し万法唯識観は即ち罪悪自我観である。罪悪を深く自己の奥底に求め、随って自己を最も重く全責任の主体として観ずる。

（『曽我量深選集』第一巻、弥生書房、一九七〇年、一一四～一一五頁）

『唯識三十頌』は天親の最後の書とも言われ、唯識思想を集大成したもので、自我を内に問い、明らかにした書物です。

曽我先生の文章はなかなか難しいですが、まず基本的なこととして、すべては無自性空であり、因縁であって、縁によって起こる、ということがあります。ですから、人間は遇縁存在と言われます。縁によって生きているわけで、縁を抜きにすれば別に存在しないということです。もうひとつ言えば、それぞれの縁によって親子兄弟といえども、誰に代わってやることも代わってくれることもできない業を抱えています。つまり「不共《ふぐう》」ということであり、共通ならざる業を抱えながら、しかも衆生として共に生き合っていかなくてはならない生死輪廻の深い迷いの問題があります。それぞれがそれぞれの業を抱えながら、しかも、いろいろな関わりのなかで生きていかなくてはならない。そういうなかにあるけれども、すべて縁のなかに生きているわけで、縁を抜きにして縁を離れてはどこにも存在しない。そこに空ということが言われてくるわけです。縁ということが頭のなかで道理としては領解されながら、現実においては、我痴・我慢・我愛・我見という、自我についての執着はあまりにも根が深いということです。「生かされてある」と口先では言いますが、「生かされてある」ということが分からず、自分の力としか思えないのです。そういうところに執われて、そこから出られない現実をどうするかという問題です。

そこで、「客観の世界の自由に否定すること能わざるは、之が原因なる根本識の深き実在を証明すべく、客観の世界の苦痛の解脱し難きことは、末那識の罪業の深き実在を証明するであろう」とありますが、「末那識」、原語の「manas」（マナス）と言うのは、考えるということです。いつも「俺が」というふうに考え、無我と言うけれども無我ということが分からないのです。それは、末那識の罪業の深さです。ですから、外に苦しみがあるように思うけれども、そうではなく、自分に執着する心が自分の心の思うままにならぬものを作り出していくわけです。まわりの世界に執われないようにすることはまだ難しくないけれども、自己についての執われは甚だ深く、取り除くことはまことに不可能というほかはないのです。どこまでも迷いの生死海を作り出していく我われの心は、根の深い無始以来のものであります。唯識では、よく人間の妄念妄想を「無始時来」、始め無き時から、ということで表します。親鸞聖人も「無始流転の苦をすてて」（『正像末和讃』、『聖典』五〇四頁）、あるいは、『教行信証』「信巻」の三一問答で「無始よりこのかた乃至今日今時に至るまで、穢悪汚染にして清浄の心なし。虚仮諂偽にして真実の心なし」（『聖典』二二五頁）とおっしゃっています。始め無き時からただ今に至るまで迷いに迷いを重ねてきた身で表されるのが唯識の問題です。

「万法唯心は即ち客観の世界である」とありましたが、唯識思想は要するに「識」と「境」との関係を問題にしているのです。「識」とは主観のことで、「境」とは客観です。我われは客観の世界に執われて生きているわけですが、客観とは、別にあるわけではなく、「識」が「境」として現れたものに過ぎず、「境」が実体としてあるわけではないのです。ですから、同じものを見ていても、美しいと見るときもあれば汚いと見るときもあり、心によってどのようなものにでも変わっていくわけです。「境」が実体としてあるわけではなく、「識の顕現」であるということです。そういうことによって、「境」を作り出して苦しんでいる識の迷いを離れよ、と言うのです。しかし、唯識ということは仏の境界であって、本当に識のみと知るのは仏の境界であるということなのです。「唯識のみ」と知るのは、我われ凡夫ができることではなく、仏のみなしえることなのです。曽我先生は、そのことを「万法唯識観は即ち罪悪自我観である。罪悪を深く自己の奥底に求め、随って自己を最も重く全責任の主体として観ずる」と押さえておられるのです。つまり自業自得ということで、それをただ見ていくほかないのです。

『唯識三十頌』は天親菩薩の機の深信の記述であり、『浄土論』の我の一字の註脚である。曠劫已来恒生死流転の現在の自己を以て過去の罪業の果報とすると共に、この過去の罪業の根本を現在の自己に求め、自己は外の六識に於ては具に善悪無記の諸業を起して賢善精進の相を現ずると雖も、内には常に末那識に執蔵せられて煩悩は常に止むことがない。この深重なる罪悪的自己観は、やがて一心帰命の法の深信の起る所以である。鸞師が『浄土論』の普共㆓諸衆生㆒というを解するに、『観経』下々品の五逆十悪具㆓諸不善㆒の機を以てし給うことは、決して師の私見に非ずと云わねばならぬ。我が祖は和讃に於て、龍樹の伴い給う所の機を挙げて「流転輪廻のわれら」と云い、天親の伴い給う所の機を挙げて「煩悩成就のわれら」とのたまう。是れ龍樹が特に深き生死観を有し、天親が特に深き罪悪観を有し給うことを示すものである。即ち龍樹の深き生死観は却て現生の根柢に無辺の仏力を発見して現生不退を獲得し、又天親の深き罪悪観はこの世界を以て徹頭徹尾罪悪の自我の所変とし、全く五濁無仏の世界となし、唯如来の本願力は親しく我等衆生の心想の中に建立し給うが故に、我等は専らこの如来の本願力に乗じて浄土を願生し、不退を彼土に期せねばならぬとする。

（『曽我量深選集』第一巻、弥生書房、一九七〇年、一一五～一一六頁）

「世尊我一心　帰命尽十方　無碍光如来　願生安楽国（世尊、我一心に、尽十方無碍光如来に帰命して、安楽国に生まれんと願ず）」（『聖典』一三五頁）とおっしゃっている、その「我」はどういう「我」なのか。「我一心帰命」と、念仏して浄土を求めて生きている「我」はどういう「我」なのか。それを深く問うたのが『唯識三十頌』であり、そこには深い罪悪観があります。つまり、自己が全責任を引き受けていかなくてはならない、そういう自業自得、相対としてある自己です。その自我を破って帰命願生の心が起こることを言っているのです。初めにも言いましたが、「『唯識三十頌』は天親菩薩の機の深信の記述であり、『浄土論』の我の一字の註脚である」という文章が強烈に印象づけられました。これを明らかにしたいと思ったのが私の学問の出発になり、今でもそれを思います。

「我が祖は和讃に於て、龍樹の伴い給う所の機を挙げて「流転輪廻のわれら」と云い、天親の伴い給う所の機を挙げて「煩悩成就のわれら」とのたまう。是れ龍樹が特に深き生死観を有し、天親が特に深き罪悪観を有し給うことを示すものである」とは、曽我先生の鋭い着眼です。「高僧和讃」で龍樹については「流転輪回のわれら」(『聖典』四九〇頁)、天親については「煩悩成就のわれら」(『聖典』四九〇頁)とおっしゃっています。「生死流転」と「煩悩成就」の違いです。「願生浄土」というのは、龍樹の「易行品」には、はっきりとしたかたちでは出てきませんが、現生不退ということは出てきます。「願生浄土」がなぜ出てくるのかは、生死流転を通して、生死流転していることが一切の人間の妄執であると否定され、空ぜられていきます。しかし、生死流転の根源に煩悩成就を深く問わなくてはならなかった。現生において仏になる、空となる、さとりを開くというわけにはいかない。それが、どこまでも浄土を願生していく心を生み出していくのです。そこには、現実に対して深い罪悪観、傷みがなければなりません。

親鸞聖人が龍樹について、現生不退、正定聚を明らかにされたとおっしゃいます。さらには、正定聚不退転の歓び、目覚めをいただいて生きる真の仏弟子は「弥勒と同じ」とまで言い切っています。『大経』そのものでは、決してそこまで言っているわけではなく、浄土に生まれて正定聚不退転となり一生補処となっていくということは説いてあります。それを現在化したのは、龍樹・曇鸞を潜って親鸞に来てからです。

龍樹の二道の判を以て発端とする所の『論註』は、具に因果の二力を並列しつつ、而も果の仏力に重きを置くことは、師の本宗が龍樹系に属するが為である。即ち願力を以て単に往生浄土の増上縁となし、果の仏力を以て正定不退の増上縁とする。されば二十九種荘厳の偈文を解するに当り、長行の願心荘厳の文に依りて一々に願心を推究して、深奥の仏心を開顕したるも、下巻の不虚作住持功徳の釈文には、仏本願力の偈文を仏力と本願との二つに分解し、願と力と相対して力の文字を以て偏に果上の自在神力に配属する所、依然として仏力為本の傾向を脱せぬものと云わねばならぬ。唯論の最後の章なる利行満足章を註解するに至りて、久しく鸞師の胸底に潜んで常に仏力の随伴であった所の願力は、茲に忽然として主伴を転換して絶対の威光を現し、他利利他の判決となり三願的証となる。我等は是に於て云うべし、『論註』は仏力に筆を起して願力に筆を止むと、即ち『論註』一部は巻頭より順観すれば全部絶対の仏力を明かし、巻末より逆読すれば全部相対の願力を明かすものであると。

（『曽我量深選集』第一巻、弥生書房、一九七〇年、一一六頁）

『浄土論註』の初めに難易二道論が示され、浄土の教えは易行の教えであるということから説いていきます。その易行の教えとは、信仏の因縁によって本願力に乗托して浄土を願生していく道であると押さえていきます。天親の場合には、仏力よりも願力に重きを置き、浄土も願心荘厳であり、如来は願力のはたらきである、と言われます。それに対して、曇鸞はどこまでも龍樹の空の教学にもとづいて『浄土論』を解釈していくわけです。そこに、現生不退を課題にしながら、現生不退と願生浄土の関係を明らかにするところに曇鸞教学の大きな課題があります。

最後の一文など、なかなか理解がついていきませんが、ともかく、曽我先生がおっしゃっていることは、龍樹の実相論と言われる空の思想です。空の思想に対して、天親はどこまでも我見に代表される煩悩の問題です。ですから、空というところに立てば生死流転も否定されていくけれども、我われにとっては生死流転ということは否定されない。どこまでも超えられないのは、内なる煩悩によるということです。煩悩の深さをどこまでも罪業として内に深く問うていくところに阿頼耶識の問題があります。末那識による阿頼耶識への執着があることをどこまでも内に問うていくのです。

曇鸞の教学は、龍樹の空の思想に立脚しながら、天親の『浄土論』をどこまでも明らかにしていきます。『浄土論』の背景には、瑜伽唯識の論理があり、瑜伽唯識の学者であった天親が、なぜ浄土を願生していかなくてはならなかったかは大きな問題です。そういう『浄土論』を、五濁無仏の時を生きる凡夫のうえに立って、さらに五濁無仏の時を生きる凡夫という傷みにおいて、『浄土論』に込められた願生浄土の教えを明らかにしていくことが曇鸞の大きなお仕事であったと思います。

第三節　金子先生の七祖論

次に、金子先生のお書物によって、龍樹・天親・曇鸞の教学について尋ねていきますが、代表的な著作として三つを挙げることができます。まず、先生が三十五歳の時に書かれた『真宗の教義と其の歴史』です。これは、曽我先生の「七祖教系論」をもとに書かれ、曽我先生の閲読を受けて直されたものです。この書物は、七祖それぞれの生涯と著書における浄土教思想の特色をまとめられたもので、金子先生の見事な七祖概論です。

二つ目に、七十六歳の時に岩波書店から出ました『教行信証の研究』です。この書物に七祖論がまとめられていますが、先の『真宗の教義と其の歴史』とは異なります。ことに上三祖については、龍樹はなぜこの浄土を願生しなくてはならなかったのか、なぜ『十住論』の「易行品」を著さなくてはならなかったのか、天親になぜ『浄土論』を著し浄土を願生しなくてはならなかったのか。曇鸞はそれをどのように受け止めて明らかにされたのか、その核心になる部分を押さえられています。

三つ目は、先生の本当に円熟しきった八十八歳の時に書かれた『晩学聞思録』です。このなかに七祖について説かれています。これは、『真宗の教義と其の歴史』と『教行信証の研究』を統一するかたちで、本当に受肉化された七祖論だと思います。この三つが金子先生の七祖論として認められると思います。なかでも、『真宗の教義と其の歴史』の七祖論はきっちりとまとめてあり、何度も読み返されたら、龍樹・天親・曇鸞の教えが領解できると思いますので、まずは、『教行信証の研究』によって上三祖について考えたいと思います。

『教行信証の研究』は、第一部の宗義篇と第二部の教学篇に分かれています。その序によりますと、

この著に宗義と教学との二篇を分った。その宗義篇では専ら『教行信証』を貫ぬく事理を明らかにしようとせるのである。その中心となるものは、弥陀の名に依る如来の本願の真実ということである。また教学篇に於ては、仏教学の方法を推求して聞思の意義を明らかにしようとせるのである。私の思うところでは、従来、真宗を学ぶものも、また是非するものも、共に聞思の態度から外れているようである。それが『教行信証』の世界人心を潤おすべき当然の功徳を隠没せしめているのではないであろうか。

（『金子大榮著作集』第九巻、春秋社、一九七八年、五頁）

と記されています。龍樹・天親・曇鸞の上三祖については、第二部教学篇の第二章信解に書かれていますが、この表現だけを見てもきっちりとまとめてあることが分かります。

金子先生は、龍樹の立場を「法空観」とおっしゃられます。「法」とは、万法、すべて存在するもので、存在することとすべてが「空」であるということです。それが般若中観や空思想と言われる龍樹の仏教学です。

「般若」とは「prajñā」（プラジュニャー）のことで「智慧」です。般若の智慧によって空を観じていき、そこに有無の見を離れた中道を明らかにしていくことが般若中観の思想です。般若によって見られる世界を「空」（śūnya：シューニャ）と表しますが、これは数字のゼロという意味でもあります。すべては空であり、実体観を離れるということです。我われはものを考えたり見たりする場合に、物を対象化し分別し実体化していきます。それが我われのものの考え方でありますが、実体的に捉えることによって執着していくことがあります。そして、執着していくことによって苦悩するのです。執着をいかに超えるのかが仏教の根本の課題だと言っていいわけです。

「法空観　龍樹」を読む

金子先生は、龍樹の立場について、次のように書き始められています。

仏教の学は信に依りて解を求め、解に依りて信を満たすものである。而して解を要求する信の体は道念であり、信を満たす解は法執を離れたるものであらねばならぬ。ここに思い合わさるるものは大乗教の興起者といわるる龍樹の思想である。その思想は菩提心に於て法空を観ることであった。菩提心は即ち道念であり、法空観は即ち法執を離るるものである。

（『金子大榮著作集』第九巻、春秋社、一九七八年、一七〇頁）

「仏教の学は信に依りて解を求め、解に依りて信を満たす」、金子先生は「信解道」と言われました。「信」は「宗教心」ということで、かぎりなく真理を求める教法の真理、普遍的な真理を尋ねていくということです。宗教心はかぎりなく普遍的な真理を求める、それが「解」、理解するということです。その「解」によって真理はいよいよ満たされ、仏道の道理が明らかにされ、主体的、内面的な信心がより深められていくのです。「信」は信仰、「解」は知です。信と知が相互に関連し合うなかで、我われにおける目覚め、自覚が深められ展開していくのです。それがことに上三祖の教学です。

それに対して、次の下四祖、道綽禅師（五六二〜六四五）から始まって法然にいたる下四祖の教学について、金子先生は「行証の教学」と言われました。「行」は実践、「証」は実践による証、さとりです。実践によってかぎりなくさとりを求めていくのが末法という危機感に立って真宗を尋ねていった下四祖の教学の特質です。金子先生は、それを「行証道」、実践の教学ということで言われました。ですから、『教行信証の研究』の第二部教学篇は、第二章信解に続いて、第三章行証として、ことに善導の教学についてまとめられています。

聞思の教学

それでは、上三祖、下四祖の七祖の伝統を受けて成立した親鸞聖人の教学は何か。金子先生は「聞思の教学」と言われました。「聞思」という語は、『教行信証』総序の文に「聞思して遅慮することなかれ」（『聖典』一五〇頁）とあります。あるいは、『教行信証』の「信巻」と「化身土巻」に引かれました『涅槃経』で「聞思」ということが言われます。

また言わく、信にまた二種あり。一つには聞より生ず、二つには思より生ず。この人の信心、聞よりして生じて思より生ぜざる、このゆえに名づけて「信不具足」とす。また二種あり。一つには道ありと信ず、二つには得者を信ず。この人の信心、ただ道ありと信じて、すべて得道の人ありと信ぜざらん、これを名づけて「信不具足」とす、といえり。（『聖典』二三〇頁）

いかなるをか名づけて「聞不具足」とする。如来の所説は十二部経なり、ただ六部を信じて未だ六部を信ぜず、このゆえに名づけて「聞不具足」とす。またこの六部の経を受持すといえども、読誦にあたわずして他のために解説するは、利益するところなけん、このゆえに名づけて「聞不具足」とす。またこの六部の経を受け已りて、論議のためのゆえに、勝他のためのゆえに、利養のためのゆえに、諸有のためのゆえに、持読誦説せん。このゆえに名づけて「聞不具足」とす、と。（『聖典』三五三頁）

このように「信不具足」「聞不具足」ということが取り上げられてきます。

もうひとつ基本にあるものは、第十七願、諸仏称名の願に誓われた称名です。諸仏の教えを通して、諸仏の讃嘆する御名である南無阿弥陀仏を聞き、本願招喚の勅命を聞いていくということです。「信巻」には、「「聞」と言うは、衆生、仏願の生起・本末を聞きて疑心あることなし。これを「聞」と曰うなり」（『聖典』二四〇頁）とあります。これは、『歎異抄』後序に示された「聖人のつねのおおせ」に返して言いましたら、

弥陀の五劫思惟の願をよくよく案ずれば、ひとえに親鸞一人がためなりけり。されば、そくばくの業をもちける身にてありけるを、たすけんとおぼしめしたちける本願のかたじけなさよ（『聖典』六四〇頁）

ということです。「たすけんとおぼしめしたちける」仏願の生起本末を尋ねていく。これが真宗における「聞」ということです。

どこで尋ねるかと言えば、「そくばくの業をもちける身」において尋ねていくのです。宿業の身において、その身にかけられている、はたらき続けてくださる大悲の本願を聞き尋ねていくことが「聞思」です。聞いたことをさらに思案、思索し、よくよく案じていくわけです。思案するわけですから、聞いて終わるのでなく、聞いたことを通して、それを我が身に引き当てて、我が身のうえにおいて確かめ明らかにしていく。そこにおいて、思惟、思索していくのです。それが「聞思の教学」という親鸞聖人の教学です。

上三祖の教学は、どこまでも仏教の真理を開顕することです。特に大乗仏教の真理性を明らかにしていくのが上三祖の教学ですが、それを受けられた行証道としての下四祖は、真宗というものの真実性を明らかにしていくことです。「真理性」の言葉に対すれば「真実性」です。道理が事実として我われのうえに行われていくことを明らかにしていかれたのが下四祖の教学です。

それを受けまして、親鸞聖人は、選択本願の真宗とは大乗至極の教えであると押さえていかれます。つまり、『歎異抄』第二条に示されているように、善導、法然を通して、その背後にある『観経』をお説きくださった釈尊がましますのであり、『観経』において阿弥陀の大悲の本願が明らかにされている、ということです。これが「二祖相承」と言われる立場です。親鸞は法然に依り、法然は偏に善導に依り、そして、善導は『観経』を説きたもうた釈尊の教えに依るということです。釈尊は阿弥陀の本願を王舎城の悲劇を通して開顕されたということでしょう。それを通しながら、さらに真宗が大乗仏教の究極である、まさに大乗の仏道であるということを積極的に開顕していかれる。そこに親鸞教学があります。直接的には、よき人法然上人の教えに随っていくわけですが、それを通してうなずくことのできた真宗を、大乗仏教の理に立って、その普遍性を明らかにするのが親鸞教学の課題です。

金子先生の「仏教の学は信に依りて解を求め、解に依りて信を満たすものである。而して解を要求する信の体は道念であり」という言葉は、清沢満之先生（一八六三～一九〇三）の言葉で言うならば、「人心の至奥より出づる至盛の要求」（『清沢満之全集』第七巻、岩波書店、二〇〇三年、一八八頁）ということでしょう。いのちの底からなくてはならないもの、それなくしては生きることも死ぬこともできないものとして求められる至盛の要求が宗教心である、ということです。それに関しては、「吾人の世に在るや、必ず一の完全なる立脚地なかるべからず」（『清沢満之全集』第六巻、岩波書店、二〇〇三年、三頁）という清沢先生の言葉があります。人間は生きるうえでは、完全なる立脚地がなくてはならない、何を依りどころとして生きていくのか、何を依りどころとして生死していくのか、もっと言えば、死ぬる命をして死に得る命たらしめるものは一体何か、それを問わなければおれないという問題でしょう。死んでいく命を死んでいける命たらしめるもの、現在に本当に安住せしめてくださる、その完全なる立脚地は一体何であるのか。本当の意味での「大地性」ということです。「仏地」とか「菩薩地」「声聞地」という言葉もあるように、「地」という大地性を尋ねていくところに宗教の問題があると思います。

金子先生がおっしゃる「道念」という言葉は、そういう真実を求めて止まない心です。その真実は外にある真実ではなく、私自身の真実、事実に出遇う、我が身の事実を本当に明らかにしたい、そして、我が身を引き受けていける人間になりたいという宗教心です。つまり真実のさとりを求める心、真実を求めて止まない心、それが真理を要求していくのです。

そして、「解を要求する信の体は道念であり」に続いて、「信を満たす解は法執を離れたるものであらねばならぬ」とおっしゃいます。それは、法についての執われを離れたものでなくてはならない、ということです。執着こそが人間の苦悩の原因ですが、その根本には「我執」、我についての執われがあります。我が身についての執われ、自我心、エゴと言われるものは、人間すべてが抱えているものです。自分の始末がつかない。そういう根の深い我執と同時に、法執があるわけです。真理についての執われ、あるいは、客観の世界、そういうものをいかに超えていくのか、という問題です。そうであるからこそ、金子先生は、「ここに思い合わさるるものは大乗教の興起者といわるる龍樹の思想である。その思想は菩提心に於て法空を観ることであった。菩提心は即ち道念であり、法空観は即ち法執を離るるものである」とおっしゃられたのです。法の空なることを観じて、そして法執を離れる。いかにして執着を超えるか、真理についての執われをいかにして離れるかが龍樹の課題であり仕事です。

大乗の精神

それでは、大乗の精神とはどのようなものであるのかということです。釈尊の教えは、長い間、声聞の弟子、出家教団にあって学問と修行に専念してきた人びとによって伝統されてきましたが、そもそもは釈尊によって説かれた人生観と言うべきものです。岩波文庫に中村元先生（一九一二〜一九九九）が出されました『ブッダのことば』や『真理のことば』がありますが、これはどこを開いても、一つひとつの言葉が我われをして頷かしめる、本当に釈尊の深い智慧によって明らかにされた人生観が説かれています。『スッタニパータ』『ダンマパダ』はもっとも古い経典ですが、ここには人生観が確かにあります。仏陀によって説かれた人生観が、仏滅後の声聞の仏弟子、仏陀の声を聞いてさとりを開く者によって学ばれていきました。それを「阿毘達磨」（abhidharma：アビダルマ）と呼びます。「dharma」（ダルマ）というのは仏陀の説かれた真理、「abhi」（アビ）は「向かう」という接頭詞です。ですから、「阿毘達磨」とは、法について対象的に綿密に分析し組織する学問で、出家の人びとによってなされた仏教の学問です。仏陀によって説かれた教え、真理を綿密にどこまでも分析し、それを組織し筋道をきっちりとする。しかし、これはあくまでも出家者の独占となってしまい、仏陀はあらゆる階級の差別を超えて万人の平等性を説かれたわけですから、仏陀の教えから逸れていくものと言わなくてはならない。それをもとに返すということで、本当の意味で平等性を明らかにしようというところに大乗仏教があるわけでしょう。

金子先生は、大乗精神について次のように述べておられます。

大乗教は声聞弟子のものに限られようとせる仏法を一般大衆のものにする為に興起せるものである。その大乗精神を明らかにするものが菩提心といわるるものであった。それ故に菩提心は一面に於て仏教の面目である涅槃の智慧を体すると共に、一面には生死の世界に随順して大衆を教化するの慈悲を失うてはならぬ。これに依りて、「智慧あるが故に生死に住せず、慈悲あるが故に涅槃に住せず」とも願われてあった。それは矛盾することであるかも知れない。しかしその矛盾を剋伏するところに大乗の精神があるのである。而して其の矛盾の剋伏に於て自利と利他との不離ということも成就するであろう。されど剋伏し終ったということがあれば、已に一方に堕するものとならぬとはいえない。したがって道は常に矛盾を剋伏しつつゆくということにあるといわねばならぬであろう。道は常に不退転であるべきであるからである。

（『金子大榮著作集』第九巻、春秋社、一九七八年、一七〇頁）

仏滅後五百年の正法の時代は、正しい教えが説かれ、それによって道を求める人があり、さとりを得る人がいる。そういう正法がいきてはたらいていた時代が終わり、かたちだけの時代に移っていく像法の時代に興ってきたのが大乗仏教であると言われます。出家・在家の選びを問わず、すべてが平等に救われていく道を明らかにするのが大乗運動です。金子先生は、大乗仏教は声聞弟子のものにかぎられた仏法を一般大衆のものにするために興ってきたものであるとおっしゃられて、「その大乗精神を明らかにするものが菩提心といわるるものであった」と確かめておられます。そして、「智慧あるが故に生死に住せず、慈悲あるが故に涅槃に住せず」ということを取り上げておられます。「無住処涅槃」ということ、ことに「不住涅槃」、慈悲あるが故に涅槃にとどまらないところに大乗仏教があるのです。

「智慧あるが故に生死に住せず」ということは、釈尊によってすでに説かれたものです。釈尊によって説かれたのは、生死を離れ、そして智慧によって涅槃にいたれ、ということです。ところが、さとりの境涯としての涅槃が究極的なものであるだけではなく、むしろ、それが依りどころとなって生死に還り生死に随って生きる。そして、生死の世界をして仏道成就の場として生きていくのです。そういう深い願いに生きることを「不住涅槃」と言います。この「不住生死」と「不住涅槃」については、「往相的側面」と「還相的側面」と言うこともできますが、そういうはたらきを持ったふたつの意味を内容とするものが大乗における菩提心、宗教心であると言われています。

そして、「自利と利他との不離」という問題を指摘されます。世俗においては、自利と利他とは必ずしも一致しない。なかなか自分の幸せと他の幸せがひとつにならないというところに世俗のありようがあります。人を犠牲にしなければ自分が幸せになれない、自利が成就しない。利他を破らなければ自利が成就しないというところに、娑婆界に生きる人間の問題があると言わなくてはならない。それをいかにしてひとつにしえるのか。私の救い、喜びがすべての人の幸せである。また、すべての幸せをもって我が喜びとし幸せとする。そういう広くして深い願いがどうして成就していくのか。それを問うていくところに、大乗の菩薩道があるとおっしゃっています。

自利利他の一如ということは、もうひとつ言えば慈悲です。涅槃にもとどまらないで生死に還るほどの慈悲です。これは「抜苦与楽」、他の人の苦しみを抜いて、幸せを与える、慈悲を生きるということです。大乗の教えに生きるということは、慈悲に生きるということで、その慈悲の行をどのようにして行じていくのか、ということです。五木寛之さんは、阿弥陀さんは悩める衆生を放っておけないという重い悲しみを持った仏さんである、という言い方をされています。阿弥陀さんという仏さんは重い病人を見逃すことができず、そういう重い病気を抱えた病める仏さんである、ということです。たとえば、ご馳走が目の前に出る。ところが、それを見ると飢餓状態の人びとの姿が出てきて、箸をつけることができないのが阿弥陀さんだと、五木さんらしい面白い領解だと思いました。

あるいは、「唯除五逆誹謗正法」の者が救われるために、自ら地獄のなかを生き続けるのが阿弥陀です。それが大乗の慈悲の精神を象徴する宗教的主体としての法蔵菩薩です。高い所から我われを救い上げるということでなく、地獄一定という地の底にあって呻きながら救いとろうとしてご苦労くださるのが因位法蔵の姿です。その慈悲の精神に生きるということに、大乗仏教があり、そのことがどうして成り立っていくのかを問うところに大乗、ことに龍樹の立場があります。そのことにおいて退転しないのは、瞬間的に思ってもすぐ忘れるのではなく、その道をどこまでも成就するところにおいて不退転でありたいと願う。

「道は常に矛盾を剋伏しつつゆくということにあるといわねばならぬであろう。道は常に不退転であるべきであるからである」ということでしょう。

出家教団と大乗仏教の違い

続いて金子先生は、不退転の問題についてこのようにおっしゃっています。

　この不退転の精神は教法に就ても執著することを容《ゆ》るさない。声聞弟子は其の伝承に於て、いつの間にか教法を教権化した。仏陀の教法は「如レ説有」であると信ずべきであるに違いはない。しかし其の如説の「有」は凡夫の思うが如き実体的のものではないであろう。然るに教権を重んずるものは教法を実体化することに依りて、「法有」という煩瑣なる思想を造り出すのである。それ故に、その教権を打破しようとする大乗精神は、特に法空を説くこととなった。しかし法空観は単に教法を理解する為の方法ではない。若し法空観は教法を学ぶ方法に止まるとせば、また何かの意味に於て法有に執えらるることとなるであろう。法は本来これ空なのである。その事を明らかに示すものは因縁ということであり縁生ということである。法は縁より生ずる、故に空である。しかし法は本来空であるということは空観を必要としないということではない。若し本来空なるが故に空観の必要がないというならば、その人は「空」を執するものといわねばならぬであろう。それは「空」と呼ばるるものが有ると執しているものである。龍樹は、この空執に堕せるものは、諸仏も教化することができぬと極説している。されば空観の智慧のなきところには、また本来空の道理もないのであろう。ここには対象即方法、道理即智慧、教即学といわるべきものがある。これに依りて因縁空の思想と不退転の行学と

はまた一体不離なるものであった。（『金子大榮著作集』第九巻、春秋社、一九七八年、一七〇～一七一頁）

金子先生は、教法に対する態度の違い、出家教団の態度と大乗仏教の態度に違いがある、ということを確かめておられます。出家教団は仏陀によって説かれた教えの言葉を実体化することによって、「法有」という煩瑣な学問を造り出したのです。

ところが、大乗はそうではなく、その教法は無自性空であり、すべてのものは因縁所生の法であるということです。仏教では縁起を言いますが、仏陀によってさとられた真理は「十二支縁起」で表されます。縁に依って起こることを別な言葉で言いますと、「相依相待」ということです。相い依り相い待って、すべてのものは成り立つのであって、そういう関係性を抜きにして私というものは存在しない、ということです。このことについて、舟橋一哉先生（一九〇九～二〇〇〇）は分かりやすい言葉で、仏陀によって説かれた縁起を「もちつもたれつの関係」（『原始仏教思想の研究』法藏館、一九五二年、七三頁）とよく説明されました。すべてのものは因縁に依って生じ因縁に依って滅していく。そういうものを離れて、存在が実体的にあるわけではない。つまり私という存在は、両親を縁としてこの世に生命をいただいたわけですし、生きていくうえでは、両親をはじめとし、兄弟とかいろいろな人との関係、あるいは、世間におけるできごととの関わり、縁に依って生かされ育てられてきた身が我われである、ということです。縁というものを抜きにして、私という実体はどこにも考えられない。それが事実であり真理です。そういう縁に依って生かされ、「遇縁的存在」という言い方もありますように、縁に出遇って縁に依って生かされていく存在、縁というものを抜きにして、縁を離れたら何も存在しない。そういう意味において、すべての人間は空であるということです。

縁に依って与えられ生かされてきた身であって、縁を抜きにしたらどこにも「私」というものは存在しない。ですから、なにか「私」というものがあるように思うのは、縁という世界が見えない、縁起という世界が見えない、受け止めないからです。そういう遇縁存在が分かるときに、人間は自己についての執着から離れる。それを禅の言葉では「身心脱落」と言うのだと思います。身も心も放下するところに帰るのが空ということで表されるものだと思います。

大乗の立場は、出家の人びとによって行われてきた、教えすらも実体的に捉えるような立場の誤りから身の事実を明らかにすることです。そこに立って、すべてのものは因縁に依って生じたものであり、因縁に依って滅していくものであって、どこにも常住なるものはないから、実体があるわけではなくて空であるということです。それは大乗仏教の一応の道理です。金子先生がそこでおっしゃっている大事なことは、その法の実相を感じ、それを身証することであるということです。それをただ理論として知るということではなく、それを我が身に行じ身証していくのが龍樹の宗教的問いなのです。

不退転の問題について、『十住論』の「阿惟越致相品」に次のような議論があります。

問うて曰わく、汝、説かく、惟越致地の中に在りて二種の菩薩有り。一には敗壊の菩薩、二には漸漸に精進して後に阿惟越致を得。敗壊の菩薩は已に解説す。漸漸に精進して後に阿惟越致を得る者、今、解説すべし。答えて曰わく、

菩薩は我を得ず。　亦、衆生を得ず。
説法を分別せず。　亦、菩提を得ず。
相を以て仏を見ず。　此の五功徳を以て

大菩薩と名ずくるを得て、阿惟越致を成ず。菩薩、此の五功徳を行じて直に阿惟越致に至る。我を得ずとは、我の著を離れるが故に。

（『大正蔵』二六、三九頁）

「阿惟越致」とは「avaivartika」（アヴァイヴァルティカ）の音写で「阿毘跋致」とも言われますが、「不退転」、つまり無上菩提に向かって退転することなく、必ずそこに至ることに定まっている位を言います。この不退転の菩薩の相を明らかにするのが『十住論』の「阿惟越致相品」です。「阿惟越致相品」では、まず、阿惟越致、入初地不退転地の菩薩について明らかにしたのちに、「惟越致の菩薩」、つまり不退転地に入ることができない菩薩を問題にしています。この惟越致の菩薩について、さらに「敗壊の菩薩」と「漸漸に精進して後に阿惟越致を得る者」に分けられて、後者の漸漸精進の菩薩について論じられているのです。「漸漸精進の菩薩」については「漸漸転進の菩薩」という表現もありますが、そこで言われるのは、「我を得ず」「衆生を得ず」「説法を分別せず」「菩提を得ず」「相を以て仏を見ず」という五つの功徳を行ずることによって、不退転地に至るというわけです。

我というものをどこにも持たない、我についての執着を離れることです。衆生を対象的に捉えるという心を持たず、説法についての計らいを用いない。それから、さとりを得てもさとりを得たという思いもない。最後に、形に執われて仏を見るということを離れるというかたちで、「無我」ということを教えているのです。一言で言いましたら「無我」「我を得ず」ということが課題なのです。それを道理として、仏教における教えとして理解するのでなく、どこまでも我が身のうえに行じて、いかに身につけていくかということです。それが「空観」という大乗に説かれる観法です。観とは行ですから、内観の法、ものを正しく観る智慧です。それを本当に身につけることこそ、大乗仏教が求めたものでしょう。そこには努力が必要だと言うべきです。

しかしながら、自我から一歩も離れられない我われが、そのような無我に立てるのか。計らいから一歩も離れることができない者が、計らいを超えた道理に目覚めて、真実なるものの計らいにまかせて生きることがどのようにして成り立つのかが、仏教の実践的な課題なのです。

敗壊の菩薩と漸漸転進の菩薩

さらに金子先生の文章を読んでおきたいと思います。

されば道理即智慧といっても、ただそうであると思想するに止まらば、また何の意味も無いことである。それは心に受け入れらるるのみではなく、身に証得されるものでなくてはならぬ。したがって不退転に道を求むるといっても、そうあるべきことと努力するに止まるべきではない。それが努力である限り、退転を免れぬともいわれよう。されば不退転にも不退転地というものがなくてはならぬ。その不退転地に於て道理即智慧ということが身証さるるのである。それ故に、この境地に達すれば、仏道はいかに無限無窮であっても、常に手近にあるを感ずることを得るであろう。それは正に道人に取りて歓喜地といわるるものである。

これに依りて其の不退転地を得ることが龍樹教学の中心問題となっているのである。さればいかにしてその不退転地に達するを得るであろうか。それは唯だ精進して止まぬことの他にはないであろう。然るに龍樹はその方法として念仏三昧ということを唱説した。『十住論』では一応いかなる難行をも辞せず精進すべきを強調しつつ、特に儜弱怯劣の者の為に信方便の易行として諸仏の名を称念すべきを説いているのである。それは恰も仏法に難行と易行との二道あるが如くに思わしめる。一を陸路の歩行に喩え、一を水路の乗船に喩うることも、それである。しかし龍樹の言わんとするところは恐らくそうではないであろう。難行が称名憶念に依りて易行となるのである。水路の乗船も汽車に乗ることに喩えられれば、その事は明らかになるであろう。不退転の修行がある点に到達すれば不退転地に住することとなるは確かである。しかしその境地に入る為には必ず念仏三昧を要するのである。

（『金子大榮著作集』第九巻、春秋社、一九七八年、一七一～一七二頁）

空ということは、道理として明解な真理ですが、空を空観として身に行ずることはきわめて難行です。それは丈夫志幹という者でなくては行じえず、本当に意志が強く、どんな苦しみにも耐えていけるような人でなくてはとてもできません。無我ということを求めて修行し、求めれば求めるほど、努力すれば努力するほど、限界に直面していかなくてはならない。そこから、ふたつのこととして説いてくるのが、菩提心に破れていく「敗壊の菩薩」です。とんでもないことを考えて、そういうことはとてもできないことだと諦めていくのが「敗壊の菩薩」だと思います。そうではなく、そういう状況に直面しながらも、真実なるものに出遇い、真実なるものに生きたいということを願って、さらに努力を重ねて、一歩一歩、紆余曲折を経て、試行錯誤を繰り返し、努力精進していくのが「漸漸転進の菩薩」です。

この漸漸転進の菩薩に対して、本当に真実、空を体現しうる無我の世界にいかにして至りうるのか。そして仏道を求めることにおいて、いかにして不退転地、仏道を求めることを退転しない、誤りのない軌道、しっかりした立脚地に立つことができるのかを求めていくのでしょう。そこに問われてきたのが、『十住論』の展開として見ると、「阿惟越致相品」に続く「易行品」に説かれた「信方便の易行」ということです。

ただ、「敗壊の菩薩」と「漸漸転進の菩薩」のふたつがあるように見えますが、もうひとつ考えるならば、一歩一歩前進していく菩薩の内側に問われていくものが、常に菩提心に破れていくような自己である、という見方もされなければならないと思います。二種類あるのでなく、一歩ずつ歩んで行くなかで、いつも菩提心に破れていくような自己を見なくてはならない。漸漸転進の菩薩の内なる姿として敗壊の菩薩の相が見られるということは、ひとつ考えられなくてはならないと思います。

道はどこまでも難行です。我執を離れることができない人間が、我執を超える空という道理、真実の道理を教えられ、それを本当に身証し、無我そのものとなっていく。これは、三千大千世界を持ち上げるより重いと言わなくてはならないことです。そして、そのことを通ることにおいて、それを超えていかなくてはならないと言うべきです。

龍樹において、難行には「道」という言葉はありません。「難行道易行道」「自力他力」に分けたのは曇鸞です。龍樹自身は、難行をして易行道たらしめるものは何かということを問うたわけです。修行して生きること、道を求めることは大変なことです。難行にして易行道、しかもそれを喜びとし、幸せと受け取らしめるものは一体何か。それは私の力ではなく、私を包み生かしてくださるのが、龍樹にとっては「称名憶念」ということです。そこにおいて困難と言われる求道が易行道に転じていくということでしょう。

生きることも困難ですが、聞法も決して楽ではないと思います。聞法も我われにとっては難行です。それを易行道たらしめてくださるものは私を超えたものです。そこには無数の力がはたらいており、親の願い、友の願い、いろいろな力がはたらいています。困難である求道、聞法すらも易行道に転じてくださることを知る道が称名憶念です。これが龍樹の「易行品」の問題だと思います。計らいを尽くして、計らいが要らない、計らいが間に合わないところにどのようにして立つのかということです。計らいを尽くさずして人間は生きていけません。聞法するにしても、努力しなくては聞法が成り立たないのではありませんか。けれども、努力して、しかも努力するという執われの思いから放たれていくことがなくてはならないわけでしょう。

次に金子先生のまとめのところを読んでおきます。

然らば称名憶念が何うして不退転地に入らしむるのであろうか。そこには因より果に向う菩薩の道と、果より因に向う如来の本願とが、念仏に於て交接するということがあるようである。われ仏となろうとするところに、仏われとなりたもう力が感ぜらるる。その力を感ぜしむるものは称名憶念である。それ故に称名念仏は此の身に於て不退転地を得せしむるのである。洵に悠久無限の道も此の身に於て不退転地に住せしめられずば、望みを絶たねばならぬものであろう。現生に不退の地位を得れば、無限永劫の修行もまた辞せざるを得るのである。この不退転の境地は即ち大悲の智慧の身証せられしものである。

これに依りて親鸞は龍樹を以て真宗の第一の祖師とせられた。それは特に称名憶念を以て現生に不退転地を得るという教説に随喜せられたのであろう。しかし我等のその根柢に菩提心と法空観とがあることが忘れてはならぬ。そこに仏教の教学があるからである。

(『金子大榮著作集』第九巻、春秋社、一九七八年、一七二頁)

我われ人間は努力するかぎり、右往左往する小路を生きるよりほかありません。その小路を大道に転じてくださる、私を超えた頭の上げようもない、自力無効という傷みを通して、易行道に転じてくださるのが、他力、仏力です。曽我先生の「七祖教系論」にあるように、龍樹は仏力を課題として、願力ということがあまり問われていないという指摘でした。願力と仏力を分けるのは、『浄土論註』の不虚作住持功徳釈です。龍樹は仏力による現生不退ということを明らかにされたのですが、願力については問題にされていません。願力は因、仏力は果ですが、この願力を問うたのは天親であるという曽我先生の指摘です。龍樹は生死流転を問われたけれども、罪悪深重ということは深く問われなかったと言わなくてはならない。もちろん、生死流転から罪悪深重まで深く掘り下げることがなかった龍樹に、罪悪深重という痛みがなかったというわけではありません。それを思想・教学として追究するということはなかったということです。我執は空だと知りながらも我執がなくならない。その我執は習い性となり、簡単に解消されるものではないという罪悪の深さを問うたのは天親です。そういうなかで、背景にはたらくものとして、仏力となってはたらく願力をどこまでも見極めていった。私を根底から支えている強力な力が龍樹において問われたということを、曽我先生はおっしゃっておられました。それをさらに願力、仏力を通して根源にはたらく願力を明らかにしていったのが天親である、というのが曽我先生のご指摘で、金子先生もそのようにおっしゃるところでしょう。

「無我観　世親」を読む

続いて、第三節の「無我観　世親」を読んでいきます。

法空観は法有の執を除く。それは智慧あるものには執著がないということである。されば其の智慧というものはいかなるものであろうか。それは単に道理が解ったというようなものではない。若し道理が解ったということで執著が除かるれば縁起を説くものは惣べて不退転地の身証を得るものでなくてはならぬであろう。その身証が容易に得られないということは執著の執拗なることを語るものである。されば智慧あるものも執著あることを反省せねばならぬであろう。我等は智に依りて執著を除くにしても、その執著の依るところを明らかにせねばならぬ。その執著は無智であるに違いはない。しかし其の無智なるものは何であろうか。（『金子大榮著作集』第九巻、春秋社、一九七八年、一七二～一七三頁）

龍樹の法空観は法についての執著を除くことであり、「智慧あるものには執著がない」ということになるわけですが、その道理は分かっていても、なお、その身証は容易でないということです。空、無我ということが頭では分かっていても、その身において空や無我になることは容易でないと言わなければなりません。それは、「執著の執拗なることを語るもの」であり、「智慧あるものも執著あることを反省せねばならぬ」ということでしょう。

ですから、「執著ある」とは、無智、真実の智慧なしということですが、それでは、無智なるものは一体何かというところに、龍樹を受けた天親の問いがあるわけです。龍樹が「すべては因縁所生の法であって無自性空である」と説いたことを、主体的に受け止めるならば無我である、ということです。しかし、それを本当に身証する、本当にこの身に行ぜられたものが空となり、絶対否定道のなかに生きる者となることは、まことに容易でない。そこに、道理と身証という問題があります。道理は理解できたとしても、直ちに身証や信念とはならない、という問題です。「分かっちゃいるけど止められない」ということで、そこに「無智」があります。「無明無智」とも熟語されますが、無明は十二支縁起の一番の根本であり、そこから生老病死という苦が起こってきます。「無明」(avidyā：アヴィディヤー)という言葉は、「a」は「～でない」という否定詞、「vidyā」というのは「正しく知ること」ということですから、「明るい智慧」という意味です。ですから、無明は智慧を欠落するということですが、ただ否定する、欠落するというだけでなく、「智に背く」という意味を読み取らなくてはいけないと思います。ただ智慧を欠落し、持ち合わせないというだけでなく、智慧に背いて生きるという意味も込められてあると見るべきです。そういう無明無智は分かっているけれども、真に智慧が開発しないところに実は我執の深さがあります。文字通り、分かっているけど止められないのです。

それは、実存哲学で言うところの「にもかかわらず」という問題でしょう。本質、真理という道理は分かっている「にもかかわらず」、現実にそれが自身のものとならない、ということです。そこに天親の問いがあり、極めて実存的な問いなのです。分かって事が終わらず、分かったところから、むしろ本当のことが始まってくるような問題だと思います。

その反省に於て知らるるものは我執の深さである。智慧あるものにも執著あることは、「我はない」という智慧だけでは無我になれぬということである。我の思想は無我の智慧に依りて除去さるるであろう。されど生来の習い性となりし我執は容易に解消されない。たとえそれは修養によりて対治さるるとしても、依然として意識を支配している我執がある。それが生の肯定というものであろう。人間の生活は自我愛を根柢としている。その限り人々は結局、それぞれの世界を作っているものであろう。真に万人一如の世界というものはあり得ない。若しその世界がありとせば、それは道念の智慧に依りて限りなく自我愛を否定する、その限界に於てのみ感知せらるるであろう。換言すれば自我愛が潜在する限り道念は成就しない。慈悲とは我愛を離れたものであるからである。したがって法執ということも潜在の我見に他ならぬであろう。法有に依りて我無を説くことは、我が法尊しという我慢に依る。それ故に其の法有を否定しても、それが我見である限りは結局空を執するものとなるのである。したがって其の我見と我愛とを除くことを得ば、真実に「法あり」という智慧にも達するであろう。そこに教法に相応する道があるのである。ここに龍樹の中観思想と共に行なわれたる無著・世親の唯識教学の旨趣があるのである。

（『金子大榮著作集』第九巻、春秋社、一九七八年、一七三頁）

このように金子先生はおっしゃっていて、「我」という思想は「無我」が分かればそれで解消するけれども、「生来の習い性となりし我執は容易に解消されない」のです。これは非常に的確な唯識の本質論です。「我」の思想は無我という道理を学べば解消しますが、それは「智」のレベルであって、「主体」のレベルまで問題にならず、「生来の習い性」、習慣となっているのです。「習い性」というのは、唯識の言葉で言いますと「薫習」で、匂いが染みついているということです。線香がなくなっても匂いが残るように、それが習い性ということです。そういう我執は、たとえ「空」という道理が納得されても、決して解消されないのです。「依然として意識を支配している我執がある」のです。人間は自我愛を根底として生活しているのですから、「万人一如の世界というものはあり得ない」のです。万人一如の世界というのは、平等法界、諸仏平等と言われる真理の世界です。あるいは、「倶会一処」（『聖典』一二九頁）と言われる浄土も万人一如の世界です。そういう世界は自我愛を根底としている人間にはありえないのです。

「若しその世界がありとせば、それは道念の智慧に依りて限りなく自我愛を否定する、その限界に於てのみ感知せらるるであろう」との指摘は大事でしょう。理念としては平等ということは言われます。しかし、理念にとどまって現実にならないのです。それでは、その平等という世界はどこにあるかと言えば、「限りなく自我愛を否定する、その限界に於てのみ感知せらるる」世界です。かぎりなく否定される自我否定道です。あるいは、人間の自我愛にもとづく相対的な善悪、あるいは愛憎違順する世界を超えた世界としてのみそれが感知されるのです。万人一如というのは本当に慈悲の成就する世界です。

空の実体化

「一如」ということを金子先生はよくおっしゃられました。真理の世界を「真如」とか「一如」とか、いろいろな言葉で涅槃の境涯を説き表しますが、金子先生は「一つの如し」とおっしゃられたのです。「一つの如し」というのは、『阿弥陀経』に「青色青光、黄色黄光、赤色赤光、白色白光」（『聖典』一二六頁）とあるように、それぞれが違い、それぞれが違うままに意味を持ってくる。そういう世界が「一如」と呼ばれる世界でなくてはならないのでしょう。金子先生が晩年よく言われた言葉で、「普遍の法と特殊の機」（『普遍の法と特殊の機』金子大榮先生米寿記念会、一九六八年）とあるように「普遍と特殊」ということがございます。金子先生は「普遍」の原語はおそらく「universal」（ユニバーサル）だろうとおっしゃいました。それは「一般」（general：ゼネラル）ということとは違う。一般というのは平均化してということで、普遍はそうではなく、特殊なものを全部そのままに生かし切るようなもの、とおっしゃいました。十方にかけられている阿弥陀の本願は普遍の法であるけれども、それは五逆謗法という特殊の機、具体的には私のようにいつまで経ってもどうにもならない人間のうえにかけられた本願をして普遍と言える、ということです。これは大事な問題で、普遍と一般の違いは平均化することでなく、いかなるものもそのままに包み切っていくようなものです。そういうなかで本当に一如という世界が成り立たなくてはならないのです。蓮如上人五百回御遠忌法要のスローガンが「バラバラでいっしょ　差異《ちがい》を認める世界の発見」ということでしたが、違いが違いのままに認められ許され生かされていくような世界を尋ねなくてはならない。それが浄土を願生して生きることでしょう。そういう彼岸の世界は自我愛を超え、そして法執をも超えたところにあるのです。

法執については、「したがって法執ということも潜在の我見に他ならぬであろう。法有に依りて我無を説くことは、我が法尊しという我慢に依る」とおっしゃられます。仏法を聞き、仏法を信じていれば信じているところに「我が法尊し」となるのであって、それがそのまま我慢であるということです。いわば法によって自己を正当化していくことで、根の深い問題です。「法有を否定しても、それが我見である限りは結局空を執するものとなる」のであり、空ということすら我われは対象化し実体化していくのです。それが法有あるいは法執と言われる立場です。

空という真実は、実体が何も存在しない、常有なるもの絶対なるものはどこにも存在しない、という事実です。それをも我われは人間の知性で捉え、空というものを思想として捉え対象化し執着していくのです。そうすると、それが空でなくなることを「悪取見」と言います。悪取見と呼ばれる空についての執着は、場合によれば、二乗地に堕するということでも捉えられます。龍樹の場合であれば、個人の観念のさとりのなかに落ち込み、そこにとどまる、と言われます。とどまるというのは閉鎖的な世界で、これは「菩薩の死」と言われます。龍樹は、それはまさに死というものであって、地獄に堕ちることよりなお怖いものである、と言います。地獄に堕ちるのであれば、自分の罪業について深い悲しみ、痛みがあります。その悲しみ、痛みを通して目が覚めるという道が残されている、と言うべきです。けれども、私はもう聞いている、分かっている、信じているというところにとどまっていると、それこそ笛吹けども踊らずで、聞こえるべきものが聞こえない、自ら閉鎖していく状態にとどまるものである、と言われました。

このことに関連して、山口益先生（一八九五～一九七六）は「真空妙用」ということを教えてくださいました。「空」は「無」ですから、「真空」と言うのは「絶対無」です。一切の相対を絶対否定的に超えた「絶対無」と言うべき「真空」が「妙」なる「用」として展開するというものです。これは「無の有」とも言われます。そのような「無」を説いたところに龍樹の立場があります。

ところが、そこから「無の有」を説いていくところに、天親の教学があると言われますが、それについて山口先生は、「真空妙有」ではなく「真空妙用」でなくてはならないとおっしゃっているのです。「妙有」と言うとまた「有」というものを考えてしまう、というわけです。そうではなく、どういうものも否定して空じていくところに「妙用」というはたらきがあります。

「浄土」という問題につきましても、山口先生は「土を浄める」ということをおっしゃっておられます。「浄土」の「浄」は「vyavadāna」（ヴァバダーナ）ということですが、「浄らかな土」という「static」（静的）なものでなくて、「purification」（浄化する）ということです。あくまでも穢土である我われの現実世界を浄化するところに如来のはたらきとしての浄土がある、ということでしょう。浄土は不断に「欲生我国（我が国に生まれんと欲う）」という呼びかけを通して、我われのうえにはたらき、我われのうえに開けてくる世界です。しかし、そのはたらきとしての浄土をどこかで失い、常に名号を通して開けてくる浄土を失って、浄土なる世界を仮構して作り上げてしまうのです。作り上げた世界では人間は安心できず、人間がいつも作り続ける世界を不断に破ってくださる世界にこそ、人間が本当に安心できる世界がある、と言わなければならない。しかし、我われは浄土と言えば浄土という世界を作り、本当に浄土という観念に執われていくのです。これが浄土という観念に執われていく法執です。つまり「土を浄める」、真空妙用というところに空の事実があるのです。それが親鸞の晩年にいたり届いた自然法爾の世界です。すべては如来の自らなるはたらきのままに、私の思い、計らいを超えた絶対なるはたらきのなかに乗托して生きる、ということです。そのはたらきに身を任せて生きる。はからいの真実なることを信じ、それを信知して、そして信受し信順して生きるのが「乗托」の内容と思います。はからいのなかに生かされている事実で、「思い」ではありません。事実のなかに、はからいのなかに生かされている端的な事実を信知し、信受し、信順して生きる。そこに乗托して生きるということに、生かされて生きる命の端的な姿があると思います。

そこになかなか落在できないわけですが、そうであるからこそ、清沢先生は、

自己とは何ぞや　是れ人世の根本的問題なり

自己とは他なし　絶対無限の妙用に乗托して任運に法爾に此境遇に落在せるもの即ち是なり

（『清沢満之全集』第八巻、岩波書店、二〇〇三年、三六三頁）

とおっしゃられた、見事な言葉です。「自己とは他なし、絶対無限の妙用」、それが真空妙用です。現在、ここに、ただ今生きてあるもの、許されて生かされてあるもの、それが自己である、と言い切っていきます。それは、血を吐き悪戦苦闘のあげくに、清沢先生が明らかにされた真実です。そういうところに、有でもない、有すらも破るような「妙用」として我われのうえにはたらいてくるのです。それがいろいろな

かたちで、本願となり名号となって我われのうえにはたらいてくださることが大事なのだと思います。

衆生を諸仏として敬う

金子先生が「それ故に其の法有を否定しても、それが我見である限りは結局空を執するものとなるのである」と指摘くださいますように、空と言っても空ということに執われるかぎりは悪取見になるわけです。そして、

したがって其の我見と我愛とを除くことを得ば、真実に「法あり」という智慧にも達するであろう。そこに教法に相応する道があるのである。ここに龍樹の中観思想と共に行われたる無著・世親の唯識教学の旨趣があるのである。（『金子大榮著作集』第九巻、春秋社、一九七八年、一七三頁）

と結んでおられます。

大事なことは、『浄土論』を書いた天親の問題はどこにあったのかということです。龍樹の中観思想は基本的に『般若経』に依りますが、もうひとつ大事なものは『華厳経』です。そもそも、龍樹の『十住論』は『華厳経』十地品についての註釈であります。

金子先生の『真宗の教義と其の歴史』では、『華厳経』「入法界品」にある「普賢行願讃」を注意しておられます。「入法界品」では善財童子が五十三の善知識を訪ねて行き、最後に普賢菩薩に出遇い、そこで普賢行願讃を教えられます。「十大願」とも呼ばれますが、なかでも大事なのは遊諸仏国・供養諸仏・開化衆生の三つです。そもそも「普賢」とは、普く賢い者、いたるところにおいてすぐれている、「samantabhadra」（サマンタバドラ）という言葉で、それは不断に諸仏を訪ねて生きる「遊諸仏国」、よき人を

求めて生きることです。諸仏を敬うということは、求道者の姿、道を説かれたもので、それによって衆生を開化するということです。ここに、自利である遊諸仏国・供養諸仏と、利他の開化衆生があります。自利にもとづく利他ということですが、金子先生の言葉で言えば、衆生を開化すると言うけれども衆生を諸仏として開化することだ、とおっしゃっています。衆生を諸仏として敬う心において、衆生が心を開いていく、ということです。

金子先生は、「私における回心というのは教壇に立ったときにある。それは知識から言えば、自分の方が学生よりも優れているであろう。けれども、人生を生きるという宗教の問題で言えば、学生より私の方が優れているとは言えない。そうであるならば、私がこの学生たちに教えることはできないのではないかと思って自分も苦しんだ。しかし、苦しみのあげく自分が知りえたことは、私が学生に教えるのではなくて、聞いてくれる学生は私の領解していることが正しいかどうか証人になってくださるのだ」とよくおっしゃっておられました。まさに諸仏ということですから、衆生を救うというのは、愚かな者、どうにもならない者を救ってやるというところからは開化衆生は出てきません。親子の教育でもそうでしょう。人生経験から言えば、親の方がはるかにいろいろな苦しみ悩みを受けています。子どもは大人より分かっていない者、劣った者と決めてかかっては、教育になりません。子どもには子どもの命があります。むしろ、親が人生を生きるなかで失ってしまった「汚れっちまった悲しみ」を、子どもの澄んだ瞳のなかに感ずるということがあって親子の教育が成り立つと思います。教育というのは教えるだけでなく、教える者と教えられる者との相互関係がなければ成り立たないと思います。

私が大谷大学を退職したときに、北海道大学の藤田宏達先生（一九二八〜二〇二三）へ「大学で永いことお世話になって、教えに育てられたということはありますけれども、申しわけないですが、生徒を教え育てることはまったくできませんでした」と手紙に書きました。教育ということは、教え育てられることがなければ、教え育てるということはもちろん成り立ちません。教え育てるとは上の人からだけでなく、下の者からも教え育てられることがなければ教育にならないでしょう。自分の思うように教え育てるということではなく、思うようにならないことを通じて教えられてくるのでしょう。どうしたらいいのだろう、どうしたら生徒とひとつになれるのだろうか、という苦しみのなかで自分が育てられていくということがなくてはならないと思います。

『華厳経』「入法界品」の普賢行願讃に注意するなかで、龍樹が「易行品」を書いていかれたのは、『般若経』にもとづいて開顕された空無我の法という真理を、龍樹その人が身証することに悪戦苦闘された、ということです。その悪戦苦闘の記録が『十住論』の「易行品」です。『中論』『十二門論』などの書物のように、道理、真理として空無我を明らかにしていかれますが、それをいかにして身証するか、いかにしておのれ自身が無我となるか、自我愛から一歩も離れることのできない我われがいかにして無我となるかに悪戦苦闘していった記録が「易行品」であります。ですから、儜弱怯劣なる凡夫だと龍樹は叱ります。それは他人を叱っているのでなくて、おのれ自身が丈夫志幹であるべきはずの者が、菩提心に敗れていくような儜弱怯劣の凡夫だと懺悔していくことなのです。そこから、信方便の易行を教えていただきたい、と説かれていくのが『十住論』の「易行品」です。天親はそれを受けまして、法空と知っただけではそうなれないことをもっと主体的に問う。それが我見、我執の深さを根源的に問うということです。つまり、阿頼耶識論です。三層の意識構造というかたちで我執の根の深さが問われ、その根源のところに見出されたものが阿頼耶識ということです。

なぜ天親は『浄土論』を書かなくてはならなかったのか

この意味に於て世親の『浄土論』は、正しく唯識の教学の帰結となるものである。如来に帰命して浄土を願う。それは唯識の思想に相違するものの如くにも思われて来た。しかし唯識の道理は、それに依りて思想系統を立てようとするものではなく、偏えに道念を満足せんがためであるとせば、それは如何にして我愛の世界を超ゆべきかを知らしむるものでなくてはならぬであろう。唯識の道理は限りなく自我を否定する反省内観を教うるものである。我等はその内観の極限に於て自我を超えたる如来に接するのである。翻って思うに、その内観反省を行わしめしものは如来であった。されば我愛を離るる能わざる悲しみに於てこそ如来に帰命せらるるのであろう。したがって浄土を願うということも、その我愛の世界を超えんがためである。「三界は虚妄にしてただこれ一心を作るところなり」といわるる。それ故に真実の世界は「三界の道に勝過せる」彼岸に求めらるるのである。

(『金子大榮著作集』第九巻、春秋社、一九七八年、一七三〜一七四頁)

天親の『浄土論』が唯識の教学の帰結となるということは、超え難い、捨て難い我執がいかにして超えられるかを問題としたということです。これを唯識では、根拠の翻り、「転依」(āśraya-parāvṛtti：アーシュラヤ・パラーブリッティ)と言います。根拠の転換ですから、どこに立っているかということです。我われはエゴを中心に立っていますが、そのような人間であっても、無我、すなわち如来を根拠として生きる者に転ずるということです。立場が根底から翻ることを、唯識では理論的に実践的に明らかにしていきますが、それゆえに、天親は『浄土論』を書き、浄土を明らかにされたということでしょう。逆の言い方をしますと、なぜ天親は『浄土論』を書かなくてはならなかったのか、なぜ浄土を願生しなくてはならなかったのかという問題を、天親教学全体のうえで明らかにしなくてはならないのです。それは『浄土論』だけでは分かりませんから、大乗仏教の瑜伽唯識の優れた論師であった天親がなぜ『浄土論』を書き、浄土を明らかにされたのかという問題であるわけです。

「如来に帰命して浄土を願う。それは唯識の思想に相違するものの如くにも思われて来た」ということは、本当にそうだと思います。しかしながら、唯識の道理はひとえに道念を満足せしめんがためであり、いかにして我愛の世界を超えるべきかを知らしめるものでなければなりません。それゆえに、「唯識の道理は限りなく自我を否定する反省内観を教うるものである。我等はその内観の極限に於て自我を超えたる如来に接するのである。翻って思うに、その内観反省を行わしめしものは如来であった。されば我愛を離るる能わざる悲しみに於てこそ如来に帰命せらるるのであろう」ということは、二種深信でしょう。懺悔と讃嘆、機の深信における法の深信です。

「三界は虚妄にしてただこれ一心を作るところなり」と言うのは、『十地経』に出てくる言葉、唯識の立場ですが、「それ故に真実の世界は「三界の道に勝過せる」彼岸に求めらるる」のです。どこまでも浄土は彼岸の世界で、直ちに死後とひとつではありません。死後において求められるけれども、それは生死を超えて進む世界です。

したがって、金子先生は「願生偈」について次のように述べておられます。

これに依りて如来に帰し浄土を願える世親の「願生偈」は、それは経説に相応するものであるということから出発した。その経とはいうまでもなく浄土の聖典である。したがって其の「願生偈」に現わるる浄土の廿九種の荘厳功徳というも、その本は浄土の経典にあることである。しかし「願生偈」は決して浄土の経典を撮要せるものではない。その浄土の讃歌には深い人生の懺悔が感ぜらるる。僅かに廿四行の偈頌ではあるが、その表現は高貴にして微妙である。それは長く浄土を願うものに愛誦せられたのであった。

（『金子大榮著作集』第九巻、春秋社、一九七八年、一七四頁）

なぜ、唯識の論主である天親が浄土を願生しなくてはならなかったのか。天親は『無量寿経』によって明らかにされた願生浄土の仏道を明らかにされたわけです。「世尊我一心　帰命尽十方　無碍光如来　願生安楽国」という帰敬偈にあるように、一心帰命と願生、尽十方無碍光如来に帰命し浄土に願生する帰命と願生という内容を持ったものが「我」のうえに開かれてくる信心です。

「我」を考えるとき、曽我量深先生の「『唯識三十頌』は天親菩薩の機の深信の記述であり、『浄土論』の我の一字の註脚である」という一文が私には引っ掛かります。唯識というものを潜って具体的に明らかにされたのが、善導の「「自身は現にこれ罪悪生死の凡夫、曠劫より已来、常に没し常に流転して、出離の縁あることなし」と信ず」（『聖典』二一五頁）という機の深信だというわけです。

「無有出離之縁」と言うように、助かる縁、手がかりのない我が身を明らかにしているのが唯識であるということです。釈迦・弥陀二尊の勅命によって、我が身のうえに開かれる信心は、帰命と願生を内実とするのです。そのことについて、曽我先生は善導の二河譬に対応するとおっしゃっておられます。二河譬において、如来は自ら「我」と名告って「汝」と喚びかけ、「一心に正念にして直ちに来れ」（『聖典』二二〇頁）と私を招喚するのです。「汝」と喚ばれている「我」は、まさに水火二河のなかを生きる「我」です。水火二河のなかにあって、しかも、「回らばまた死せん、住まらばまた死せん、去かばまた死せん」（『聖典』二一九～二二〇頁）という自力無効にあって、地獄一定を決定せざるを得ない我が身のうえに、「我」となって喚びかけたもうのです。

「願生偈」において「世尊我一心」と言っている「我」は、二河譬において「汝」と喚びかけられた「我」であるということです。その「我」が如来に対して、「一心帰命願生」ということになってくるのです。『浄土論』の「帰敬偈」は、如来の側からくる善導の二河譬と、衆生の呼応の側からする願生心とが対応し合うと曽我先生がおっしゃられ、それによって金子先生も『真宗の教義と其の歴史』に図式で描いておられます。

『願生偈』

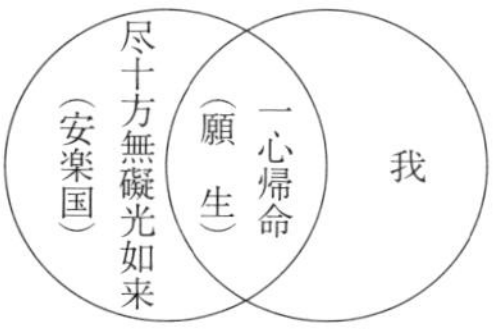

『二河喩』

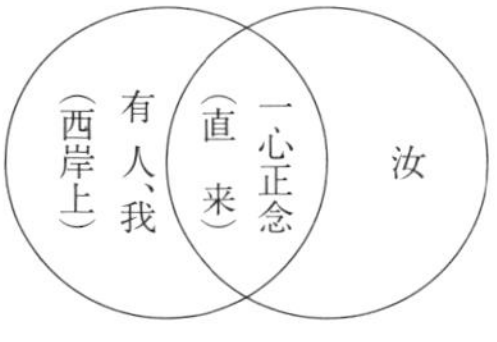

（『金子大榮著作集』別巻三、春秋社、一九八六年、二一八頁）

この一心帰命願生の心がどのように展開していくのかを説かれたのが五念門です。五念門について、金子先生は念仏の五方面と説明しておられますが、念仏における五つのはたらきです。「門」について、曽我先生は浄土を開く門とおっしゃっておられましたが、浄土を開く念仏の道です。礼拝・讃嘆・作願・観察・回向と、自ら浄土を開くひとつの門ですが、礼拝から讃嘆、讃嘆から作願へ、というようにかぎりなく深まって展開していくはたらきを持ったものであり、その五念門によって開かれるのが「五功徳門」です。五功徳門ということは、涅槃の浄土に生まれて仏になるだけでなく、菩薩となってこの世に還るのです。往相還相を明らかにするのが念仏往生、願生浄土の仏道であるのです。

念仏の五方面

金子先生がお書きになった、世親のところを最後までを読んでおきましょう。

その「願生偈」に依りて世親は浄土の行を五念門と規定する。五念門とは（一）礼拝（二）讃嘆（三）作願（四）観察（五）廻向ということである。この五念を行じて浄土に生れ、仏道を成就するのである。思うに五念門とは念仏に於ける五方面と領解すべきものであろう。礼拝とは念仏のかたちである。即ち念仏の身業である。讃嘆とは念仏の言葉である。即ち念仏の語業である。念仏とは仏を讃嘆することであるという。そこには限りなき光が感ぜられてあるのである。その如来の光に於て彼岸の世界を観る。作願とはその世界にあらんとする願いである。それは即ち念仏の意業である。その浄土の光に依りて我等は明らかに虚妄と真実との対応を知るであろう。それが観察といわるるものである。それ故に観察は念仏の智業である。然るに如来に帰し浄土を願うことは、自我愛を超えて、一切衆生と共に真実の道を求めんがためであった。そこには念仏者の全人感情というものがある。これに依りて最後に廻向ということが行わるる。廻向とは念仏に於ける全人感情を成就するものである。

さればこの五念の行に依りて浄土にも生れ、また仏道をも成就することは、必然の道理といわねばならぬ。したがって浄土教の普遍的意義は、已に『浄土論』に於て明らかにせられたのであった。されどそれは唯識観を背景とせる聖者の思想として、われら凡夫の道とせられなかったのであろう。それは群萠の道を示されたものであるということが明らかにせらるるまでには長き歴史的な伝統を経なければならぬのであった。
（『金子大榮著作集』第九巻、春秋社、一九七八年、一七四〜一七五頁）

確かに、願生浄土は仏道であることは、『浄土論』おいて明らかです。それが「群萠」、我われ凡夫の道であることを明らかにするには、曇鸞を待たなくてはならなかった。これを曽我先生は「自利各別の我一心」ということでおっしゃられました。「我」とはめいめい一人ひとりの「一心」、「自利各別」の心であるということでしょう。その「我一心」が如来利他回向の心であることを明らかにされるのは、曇鸞においてです。さらに、それが本当に徹底して明らかにされたのは親鸞にいたって、と言わなくてはなりません。ですから、そこに「よきひと」、よき師が必要なのであり、親鸞が明らかにされる「真実信心」とは、如来によって回向成就せられた心なのです。そのことが本当に明らかになるためには歴史が必要であった、多くの先達のご苦労があったということです。

欲界内存在として生きている

「仏法には、無我にて候う」（『聖典』八八三頁）と蓮如上人（一四一五〜一四九九）もおっしゃっています。「我」というものはそもそも存在しないのですが、「無我」という智慧だけでは無我になれません。身に証しする「身証」、あるいは生活においてそれを証ししていく「行証」が必要です。無我の智慧という、一切は空である仏教の道理を学ぶことによって、我の思想はなくなるかもしれませんが、習い性としての我執はそれによってなくなるものではありません。習い性ということは唯識でよく使う言葉で言えば、「始め無き時」から、「無始時来性」という言葉で人間の我執の深さを表します。始め無き時から生死流転を重ねて今日に至っている衆生は、正しく自我愛を根底とする者です。

金子先生の文脈では「自我愛」ですが、自我意識という自我を否定し内観を教えるものが唯識です。その内観の極限において、自我を超えた絶対的な無我としての如来に接するのでしょう。我執を離れられない我が身、自我愛を離れることのできない悲しみにおいて、如来に帰命するのです。そこにおいては、私が内観するのでなく、如来に内観を行わしめられるのです。その内観せしめるものこそが如来であるということです。

自我愛について、欲界・色界・無色界の三界として迷いの世界を表します。欲界は我われの欲の世界です。色界の、色は、仏教的に言えば物質の世界ですが、金子先生に言わせれば音楽などの芸術の世界も色界にあたります。無色界は色もない、物質もない、心もなければ欲もなく、物質をも超えている禅定で表される世界です。住む所がない「三界に家なし」、あるいは三界は火の家のごときである「三界火宅」と言いますが、根底にあるのは欲界です。安田理深先生（一九〇〇～一九八二）は、ハイデッガー（一八八九～一九七六）の「In-der-welt-sein」（世界内存在）という言葉を援用しながら、人間というのは「欲界内存在」、欲界の内なる存在と言うべきだとおっしゃられます。我われの住んでいる三界を遥かに否定的に超えた世界、勝過した世界が浄土であり、浄土を願わずにはおれない存在が我われです。浄土が客観的にあるとかないとか、そういうことではありません。金子先生は、凡夫あれば仏なかるべからず、娑婆あれば浄土なかるべからず、という言葉で表されました。我われの現実、我が身の事実を離れて、対象的に如来あるいは浄土を考え、それがあるかないかということを問うのではありません。「なかるべからず」とは「なくてはならない」ということです。その根底はどこにあるかと言えば、自己が欲界内存在としてここに生きているという事実です。現に苦しみ悩みを抱えて生きている事実において、「なくてはならない」ものとして、如来、浄土が願われていくのです。金子先生は、そのようなお立場から浄土を願って明らかにされたのです。「願生偈」は、単に浄土経典の意味を解説されたものでもなく、如来の浄土を讃嘆されたのではあるけれども、その根底に深い懺悔があります。自我の執着を捨て難い欲界内存在として、どこまでも自我の執着の捨て難いことについての深い懺悔があると、金子先生はおっしゃっています。

そこには、さきほども申し上げましたが、善導の二河譬に示されますように、深い貪瞋二河、命尽き果てるところまで無明煩悩がなくならない我が身についての深い悲しみ、傷みがあります。そういう懺悔を潜って、あるいは、そういう懺悔から出てくる讃嘆が「願生偈」であるということです。浄土を願生していく道として五念門が説かれます。念仏して浄土に生まれ、そして仏道を成就していく。浄土に生まれて仏になるという必然性を明らかにするというところに「願生偈」があり、そこに瑜伽唯識の論主であった天親の浄土思想があるということです。

第四節　「心性清浄・客塵煩悩」説

唯識を考えていくうえでというよりも、仏教そのものを考えていくうえで、「心性清浄」という思想が重要です。なかでも、原始仏典のひとつ、『増支部経典』に説かれる「心性清浄・客塵煩悩」説が注意されます。

1　比丘たちよ、このこころは明浄である。しかしそれは外からやってくる〔こころに〕付きしたがう煩悩によって汚れる。それを、〔教えを〕よく聞いていない凡夫はありのままに知らない。それゆえ、〔教えを〕よく聞いていない凡夫はこころを修習していない、とわたしは説く。

2　比丘たちよ、このこころは明浄である。またそれは外からやってくる〔こころに〕付きしたがう煩悩によって汚れる。それを、〔教えを〕よく聞いた尊い弟子はありのままに知る。それゆえ、〔教えを〕よく聞いた尊い弟子はこころを修習している、とわたしは説く。

（前田専学編・浪花宣明訳『原始仏典Ⅲ　増支部経典』一、春秋社、二〇一六年、一二～一三頁）

ここに説かれました「心性清浄・客塵煩悩」説は、部派仏教で言いますと、南インドの大衆部、西インドの法蔵部において継承され、大乗仏教においても『大集経』をはじめ、多くの経論において継承、展開された思想です。『大乗涅槃経』では「一切衆生悉有仏性」と説かれ、『般若経』、般若中観思想では「自性清浄心」と表され、『如来蔵経』『不増不減経』『勝鬘経』『宝性論』などでは「如来蔵」と言われている思想の出発点がこの増支部の経文です。どんな人にも心の底に澄みきった清浄な心があり、ただそれが客塵なる煩悩によって覆われている。そのことを、教えを聞く者は正しく領解するという仏陀の教えがあるわけです。

「心性清浄・客塵煩悩」説は、心は本来清らかなものですが、「客塵」ですから、掃き清められた庭に風が吹いて落ち葉がパラパラと散るように、清らかな心に煩悩が塵のように降り積っている、ということです。そういう思想がその後の聖道門仏教の基本的立場をなすものであり、宗教としては、ことに禅において主体的、実践的に徹底されたと言うべきでしょう。

もうひとつ確かめていきますと、心は本来清らかなものですが、我われの心は起伏が非常に激しく、凡夫は自分の心に次から次へと起こってくるさまざまな煩悩に引き込まれて、常に動揺し迷って生きています。「無明煩悩われらがみにみちみちて」(『聖典』五四五頁)いるのが私どもの姿で、欲に振り回され欲に押し流されながらしか生きる術を持ちません。そういう現実ですが、その我が身の姿を充分に自覚しながら、しかも、それゆえに諸仏・善知識を念ずるということがあります。煩悩に振り回されていく身であるゆえに教えを聞きたいと願い、諸仏・善知識を念ずるということがあるわけです。

そういう念ずる心は、煩悩によって汚されているというだけでなく、清浄なる心であるということです。善導の言葉で言いますと、「衆生貪瞋煩悩中能生清浄願往生心(衆生の貪瞋煩悩の中に、能く清浄願往生の心を生ぜしむる)」(『観経疏』、『真聖全』一、五四〇頁)というところから心性清浄の思想も出てくる、という指摘もあります。煩悩にまみれながら、しかもまみれるがゆえに諸仏・善知識を念じて生きる、ということです。その心は清浄なるものが本性であり、煩悩は客塵でしかないということです。

周利槃特の話ではありませんが、いつまで経ってもさとりが開けない周利槃特に対して、釈尊は箒を与え、「塵を除かん、垢を除かん」と口ずさみながら掃き掃除をすることを教えられたわけでしょう。愚かな周利槃特は教えられた通りに毎日掃き清め、ついにさとりを開いたという話があります。煩悩が客塵であるならば、それを払い落としていくことができる。それを払い落とすことによって本来の清浄なるさとりを開く、ということが求められてきます。今は在家止住の凡夫でしかないけれども、教えに随って菩薩の行を修していくならば、ついには真実そのものに目覚めて仏になることができるであろうという願いを持って、在家の人びとは生きたわけでしょう。それが大乗仏教の人びとのなかにあった深い心情であるという指摘があります。

この心性清浄説が大乗仏教の基本に流れていて、日本の仏教の流れでいきますと、天台宗が重要になってまいります。いわゆる天台本覚思想であり、この「本覚」が心性清浄ということです。本来、自性清浄心であって、「本覚」「本来覚れるもの」ということですが、我われはそういう具合にならないのです。そこに、聞法し修行していくことを通して、本覚の覚りにいたるのです。これを「始覚」と言います。この「本覚」「始覚」という言葉は『大乗起信論』で用いられており、『大乗起信論』には阿弥陀信仰が出てまいります。「起信」、信心を起こすということですから、信心を起こすについては、阿弥陀如来を信ずるということが大事なこととして説かれるのです。それが日本天台に説かれる聖道門仏教の基本的な立場でもあり、「天台本覚法門」とも呼ばれます。

煩悩は果たして客塵なのか

それに対して、瑜伽行唯識思想においてはどうであったか、という問題です。唯識も仏教の真実義を開顕した大乗仏教、ことに般若中観思想を継承し、空のさとりを得るために唯識を説くとありますので、龍樹によって明らかにされた般若中観の思想を受け継ぐことは明らかです。煩悩が客塵とされる中観の場合には、煩悩もまた無自性空であり、なんら実体があるわけではなく、すべては縁起に依って成り立つものということになります。煩悩は本来、不生不滅なるものであり、実体があるわけでなく、空であるのが龍樹の中観の思想です。

ところが、唯識においては、煩悩は果たして客塵なのかという問題です。仏陀は「心性清浄・客塵煩悩」とお説きになったわけですが、「客塵」とは外来的なもの、心の外からやってきた汚れと言われたけれども、果たして本当に煩悩は客塵と言えるものなのかどうか、という問いです。

これは、金子先生の『教行信証の研究』における天親の無我観のところと重なってまいります。無我という智慧では無我になれない、道理は分かっても執着が除かれないという身の事実があります。道理は分かっているけれども、止められないということです。そういうところで業を引きずり、業を背負って生き続けなくてはならないのです。執着は決して解消されるわけではない。捨てようとすればするほど執われて、いよいよ深みに沈んでいくという人間の業の激しさ、深さがあります。

そういう者にとって、果たして煩悩は客塵と言えるのか、ということです。客塵と言うにはあまりにも煩悩は深い。むしろ煩悩こそ我が身そのものであり、客塵と言われたからといっても、決して解消されるものではない。そこに人間の自我を深く問うた唯識の問題があります。

「心性清浄」と仏陀は説かれるけれども、どうして私はいつまでも煩悩から一歩も抜け出ることができないのか。煩悩から抜け出ようとすればするほど、煩悩よりほかないと、煩悩具足を知るほかはありません。どうして「心性清浄」に至りうるのか。なぜ、仏陀はそれを「心性清浄」とお説きになったのか。そのことを問うていくのが唯識の問題であり、天親が問われた問題です。

汚れなき心はどんな者にもあるというのは、仏の大悲の智見の言葉です。『増支部経典』に「よく聞いていない凡夫」「よく聞いた尊い弟子」とありましたが、聞くということが大切です。これは仏陀の大悲の智見ですから、仏陀の大悲の智見によれば、我われは愚かな無痴なる者で、智慧の眼なき者です。耳あって耳なきがごとく、眼あって眼なきがごとく、そういう智慧なき、我が身知らずの愚痴の凡夫が、智見をどうしていただくのかということです。これを問うていくところに天親の唯識の立場があると領解しておかれるべきでしょう。

『中辺分別論』第一偈「虚妄なる分別はある」

そこで、唯識の根本論である『中辺分別論』について見ておきたいと思います。この論書は、弥勒の教えを無著（三九五〜四七〇頃）がまとめて偈頌とし、無著の弟である天親がそれに註釈を付けたものです。その第一章「相品」に、このような偈があります。

虚妄なる分別はある。そこに二つのものは存在しない。しかし、そこ（すなわち虚妄なる分別のなか）に空性が存在し、その（空性の）なかにまた、かれ（すなわち虚妄なる分別）が存在する。

（長尾雅人ほか訳『大乗仏典15　世親論集』中央公論社、一九七六年、二一九頁）

そして、この偈頌に対する天親の註釈が次のようになります。

ここで「虚妄なる分別」というのは、知られるもの（所取）と知るもの（能取）と（の二者の対立）を分別することである。「二つのもの」とは、この知られるものと知るものとである。（それら二つのものは究極的には実在しない。したがって）「空性」とは、この虚妄なる分別が、知られるものと知るものとの両者を離脱し（両者が否定され）ている状態である。「そのなかにまた、かれが存在する」とは、（空性のなかに）虚妄なる分別が（存在すること）である。

このようにして、〝或るものが或る場所にないとき、後者（すなわち或る場所）は、前者（すなわち或るもの）としては空である、というように如実に観察する。他方また、（右のように空であると否定されたのちにも）なお（否定されえないで）なんらかあまったものがここにあるならば、それこそはいまや実在なのであると如実に知る〟という（ように述べられている）空性の正しい相が（この詩頌《しじゅ》によって）明らかに述べられた。

（長尾雅人ほか訳『大乗仏典15　世親論集』二一九〜二二〇頁）

これは、龍樹によって明らかにされた空性と虚妄分別の関係、心性清浄と客塵煩悩の関わりについて述べたものです。山口益先生は、

けれども一切衆生の現実は、依然として能所に執着して愛憎違順する苦悩のすがた以外の何物でもない。そういうことであるとすると、見道に入った者における能所の寂滅は、「作すべきことが作し遂げられた」という已果遂の態において与えられているのではなくして、むしろ、「作すべきことが作されねばならない」という未果遂な課題として、限りなく課せられている態である。先に「三性」について、中辺分別論Ⅰ、1の語を引用したとき、それの(d)句としてあった

そこにしかも彼れあり。

の語について、後に関説するであろうと註記していたが、いまその句が、ここに注意せられねばならない。それは、能所が寂滅し、我と汝、我と彼という分別が絶えて、一切衆生の問題が、そのまま自らの問題となるときには、能所寂滅なる空性真如の了得の上に（「そこに」）、能所の未だ寂滅しない虚妄分別の有執（「彼」）が、依然として限りなく見出されるのであり、その立場で一切衆生の問題が、自らの問題として新たな態の課題として発見される、ということである。そこに新たな仏道の実修が開始される。それが大乗菩薩行ということである。（『仏教学序説』平楽寺書店、一九六一年、一九三頁）

と説明されています。ここで、『中辺分別論』の「そこにしかも彼れあり」という偈頌が引用されていま

すが、これはさきほど読みました『大乗仏典』の訳で言いますと、「その（空性の）なかにまた、かれ（すなわち虚妄なる分別）が存在する」の偈を指します。ですから、当面の釈文の意味において、客塵煩悩としての虚妄分別があるということは、単に外来的なものということではなく、「（空であると否定されたのちにも）なお（否定されえないで）なんらかあまったものがここにあるならば、それこそはいまや実在なのであると如実に知る」ことを意味します。そして、それだけではなく、『中辺分別論』の終わりに、仏道修行によって得られる「果の集成が無上であること」を説くなかに「（どこにも）とどまることがないこと」が示され、

輪廻にも涅槃にもとどまらないこととは、もはや退転することのない位（不退転）にあって、（仏陀になるとの）予言が与えられるという果の集成があることである。（その位にあっては、心が機に応じてはたらくゆえに）輪廻からも不退転であり、涅槃からも不退転だからである。

（長尾雅人ほか訳『大乗仏典15　世親論集』中央公論社、一九七六年、三五三～三五四頁）

と註釈されています。ここで、いわゆる「無住処涅槃」が説かれてまいりますから、客塵煩悩、虚妄分別が存在するということは、山口先生が指摘されていますように、一切衆生の問題が、自らの問題として新たな態の課題として発見されるということを意味していると言えるでしょう。

虚妄分別が滅するということは、自身の問題として言えば、我われの計らいの尽き果てたところ、計らいが間に合わないところ、いずれの行もおよびがたき身と思い知らされたところにおいて、生きるも死ぬも如来のはからいのままにという世界に生きる道が開けてくるということでしょう。しかも、そこになお虚妄が存在するということを、山口先生の解釈では、ただ私個人の問題ではなく、一切衆生の迷いの人の

姿がそこに見えてくることだと解釈していかれるわけです。この解釈はこの偈だけでは出てきません。唯識そのものの立場から、この偈に込められた理由はそういう意味を持ち、それを展開するのが唯識の教学だと、山口先生は言ってこられるのです。

私だけの問題なら、それは声聞独覚、小乗です。大乗の立場は、私の問題に智慧の眼が開けて、ときに仏法にもご縁を持たず、念仏にもご縁を持たないままで、ただ生死流転をしている人びとのことが、我がことととして悲しまれていくのです。我がこととして問題になり、我がこととして悲しまれていくこころにおいて、聞法されていくのだと思います。それが「普く諸の衆生と共に」という浄土願生の理由です。その願いのなかで聞法され、精進していくのが唯識の示す大乗菩薩道です。

『中辺分別論』の初めに示された偈頌は非常に簡潔ですが、このことを明らかにしていくのが瑜伽行唯識の論書である『中辺分別論』であり、その全体が天親の教学であり、それほど大事な内容を持った言葉だということを心にとどめておいていただきたいと思います。

「なんらかあまったもの」

また、『中辺分別論』の偈頌についての天親の註釈にあります「なんらかあまったもの」という言葉を含む文章が引用符で括られていますが、長尾雅人先生（一九〇七〜二〇〇五）の『中観と唯識』に収められている「空性に於ける「余れるもの」」という論文によりますと、これは『小空経』という阿含経典からの引用であることを注意されて、

「なんらか余ったもの」（avaśiṣṭa）という表現は全く謎めいている。何故なら、空性は一般に非存在で

あり、否定的な性格のものであると考えられるが、「なんらか余ったもの」とは何かの存在を積極的に認めるものだからである。これはおそらく徹底的な否定の極限においても、なお否定しきれない究極的な実在として理解さるべきであろう。例えば、それは否定しているという事実を否定しえないという状況に似ている。それは否定のただ中に見出される肯定であり、否定の中に見出されるが故に真の有である。

（『中観と唯識』岩波書店、一九七八年、五四六頁）

と指摘されています。そして、『中辺分別論』における空性の定義を説く、

実に（主観・客観の）二つのものが無であることと、（その）無が有であることとが、空（性）の相である。

（長尾雅人ほか訳『大乗仏典15 世親論集』中央公論社、一九七六年、二三二頁）

という偈頌を挙げられます。空性とは「無」のみならず「無の有」を含むところに瑜伽行派の解釈の特徴があることを注意されています。その源泉は龍樹の『中論』にあることを論じて、

後代の中国仏教にも、「真空妙有」という言い方がある。それは、空と有、否定と肯定の一致として、あるいは無からの有の回復を示す句として理解されよう。事実『般若経』にも「色は空性であり、その空性こそが色である」と言われている。「その空性が色である」とは余分なものでも不必要なものでもなく、先の句の単なるくりかえしでもない。それは「色は空性である」という否定の後に、真の有の新しい視界を切り開くものである。ナーガルジュナも、世間的現象の真の意味をその『中論』第二十四章において確立したと言われる。とくにその第十八偈において、本来「縁起」（pratītyasamutpāda）と同一である「空性」を、他のもう一つの概念「何かに依存して観念のあること」（仮名 upādāya-prajñapti= 縁起）と等置し、さらに最後には、中道と等置するのである。この偈頌の全体

の構成は上述の『中辺分別論』一・一〜二のプロトタイプの観を呈している。後者の虚妄分別という概念はここでは upādāya-prajñapti に当り、そこにおいて宗教的な実践の努力も含めて、あらゆる人間の営みが正しく肯定されるのである。

（『中観と唯識』五四七頁）

と述べられています。

空ということは龍樹が初めて説いたわけでもなく、阿含の『小空経』に出てまいりますし、そこでは否定の極限においてなお否定しきれない「真の有」があるということです。それを唯識は、「無」が「無」で終わらず、「無」が「無の有」として「無」が「有のはたらき」としてある、と説いていくのです。それを中国の僧肇の思想を受け継ぎながら、それを徹底していくところに曇鸞の教学があります。ですから、龍樹の立場は「無の教学」と言われますが、単なる「無」ではありません。

愚かな我われは、「空」と言われれば、「空」という「もの」を頭のなかであれこれ考えて分からなくなります。「空」というものは頭で考えて分かるものではありません。「冷暖自知」という言葉がありますが、熱いか冷たいか、いろいろと説明はできますが、実際に自分が身体で触れる以外にありません。ヤカンが熱いかどうか、沸騰しているお湯が熱いのはこういうことだと説明はできますが、実際に分かるというのは、自ら身をもって知る、頭で考えて分かるわけではないということです。別の言葉で言いますと「言亡慮絶」、言葉も思いも絶え果てたということです。

そういう言葉も思いも一切尽き果てたところ、絶えたところに体験されるのが空だとしか言いようがない、ということです。どれだけ空という概念を振り回しても、空は分からないのです。ですから、実践的なのは禅であり、禅は言葉では説明しません。只管打坐ということで、坐ってそれを知れというわけです。

そして、一切の言葉のなくなったところ、身も心も脱落したところに立てというのが禅の立場なのです。

第五節　唯識思想の基本

覆い隠されているもの

前節では、山口先生と長尾先生の論述を紹介しながら「心性清浄・客塵煩悩」説を確かめてまいりました。繰り返しますが、唯識思想の立場は『増支部経典』に説かれるように心性清浄でありながら、それが客塵煩悩としての虚妄分別によって覆障されていると説かれます。「覆障」という言葉は、覆い隠されているということで煩悩そのものを意味するのでしょうが、長尾先生によりますと、勝義諦・世俗諦の「世俗」の原語「saṃvṛti」（サンヴリティ）が「覆障」を意味します。世俗とは我われの世界ですから、世俗は真実なるものが無明の煩悩によって覆障され、真実が人間に隠されているということです（『中観と唯識』岩波書店、一九七八年、一四七頁）。「覆障」によって、生死輪廻の世界が現前することを主体的、根源的に解明するところに唯識の立場があります。

煩悩によって成り立っているのが我われ世俗のあり方、生死輪廻の世界です。「我執我所執」というのは阿含以来出てくる言葉で、我われの世界は行為の世界ですが、その行為の基本には、ものを認識する、知るということがあります。その認識のはたらくところに我執我所執があるわけです。

「我執」は我についての執着、「おれが」という執着です。「我所執」は「おれのもの」という執着になります。主観と客観、我執我所執、「おれが」「おれのもの」という関係において我われの認識が成り立ちます。

その認識の内容は「六識」で表されます。六識は眼・耳・鼻・舌・身・意で、眼でものを見、耳で声や音を聞きます。鼻で薫りを嗅ぎ、舌でものを味わう。そして、身のはたらきと心のはたらきを六識と言います。そういう五体は「五蘊仮和合」と言い、それも仏教の立場から言いますと、色・受・想・行・識という要素が仮に和合しているものです。つまり実体があるわけではないというのが、無我思想に立った仏教の領解であり、唯識の考え方で言いますと、諸法、すべての存在現象は識にほかならないということです。

たとえば、ここにガラスのコップがあるとして、それを見る人の見方はいろいろあります。「これはコップだ」と見る人もある。あるいは「ガラスだ」と見る人もある。あるいは「花瓶である」と見る人もある。あるいは「これは何千円、何万円くらい」と見る人もある。あるいは「これはあの主人が大事にしておったものだ」と見る人もある。ひとつのものを見るにしても、客観の法を見るにしましても、いろいろな見方があるわけです。すべての存在は客観的にあるように思うけれども、見る主観によっていろいろなことがそこにはたらくわけです。ひとりの人によっても、瞬間的にものの見方がコロコロ変わります。万人がいたら万人それぞれの見方が違う。そういうものを離れて客観的にものが存在するわけではありません。それが識のみということで、『唯識二十論』には「獄卒」（『大正蔵』三一、七五頁）と言われる地獄の鬼が出てまいります。それは自らの業によって創り出されたものであって、客観的にそういうものが存在するわけではない、ということです。『歎異抄』の「地獄は一定すみかぞかし」（『聖典』六二七頁）という言葉も、自らの罪業において見出されていく世界であって、客観的に地獄があるなら見せろと言われても、それはあなたの生活、あなたの生きざまを見なさい、と言い返すほかありません。自業によって感得される世界を抜きにして客観的に決った存在があるわけではない、と言ってくるわけです。

ところが問題は、その根っこにあるものは、「私が」という自我愛を軸として、そこから離れてものを見たり考えたりすることができない、ということです。曽我先生が『唯識三十頌』の講義のときに、よくたとえに出されましたが、たくさんの人が集まったなかで、ある人が「汝の面はやっこのごとし」と言った。すると、ある人が腹を立てたというわけです。「汝の面はやっこのごとし」と言った人は、決してその人を指して言っているわけではない。しかし、それを聞いた人はいつもコンプレックスを持っているから、私の悪口を言ったと受け取った。そういうことを『唯識三十頌』の「信受」と言い、曽我先生はよく話されていました。

いつも「おれが」というものが根っこにあって、そういう認識にもとづく生活、行動がなされています。そこに果てしなき執着が出てくるのです。そのようなあり方を「遍計所執」と言います。我われの現実における認識による行為の世界は、一切の執着が遍満している世界であり、果てしなく底知れない執われのなかにある世界です。それが我われの生きている世俗のありさまであり、真実なるものは失われ覆い隠されてある世俗のありさまです。

執着、煩悩によって、果てしなき苦しみが起こり、惑・業・苦ということを繰り返していくわけでしょう。果てしなき迷いの世界が繰り広げられていきますが、現実の認識の世界に起こったできごとは、いつもそのことを思い続けるわけではなく、事件としては刹那に生じ刹那に滅していきます。本当に次から次に新しいもの、いろいろなことが出てきます。しかし、意識のうえに起こったことは刹那に滅していき、その全体が流転しているのです。しかし、それはなくなるかと言えば、決してそうではなく、意識上にあったものが、今度は意識の底に沈みこんでいくのです。これは無意識の世界、深層意識ということでしょう。光が差し込まないような無限の闇、原始の闇、そういう深層意識のところに、刹那に生じ刹那に滅するものが薫習づけられていくのです。「薫習」とは、薫りが染みつき習い性となることです。刹那に生じ刹那に滅していく我われの行為や意識は、刹那に滅していくけれども、なくなったとは言えない。我われの深いところに薫習づけられていき、そこに問われたものが阿頼耶識であるわけです。原語で言いますと「ālaya-vijñāna」（アーラヤ・ビジュニャーナ）、「蔵識」と訳されます。蔵の識、蔵せられた、ということです。何を蓄積しているのか。無始時来、始め無き時から業を蓄積しているということです。けれども、基本にあるのは実体的に捉えない、ということです。仏陀の教え、大乗の教えは、ものを実体的に捉えることを過ちとします。ですから、無始時来の過去からの業を積み重ね、業の集積があると言いましても、それは刹那生滅です。一瞬一瞬、刹那に生じ滅していくのです。「暴流」というたとえが『摂大乗論』に出てきますように、激しい流れと捉えます。ひとつの意識の流れとしてずっとある、ということです。始め無き時から思ったことや行ったことの一切を積み重ねたものとして、阿頼耶識が言われてくるわけです。

また、阿頼耶識は「阿陀那識」とも言います。「ādāna」（アーダーナ）は「執持する」ということで、執持する意識、「執持識」とも言いますが、それは阿頼耶識が身体や命を保っているという意味から阿陀那識とも言うわけです。無限の過去から現在の刹那にいたるまで、なしたこと、思ったこと、六識で積み重ねてきたこと、そのすべてが薫習づけられ、「習気」「余習」「余力」とも言われます。のちに残っている潜在的なはたらきを蓄えている、ということです。長尾先生は氷山のたとえで表されます。氷山は水面上に浮んでいるのは七分の一で、あとの七分の六は水面下にあると言われます。人間の無意識は底知れない、まさに煩悩無涯底と言われますが、果てしなく底知れない無意識の世界に薫習づけられていくのです。そういうことが意識の底にあり、それが覆われて、無意識、深層意識のところにあり、それを触発し、刺激するはたらきが縁です。このはたらきにより習気として覆われてあったものが始動してくる。それを「現行」と言います。意識の底、阿頼耶識に薫習づけられたものが眠っているから、「随眠《ずいめん》」とも言われます。眠っているからないというわけではなく、いかにも眠っているように見えるだけで、眠っている阿頼耶識がなにかの縁ではたらいて表に出てきますと、四つの煩悩と伴って出てきます。「染汚意《ぜんまい》」と言われますが、第七末那識の別名でもあります。煩悩によって汚された意識、煩悩が染みついた意識ということで、我痴・我見・我慢・我愛の四つが説かれます。「我痴」は我が身知らずの愚かさ、愚痴です。「我見」は、私は正しい、私は間違っていないということで、「見」というのは思想、ものの見方、考え方です。「我慢」は、私は立派だと驕りたかぶる憍慢、場合によっては卑下慢にもなる慢の心です。「我愛」は、私に対するかぎりなく深い愛着です。そういう四つの煩悩によって色づけされた心として、意識のうえに現行してくるのです。そして、そこに、「おれが」「おれのもの」というかたちをとってはたらき、また刹那に滅し刹那に生じては薫習づけられていくのです。そういうかたちで、始め無き時からひとつの意識の流れとして形成されてきたのが我が身という存在のあり方だ、ということです。このことを唯識では本当に深く掘り下げられています。今、申してきたことを明らかにしてきたのが『唯識三十頌』です。

唯識三性説

我われは六識を通して、見たり聞いたり味わったり、いろいろなことをして、考えたりして生きていきますが、刹那に生じ刹那に滅していく煩悩に振り回され、支配されながら流転を重ねていくわけでしょう。それはまさに「暴流の如し」と言われます。『スッタニパータ』や『ダンマパダ』を見ますと、「輪廻の洪水」という言葉が出てきます。仏陀は「輪廻の洪水」と説かれて、人間の迷いの激しい流れを教えました。今の時代もまさに輪廻の洪水でしょう。現在そのものが政治の面からも、経済の面から見ても、輪廻の洪水だと思います。おのれ自身のありさま、歴史的社会、すべてが輪廻の洪水だということを思い知らされます。そういうことを、仏教の智慧にもとづいて、仏陀の智慧にもとづいたところに唯識の思想があると思います。

そして、人間の意識の構造だけを問題としたのでなくて、そこから、人間存在の根拠の転換を実践的な課題としたのが唯識です。我が身という存在の内面に仏陀の智見を通し、教えの光を通して、掘り起こされた我が身の存在の内実を問うていきました。遍計所執性・依他起性・円成実性の三性説として展開されたのがそれにあたります。

我われの現実は、今ここに存在し、そこでいろいろなことをしながら生きています。そのありさまは、計らいだらけの世界です。「遍計所執性」とは、計らいだらけの世界、「おれが」「おれのもの」というところに生きている世界ということです。だれひとりとして、そこから出られる人はいないのです。

そのうえで、基本にあるのは「依他起性」です。「他に依って起こる」ということは、現実に起こりますと、計らいのところでしか起こらないのです。「おれが」「おれのもの」という対立的な差別的な意識としてしか現実には起こらないのです。つまり「依他起」という言葉が使ってありますが、これは他を縁としていろいろな因縁によって起こっている業縁、縁起性ということでもあります。そこにはなんらの実体があるわけでもなく、主体的には「無我」と言われるものですが、現実においては無我と教えられても無我になれない、という問題があります。常に我執から一歩も出られない、無始時来と言われる無限の過去を背負うとともに、無限の未来を背負って生きなくてはならないほど深い。その縁起性も、我われの生きている現実では、「遍計所執」という執着のかたちを取ってしかはたらかないのです。しかも、それは人間の反省だとか、そういうものがおよそ届かない、無底の闇を抱えた身としてあるものに光が差し込んでいく。差し込まれることによって、本来の縁起性を回復するのです。それを「円成実性」と言い、円満に本来性に帰る、本来性が回復してくるということです。

遍計所執なる我われのありさまが、執着を離れた、執着以前のところにいかにして帰るのかを実践的に問うていく。瑜伽行という実践行、修行を通して、そのことを問うていくのです。我執、自我を根拠としていた者が無我を根拠とするのです。我は不実ですから、真実ならざるもの、それが真実なる如来、法界を根拠として生きる者に翻る、立場の転換です。清沢先生の言葉で言えば「立脚地」です。我われはそれぞれ立脚地を持っているけれども、我われの持っている立脚地は「我」という立脚地ですから、これはどうにもならないのです。その我の立脚地が崩され翻されていくところに、唯識が実践道として問うた問題があるわけでしょう。

浄法界等流の教法の聞薫習

次に無著の『摂大乗論』の言葉を少し確かめておきたいと思います。『摂大乗論』第一章「知らるべきものの依り所（所知依分）」の第四十五節に次のような一文があります。

しかしながら、一切の種子を有する異熟識は汚染の原因である。それがどうしてそれを対治するものとしての世間を越えた〔清浄なる〕心の種子でありえようか。また世間を越えた〔清浄なる心〕は、未だかつて経験されたことのない〔未知の〕ものであって、したがってそれからの薫習は実に存在しない。その薫習がないとすれば、〔正見としての世間を越えた心は〕如何なる種子から生ずるかを説明する必要がある。――〔答え〕それは、極めて清浄な法界から流れ出た、聞くことの薫習を種子として生ずるのである。

（長尾雅人『摂大乗論　和訳と注解』上、講談社、一九八二年、二一九頁）

「一切の種子を有する異熟識は汚染の原因である。それがどうしてそれを対治するものとしての世間を越えた〔清浄なる〕心の種子でありえようか」という問いは、これまで問題にしている心性清浄説に対する問いかけであり、『摂大乗論』における極めて重要な一節です。異熟識としての阿頼耶識は汚染の原因、根底として考えられているけれども、いかにして清浄なる心の種子として保持されていると言えるのか、ということです。

清浄なる心は我われにとっては経験したことのない未知なるものですが、いかにして我われがそれにふれるのかと言えば、「極めて清浄な法界から流れ出た、聞くことの薫習を種子として生ずる」とありますように、清浄なる法界、つまりは「浄土」ということです。浄土から流れ出た聞薫習を種子とするのです。浄土から仏の真実、清浄真実、無漏真実が教えとして我われのなかに聞かれ、その教えを聞くことのなかに仏の真実が私に染みこみ薫習されていくのです。それが「nisyanda」（ニシャンダ）といい、「等流」という意味です。法界無漏清浄なる法界は一如であり、如来の浄土であり、そこから等流するのです。

「等流」は、やむにやまれない大悲のはたらき、大悲の妙用として、「真心徹倒」という言葉がありますように、如来のまことが我われの厚い自我の壁を破って、如来の真実、妙用が私のなかに入り込んでくださるのです。有漏雑毒でしかない者のなかに入ってくるわけですから、まったく私のものでない異質なものです。そのため拒否反応を起こすわけで、ストレートには受け入れられず、むしろ、そこからはずれていこうとします。ここに本当の闘いがあり、清沢先生の言葉で言えば、「悪戦苦闘」でしょう。親鸞聖人も二十年間の比叡山での修行という悪戦苦闘をたどってきましたし、それは「いずれの行もおよびがたき身」という悪戦苦闘に破れたということです。私の逆らう力、反対する力よりも、如来の大悲の妙用がはるかに強かったということでしょう。そこで、ようやく頭が下がるのです。「南無」というのは、頭が下がったということで、下げたのではなくて、ついに頭が下がりましたという敗者の宣言、告白ということです。

浄土真宗の教えを聞いた我われにとりまして、心性清浄、清浄なる心が本来的に具わっているという「本有説」は素直に受け取れないかもしれません。そうではなく、聴聞を通してまったく新しいできごととして、如来の無漏真実がこの有漏雑毒の私のなかにはたらいてくださるのです。そのあたりのことも含めて、私としては、京都大学の服部正明先生の説に同感いたします。先生の『認識と超越』の一節を読んでおきたいと思います。

アーラヤ識が無限の過去から継起して、輪廻的存在の根拠をなしているということは、現在における宗教的主体の自覚内容として解釈されるべきことをさきに述べた。煩悩から離脱しようと努める者にとって、煩悩は本来清浄な心の鏡面に偶然的に付着した塵のようなものではない。宗教的実践の主体は、煩悩を否定しようとすればするほど、それがきわめて執拗な、それ自体の根拠をもったものとして主体にからみついていることを知る。そして自らを、涅槃の可能性を寸分ももたない生来の凡夫として自覚するのである。超世間的知識を得る可能性としての無漏の種子が、人間に生得的のものであるか、または新たに生ずるものであるかという問題も、同様の観点から理解してよいであろう。法界から流れ出た教えは、涅槃を希求する宗教的主体に、全く異質のものとして及ぶことによって、すなわち、自己と客体的存在への執着に対して両者の非実在を、世間的・日常的な認識・経験に対して超世間性を、煩悩に対して涅槃を対峙させることによって、人間の輪廻的存在としての性格を明確化する。きびしく自らを省察する者にとって、自分は煩悩をもった存在であるが、同時に清浄な涅槃界に至る可能性をもいくぶんかは具えているという意識はあり得ない。瞬間ごとに現勢化する有漏の種子とともに、無漏の種子が人間存在の根底に本来そなわっているということは、みずから煩悩を超克しようとする主体としては肯定することができない。教えに随順しようとする意志は、教えを自らの所有にしようとする煩悩によって妨げられる。そして、この根深い煩悩の自覚は、自らを涅槃界に到達する可能性を全くもたない者とする絶望へと連なるのである。

　仏の教えすら思惟の対象とされている限りは「仮構されたもの」である。その仮構を否定する能力は、アーラヤ識を根拠とする人間に内在するのではない。アーラヤ識自体が仮構の潜勢力を宿しているからである。仮構の否定は、教えとして人間存在の根底に及んでいる真如そのものによって、「自己」が無化されること、「自己」が法界に融化することにほかならない。それが根拠の転換の体験であり、個体における法界の現成である。

根拠の転換の体験によって、アーラヤ識を根拠として成り立っていた輪廻的存在としての自己は真には存在しなかったことが知られ、心は本来清浄であったことが理解される。有漏の種子と無漏の種子とが無限の過去から共存していたのではなく、法界に融化して二元性を離れた超世間的知識を得ない限りは、自己は生来の凡夫なのであり、根拠の転換を体験したときには、自己は本来清浄なものとして自覚されるのである。

（服部正明・上山春平『仏教の思想4　認識と超越〈唯識〉』角川書店、一九七〇年、一六一～一六二頁）

『摂大乗論』が説く聞薫習による転依、根拠の転換について、服部先生の見解が正当であろうと考えますが、転依による法界の現成、心性清浄の自覚については、問題が残されているように思います。それは、ことに善導教学を継承した親鸞の深い人間洞察、機の深信により、より深く明らかにされるべきものと思います。

また、心性清浄に関連して、仏性の問題がございます。親鸞は「信心仏性」を説きますが、これは私のなかに仏性があるというわけでなく、そこに如来の仏性ありと言ってくださる如来の大悲の智見がはたらいていてくださるということです。我われのどこをどう探しても、「仏性あり」とは言えません。それにもかかわらず、「仏性あり」と言われることは、如来の大悲の智見によるわけです。ただ、我われはそのことを聞いていくほかはない、ということだと思います。

『大乗荘厳経論』の修道体系

我われにとって根拠の転換は、如来の教法を聴聞する以外にないわけですが、それにより「真心徹倒」ということがあります。如来の真実が我われに至り届き、入り込んでくださることが「転識得智」、智慧を得るということです。しかしこれは、我われが賢くなるということではありません。いよいよ我が身知らずの身を知らせていただくという智慧です。そういう智慧をいただくことで、我われの迷いの心が翻されていくのでしょう。迷いを迷いと知り、そして、迷いから離れる智慧をいただいていくのです。そのことを、『摂大乗論』に「極めて清浄な法界から流れ出た、聞くことの薫習を種子として生ずる」と言うのでしょう。

そういう浄法界等流の教法の聞薫習について、『大乗荘厳経論』との関連から確かめておきたいと思います。

『大乗荘厳経論』は、無始時来性なる深層性を持った煩悩の根拠の転換について、瑜伽行の修道体系から明らかにしており、「述求品」において、阿頼耶識はどのように転依していくのかというプロセスを述べています。それを五種の階梯「瑜伽地」、あるいは「学境」と翻訳されています。「瑜伽」は「yoga」(ヨーガ)の訳で、「結びつける」「相応」ということです。真実なるものに向き合い、真実なるものを我が身に受け入れ、真実なるものに近づき、真実なるものに応えていくのが瑜伽ということです。

まず、漢訳のものを読んでおきましょう。

偈に曰わく。

応に五の学境ありと知るべし。　　正法と及び正憶と

第五に転依を説くなり（XI-42）

心界と有非有と

釈して曰わく。彼の能相に復た五種の学境有り。一には能持、二には所持、三には鏡像、四には明悟、五には転依なり。能持とは謂わく仏の説く所の正法なり。此の法に由り彼の能縁を持するが故なり。所持とは即ち正憶念なり。正法を所持するに由るが故なり。鏡像とは謂わく心界なり。得定に由るが故なり。心を法界に安んずるとは、先に説く所の如く、皆な是れ名のみなりと見、定心を鏡と為し、法界を像と為すが故なり。明悟とは出世間の慧なり。彼れ有を如実に有と見、非有を如実に非有と見、有謂わく法無我と、非有謂わく能取・所取との、此れに於いて明見するが故なり。

転依とは、偈に曰わく。

聖性は平等を証し　解脱の事も亦た一なり

勝に則ち五義有り　不滅亦た不増なり（XI-43）

釈して曰わく。聖性は平等を証し、解脱の事も亦た一なりとは、聖性は無漏界を謂い、平等を証すとは、諸聖同じく得るが故なり。解脱の事も亦た一なりとは、諸仏の聖性と声聞縁覚と平等にして解脱同じきに由るが故なり。勝に則ち五義有り、不滅亦た不増なりとは、復た聖性は平等なりと雖も然も諸仏は最勝にして自ら五義有り。一には清浄勝、漏習倶に尽くるに由るが故なり。二には普遍勝、刹土は通じて浄なるに由るが故なり。三には身勝、法身に由るが故なり。四には受用勝、転法輪の受用の不断なるに由るが故なり。五には業勝、兜率天等に住し、諸もろの化事を現じ、衆生を利益するに由るが故なり。不滅とは、染分滅ずる時に謂い、不増とは、浄分増す時に謂うなり。此れは是れ五種の学地の解相なり。以って彼の所相の法及び三種の能相の法を解するが故なり。已に所相と能相とを解けり。

（袴谷憲昭・荒井裕明『新国訳大蔵経　瑜伽・唯識部十二　大乗荘厳経論』大蔵出版、一九九三年、一八二〜一八三頁）

今度は、長尾先生による和訳を見ておきます。

流れ出た正法を対象として観じ、理に従って思索し、心が（その）根源［界］に住し、また事象の存在性・非存在性を見る。//42

特徴づけるものはまた、五種類の瑜伽の階位［瑜伽地］であって、それは支持すると蓄積すると鏡と光明と依り所とである。その中で、支持するものとは（仏陀から）「流れ出た教え」であって、仏陀によって証得され説かれた所のものは、その証得から流れ出たのである。蓄積するとは「理に従って思索する」［如理作意］ことである。鏡（の如く）とは「心が（その）根源［界］に住する」ことすなわち三昧であって、これは先には心的作用［名］に住すると言った所のものである。光明とは、物の「存在性・非存在性」を見ることであり、世間を超えた智慧であって、それによって存在を存在するとして、また非存在を存在しないとして如実に見ることである。依り所とは依り所の転回［転依］である。

かの聖なる家系において平等性に到達せることは、（二障を断じて）無垢であり、等同でもあり、遥かに勝れてもおり、（そこには）減退もなく増上もない。（これらのことが）特徴づけるものであると考えられる。//43

（『大乗荘厳経論』和訳と註解——長尾雅人研究ノート（2）——』長尾文庫、二〇〇七年、九六頁）

「平等性に到達する」とは、無漏なる根源（すなわち法界）としての聖なる家系において、それ以外の聖者たちとの（平等性に到達する）である。それはまた諸仏の「聖なる家系」が無垢なることであり、解脱が等同であるから、声聞や独覚たちとも「等同」であるが、五種の卓越性によっては「遥かに勝れて」いる。すなわち清浄の卓越性によるとは、煩悩が習気もろとも清浄にされているからである。完全浄化の卓越性によるは、国土が完全浄化されていることによるである。身体の卓越性によるは、（仏菩薩が）法身としてあることによるである。享受の卓越性によるは、大集会において教法の享受が間断なく起こるによるである。働きの卓越性によるは、兜率天に住するなど、諸種の化作を以て衆生利益の働きが遂行されるによってである。またそこには、汚染の一面が滅したときにも（何らかの）減退があるのではなく、清浄の一面が生じたからといって増上があるわけではない。

以上、これら五種の瑜伽の階梯［五瑜伽地］が特徴づけるものであって、実にそれが、かの特徴の対象と特徴とを特徴づけるのである。

（『大乗荘厳経論』和訳と註解――長尾雅人研究ノート（2）――』長尾文庫、二〇〇七年、九九頁）

整理しておきますと、漢訳では、「五種の学境」として、正法、正憶、心界、有非有、転依が偈頌に示されます。「学境」は、学びの課程、あるいは仏教における学びによって開かれる境地と言ってもいいでしょう。天親の註釈によると、能持、所持、鏡像、明悟、転依という「五瑜伽地」になります。そして、チベット訳が現存する安慧（五一〇～五七〇）の註釈によると、資糧道、加行道、見道、修道、究竟道の五道説になります。

まず、仏陀の教説を聞いて心中に蓄積して執持することです。つまり、仏陀の証得から流れ出た正法を能持する段階です。次に、その聞かれた教えについて思索する段階になります。教えにもとづく根源的思惟によって、その教えを正しく悟る能力が心中に安置されることです。それによって、対象と自己への執着を離れて、曇りのない鏡の境地となる段階へと達します。そして、実在をありのままに照らし出す光のような智慧を獲得します。その結果、煩悩の所依、根拠が完全に無化されて、真理の世界、法界そのものが自己の根拠となっていくのです。

このような「五瑜伽地」が、実は『浄土論』の「五念門」に関わってくるのです。「五念門」の「五念」とは、念仏における五つのはたらきです。まず身に礼拝する。そして、口に仏の徳を讃嘆する。そして、仏の世界、真実の世界に生きたいという願いが起こる作願は心のはたらきです。その心が真実を求め真実に生きたいと願う。そして、教えを聞くなかで、我われの思いもしない、眼で見ることも耳で聞くもできない者に、真実なるものが見え、真実なる声が聞こえて真実がはっきりするのが観察です。それは智慧のはたらきですが、それらによって得られた徳をあらゆる人びとともに分かち合っていきたいという回向は方便のはたらきです。これが五念門、念仏における五つのはたらきです。

なかでも、止観の行がかなめであり、瑜伽行においても重要な実践徳目となり、『浄土論』においても中心を占めるものです。真実なるものに向き合い、真実なるものに応えていく、真実なるものに向き合い、真実なるものを我が身に受け入れ、真実なるものに近づき真実なるものに応えていくのが瑜伽ということですから、真実なるものに心が集中されていくのです。心一境性ということで、心をひとつの境涯に集中し、とどめていく「止観」は、『浄土論』では作願門が「止」であり、観察が「観」となります。そして、『大乗荘厳経論』に説かれた五つの階梯と関連するわけです。

まず教えをよく保つということです。そして、執持憶念する。執持ということが大切で、教えの言葉をたえず我が身に保っていくことが「資糧道」、仏道における種・本《もと》になるものです。そこにおいて、教えを聞くのです。あるいは、教えを聴くことによって教えが聞こえてくる、ということでしょう。そういう智慧をいただいていくのです。

次に、その教えについて思案するのです。思案は「如理作意」と唯識では言います。道理のごとくそれを知るということで、「安置」、心に置く、あるいは「所持」ということです。これは「加行道」ですから、努力精進することです。ただ聞いて終わるのではなく、聞いたことをどこまでも我が身に引き当てて思念する、ということです。聞いて憶えるということとはまったく違うわけで、聞いたことをどこまでも我が身に反復して、我が身に納得のいくまで思案するのです。阿弥陀如来は我われを救うために五劫のあいだ思惟してくださった。その五劫思惟してくださった法蔵の願心を、我われが聞くのです。それこそ、「たすけんとおぼしめしたちける本願」をよくよく案じていくわけで、「案」じることにおいて「思案」してくるのです。

そして、「加行」ですから、行を加える、努力精進していくのです。これは清沢先生がよく使われる言葉だと「修養」ということでしょう。内に我が身を問うことをどこまでも反復し、繰り返していくことです。単なる教えの言葉として聞くのではなく、本当にどうだろうかと我が身に頷かれて、我が身に受け入れられるまで繰り返していく。しかも、ただ机のうえで考えるのではなく、生活を通して我が身に尋ねていく。それを別の言葉で言うと、「行証」だと思います。また、清沢先生の「わが信念」で、「来世の幸福のことは、私は、まだ実験しないことであるから、此処に陳ることは出来ぬ」（『清沢満之全集』第六巻、岩波書店、二〇〇三年、一六三頁）とおっしゃっているのですが、修養することは実験することであり、行証していくことでしょう。加行というのはそういう意味で、教えを聞いて、聞いたことを繰り返し、「そうか、そうか」と問いかけていく。本当に私はその教えの言葉が頷けているだろうか。もっと言えば、それが私の生きる力にまでなっているだろうか。そこを反復して確かめていくことが聞法だと思います。加行とは、聞慧から開ける思案の力、深い思索から展開してくるのです。

それによって心の透明な状態に達するのですが、我われの心はいろいろなものが錯綜して透明だとは言えません。それが透明に、鏡のごときものになって、本当のものが見えるということが「見道」なのです。そこに心が安定していく、「止心」があります。心が透明になることによって、実在をありのままに見る智慧を獲得するのです。それは光にたとえられる「修道」ということになります。

そういう聞・思・修という過程を経て、最後に究極的な転換を遂げていくのです。自他平等の立場に立って、煩悩から完全に離脱するのが転依の究竟です。それは、凡夫から仏になる大乗菩薩道の階梯として、五十二の段階があると説かれ、菩薩の段階においてなお十地があり、十地の第九地を「金剛喩定」と言います。これは、補処の弥勒の位で、金剛にたとえられるような三昧の境地を表します。その境地にいたるまで、転依は念念に教えられ、それにもとづく思索がなされて生活が行われていくときに、念念に転依はなされていくのです。根拠の翻りは念念になされていくけれども、転依が果たし遂げられていくのは金剛喩定においてであると説かれます。

これは、往生ということもそうだと思います。文字通り「往いて生まれる」のは、命終わるとき、臨終一念の夕べです。死んでからではありません。死んでから別な世界に生まれるというのは他界であって、この世に相対する世界として実体的に捉えられている世界のことです。そうでなく、我われが生きているということは、浄土の光のなかに包まれながら生きていくわけで、浄土から差し込んでくださる光は、教えを通して我われのうえにはたらいてくださるのです。教えの言葉を通して、我われのうえにはたらいてくださる智慧の光のなかに生かされながら、この人生を一歩一歩生きていくわけです。その光は我われの闇を照らす光ですから、単なる光ではありません。教えの言葉を通して、身業を通してはたらいてくる如来の真実は、闇を照らす光としてあります。ですから、どうしてみても「ここが浄土である」とは言えないのです。娑婆即寂光土とは決して言えないのが我が身の事実です。教えの光に遇えば遇うほど、無明長夜を生きる我が身だということが知らされます。白道を歩めば歩むほど、貪欲瞋恚のなにものでもないということが見えてくる。その光のなかで、念念に浄土が闇を通して開けてくるわけでしょう。しかも、そこに往生浄土の歩みがなされていくのです。人間の一生の歩みが終わるときが、ただちに浄土に生まれ変わるときだということです。死んでからでなく、死そのものが生まれ変わるとき、往生の果たし遂げられていくときであって、そういうことがはっきりしないといけないのだと思います。

唯識における転依もそれと同じことだと思います。教えを聞くところにおいて、根拠の翻りがなされていくのですが、立つべからざるところに立って生きている人間の愚かさが明らかにされていくというかたちで、転依はなされていくのです。しかし、これがなし遂げられていくのは金剛喩定においてであって、そこにはじめて転依の果遂があると言うべきです。

四智と三身

「転依」という言葉とは別に、「転識得智」という唯識の術語があり、その「得智」について「四智」を説きます。大円鏡智・平等性智・妙観察智・成所作智という四つの智慧です。「識」は、前六識・第七末那識・第八阿頼耶識ですから、我われ凡夫の分別意識は迷い以外にありません。その迷いの「識」を「転」じて「智」を「得」るとは成仏することですから、「転識得智」、あるいは、成仏するとはどういうことなのか、ということを明らかにすることでもあります。

「大円鏡智」とは、すべてのものが円満にありのままに写されるということです。我われを取り巻いている世界は、客観、もしくは環境と言ってもいいと思いますが、『浄土論』の言葉では「器世間」です。我われを包んでいる、我われを生かしている世界である「器」としての世間が、一点の曇りもない透明なすべてを写し出すものとしてある智慧を大円鏡智と言います。すべてのものの根拠、根源なるものは、「一如」「真如」「涅槃」といういろいろな言葉で表されるものですが、要するに「あるがまま」「ありのまま」ということです。すべてを超えて、すべての根源になる円満なさとりの境地を見るということです。

次が「平等性智」です。人間は我執を依りどころにしてしか、ものを見たり考えたりできません。我われのなかには平等というものはなく、そこに人間の迷いの姿があります。我執を依りどころにしていますから、どこまでも我われには差別の世界しか見えません。良い・悪いといっても、自分にとって都合の良い・悪いところでしか、ものを見たり考えたりできないのです。そういう我執が本当に否定され、翻えされたところに与えられる智慧が平等性智です。

そして、執着が一切超えられたところに見えるのが「妙観察智」です。ものをありのままに、平等なるがゆえに、すべてのものを正しく見ることのできるはたらきです。四番目に「成所作智」です。なすべきことをなす、ということです。なすべきこととはなにか。大地の衆生を救う、ということです。平等の世界を知ることがなく、平等に背いて生きている者をして、平等の智慧を獲得せしめるという慈悲のはたらきです。このような智慧を獲得することを転識得智と言います。教えによって凡夫における分別が翻されていくことによって得られる智慧は、そのまま仏になるということです。

『大乗荘厳経論』ではこのような「四智」と、さらに「三身」が関係づけて説かれてきます。法身・受用身・変化身の三身説ですが、まず、阿頼耶識の転依によって大円鏡智を得るということが法身にあたります。その場合の法身とは、『浄土論註』で言うところの「法性法身」であり、唯識で言う「自性身」です。色もなく形もない「真如」「法性」と言われるものですから、これは「法」そのものです。「法身」とは言いますが、「身」ははたらきを意味しますから、「法性」という言葉の方がむしろふさわしい表現でしょう。「法性真如」と言われますように、すべてのものがそれに依って成り立つような、「法」そのものが法身としての大円境智です。

そして、第七識、染汚意であるところの末那識の転依によって得られるのが「平等性智」であり、「受用身」です。「受用」にはふたつあり、「自受用」と「他受用」です。「受用」という言葉は「sambhoga」(サンボーガ)、受け入れ用いるということですが、楽しみ用いる、エンジョイするという意味でも用いられます。ですから、受用するというのは、真理を楽しみ用いるというはたらきです。

自受用について、『大乗荘厳経論』では、色もなく形もない法性真如そのものが自らを開示すると表現されています。自らそれがはたらいて、真実そのものが自らを現すという「開示」です。

法身・報身・応身という場合の「報身」は受用身のことですが、山口益先生によりますと「vipāka-buddha」(ヴィパーカ・ブッダ)を原語とします(『仏教学序説』平楽寺書店、一九六一年、二一六頁)、その「vipāka」(ヴィパーカ)は「果報」「異熟」の意味で、一般には「因願報酬」の身とされ、「願」と「願」のはたらきとしての「行」によって現れてくる、ということです。その願い、本願とは衆生を救いたいという願いであり、色も形もない無上仏たらしめたい、一切の執着を超えた智慧を成就せしめたいという願いです。その願いを実現するための行が、五劫思惟の本願と兆載永劫の修行ということで、それによって成就した仏陀を「vipāka-buddha」と言われます。あるいは、その願行によって成就するそれ自体は等流身ということであり、さきほど申し上げました「浄法界等流」ということです。色もない形もない無上仏、真如そのものが現れてくることを「等流」と表します。

ですから、「受用身」という言葉は、他の経論によると「報身」や「等流身」などの言い方がなされますが、法性真如そのものがそれ自身を開き示す、真実がそれ自身を名告る、ということです。身近なところで言うと、春が来れば草木は萌え出てくるかたちで自然は現れるということです。清沢先生は「絶対他力の大道」において、

一色の映ずるも、一香の薫ずるも、決して色香その者の原起力に因るに非ず。皆彼の一大不可思議力の発動に基くものたらずばあらず。（『清沢満之全集』第六巻、岩波書店、二〇〇三年、一一〇頁）

とおっしゃっています。自然そのものが、そういうかたちとして、それ自身がはたらくことが「受用身」、「自受用」です。

ところが、「自受用」はそれだけでなく、他を受用していく「他受用」に展開していきます。仏陀においては、真理そのものをさとり、そのものを受用するだけでなく、他を受用するのです。仏陀は修行によって無上菩提心を得たいという願いを起こして仏陀となったのです。その仏陀は報身です。基本的に仏はみな報身という意味を持つわけです。その場合、さとりを開かれた仏陀は、さとりそのものを受用され、

さとりそのものを深く受け入れ、それを楽しまれたのです。ですから、仏陀は「私のさとった真理は言葉を超えたものであるから、人びとに伝えることはできない。だから、それを私はひとりでそれを楽しむほかはない」と言われて、七日の間、静かに黙って座られたと言われます。しかし、梵天の勧請によって衆生に教えを説く、説法に踏み切られたのは、他の衆生を受け入れるということです。真理そのものを受け入れるだけでなく、他の衆生をすべて受け入れるのです。そこに出てくるのが「成所作智」です。これは応化身でもあり、衆生に応じて衆生を救う、ということです。

自性身・受用身・変化身の三身説は、それぞれ意味を持ちますが、この全体のはたらきを仏と言い、阿頼耶識・末那識・前六識の全体が我が身のことですから、凡夫の身が教えを聞くことにおいて仏となる、ということです。その仏の内容はそれ自身が真理そのものであり、さらに真理を人びとに伝え、真実によって人びとを救おうとするはたらきの三つを具えてはじめて仏と言えるのです。

三身というかぎり、三つそれぞれの意味があります。色もない形もないさとりそのものである自性身が、願いと行によって成就された受用身となるわけです。「報身」とも言われ、「等流身」とも言われ、人間の歴史を超えたものですが、その受用身が歴史のうえに形をとって現れて、釈尊のような変化身となるのです。しかし、変化身である釈尊も、そこには開かれたさとりそのものが真理をさとることによって仏となられた、ということがあります。さらに仏になられることによって、説法されるということがあるわけですから、釈尊自身のなかに三身が成就しているという一面があります。

空の三態

山口先生が龍樹の『中論』によってよく言われたことは、法性法身が空性ということで、その空性が空用となる、空ずるはたらきということです。一切の人間の執着を否定するはたらきであるわけですが、それが我われのうえにはたらいてくるとき、そのはたらきは言葉、教えとして明らかにされるのです。それが「空義」と言われます。これらのことは「空の三態」と言い、空そのものは、一切の相対的なものを超え言葉も超えた、心の行処の滅するところです。「心行処滅」といって、心の一切の分別のはたらき、我われの思いの一切が尽き果てたところです。それを別の言葉では「言語道断」です。これが空性で、真実というのは我われの相対的な分別では見ることができず、一切の心も言葉も超えたものです。

しかし、空性は絶対的なものとしてあるのではなく、空ずるはたらきとなるのです。ですから、「空亦復空」という表現で表されます。空は空をもって、空ということを考えればもはや空でない。それは「悪取見」と言われます。もしさとりの世界を空という言葉に執われて考えるなら、これは間違った見解は決して空でもなんでもない、ということです。空は言葉も思いも超えたものですが、我われは言葉を通して考え、言葉を通してそれを対象化し概念化していきます。実は、そのことによって空が分からなくなるのです。そして、それを否定するはたらきこそ空であり、その否定するはたらきが言葉でもあります。意味を持った言葉が真理を明らかにして、真理そのものが名告り、言葉、教えとして我われのうえに現れるのです。それが「応化身」と言われます。ですから、受用身、方便法身というのは、まさに空用というところにあるのです。空性は真理、法性そのものですが、方便として現れるのです。方便というのは、我われのところに近づきはたらく、そして、具体的な形をとって、我われのうえに現れる。言葉となって、教えとなって、我われのうえにはたらく。それが空用です。我われは、空用によって、教えを通して空のはたらきに触れ、さらに言葉を一切超えたさとりの世界にいたるのです。

そこで大事なのは、三層の意識として説かれるような、我われの存在です。我われが教えを聞くことによって、根拠の翻り、あるいは、迷いの分別の翻りとして、無分別智という智慧をいただいていく。それが仏となるということです。仏となることにおいて、そういう智慧をいただいていくのです。そこで、もうひとつ言っておかなくてはいけないのは、無分別智そのもの、分別をまったく絶したもの、無分別智そのものということすらも超えているようなもののことです。受用身、応化身というのは、清浄世間智が根本となり、その必然のはたらきとして、世間を浄化するというはたらきとして現れるということです。それが報身です。方便法身というかたちをとって、どこまでも我われのうえに近づき、我われのうえにはたらいてくださるのが『浄土論』の核になるものです。

ですから、無我と教えられて分かったとしても、無我にはなりえない、というのが唯識の立場です。たとえ内省内観しても、なお内省内観しているという我執が残る。そのような深い我執とはどのようなものであるかということを、仏陀の教えによって深く内観していったところに瑜伽唯識の教学があります。その内容は阿頼耶識論として説かれますが、ただ意識の分析、存在の構造を明らかにしたというだけではなく、三性説によって表されるような、我執我所執という分別による対立、差別対立を少しも離れることができない者が、本来の相依相待という縁起性の世界にどのようにして返るのか。我執我所執という迷い、生死流転がいかに超えられるか、という実践的な問題を問うていく瑜伽行唯識の立場があるわけです。

第六節　曽我先生の阿頼耶識論

「我等が久遠の宗教」を読む

最近、曽我先生の阿頼耶識論について考えさせられていまして、非常に強烈な教えをいただいた論文に出遇いました。「我等が久遠の宗教」という論文ですが、『曽我量深選集』第二巻に収められ、もともと、明治四十五年（一九一二）七月発行の『精神界』に掲載されたものです。少し長いですが、まずは全文を読んでおきましょう。先生のものを読んで思いますのは、眼で読むだけでなくて、声に出して読むことが、ことに大事だということを思います。

学徳高く、信念厚かりし、真宗講師香樹院徳龍師、その郷里なる三条別院に於て、午前は宗部を講じ、午後は『唯識三十頌』を講ぜられた。その講筵に列りし多くの僧達の中に、近在の人々は朝未明に寺を出で、夕は星を戴いて帰らねばならぬ為に、深く迷惑に感じ、云い合せて同師の前に出で、午前に引続き両講を終られんことを御願した。時に師静に而も極めて厳に「それはいかぬ。宗部は絶対他力の妙宗、唯識は自力漸教の権説、その間天地の懸隔がある。徒に空議空想してならばいざ知らず、真面目に両教の幽旨に触れんとするもの、云何で直に引続き此を講じ味わうことが出来よう。我々は午前は宗部に依りて深く他力の不思議を味い、午後は唯識に依りて深く自力の無効を観ぜねばならぬではない乎」と云われ、一同は衷心より師の訓言に驚嘆し去りた。此は我が数年前に伝聞せし所、流石は香樹院師なる哉と感嘆して居ったことである。

さりながら是頃つらつら思う、講師の訓言に接したる所化達は果して真に師の精神を理会したりしか。達人の教訓には裏に裏がある。若し師の訓言の形式に固執したならば恐く古来我が他力教の先哲の大精神は分らぬのである。徳龍師の言の如く我等が他宗の学問や哲学を修むるは徒に此等の智識を運用して宗学を荘厳にせんが為でなく、此に依りて深く自己の現実を観顕し、自力無効を反照せんが為である。宗学の意義此に在る。而も自己の無能と云うことは甚だ明なる事実らしくあって、而も真に自己の無能を自覚すると云うことは実に至難の事業である。此れ他力信仰の至易なるが如くして実に至難なる所以である。近来の宗教界には自力無効の叫が到る所盛である。誠に誰か此等の議論に対抗して自力の有効を主張するものがあろうや。唯重要なる問題はかかる議論や主張やでなく、衷心より自力無効の霊覚に達するの方法である。而して多くの宗教家が口には自力無効をさけんで、世の倫理修養や学問研究を叫びつつあるものに冷評をあびせかけつつあるに拘わらず、かく叫びつつある所の宗教家自身の現実実行は云何と云わば、やはり自力無効の空義空張のみにして、寧ろ世に超えたる自我主義の実行者に過ぎぬ。否迷妄なる自我主義の沈溺者に外ならぬ。自力無効は徒に世を罵倒する空言であってはならぬ。我等にして若し真に自己に反省したならば自己が久遠劫来自力我執の信者否実行者であるに驚くであろう。

蓋し自力の本体は外的なる身口の行業の上でなく、自我衷心の執着その物である。此根本迷妄が常に身口二業に顕わるる。而して此が個人の生涯である、社会の歴史である。我々は云何に行業の上に無効を証明しても、衷心の執着は毫もその権威を侵害せらるることなく、いやましに妄執は逆に深くなる。則ち浅薄なる宗教家が云何に人間行力の微薄無効を叫んでも、此は彼等自身すら感化することの出来ぬ無力の教条でない乎。凡そ我々が現世に生存する限りは老幼智愚善悪に論なく、此自力の妄執に依りて活き働きつつある。誠に自力の執念は妄想である。而も此妄想に依りて万人が活きつつあることは事実である。否人間界にありては此が至深久遠の宗教である。我々は空しく此執念を抱いて死なねばならぬ。而して死ぬるまで此執念を捨つることが出来ぬのである。

印度大乗仏教の大論師なる天親は『願生浄土偈』の著者であって、彼は一心帰命の告白者であった。而も彼はその臨終に『唯識三十頌』を作りて万法唯識を鼓吹し、終生自力宗門の行者たるを告白した。唯識は徒らに彼の空想であろう乎、彼の情は他力教徒であり、彼の理性は自力教徒であったか、一心帰命の告白は幻の如き憧憬の情であったか。かくては彼の二箇の告白は共に彼の真我の叫でないこととなる。徳龍師は『唯識三十頌』の研究を以て罪悪深重、自力無効の証顕の為であるとせられたは宜しいが、其『唯識三十頌』の正の著者たる天親菩薩をば云何に解せんとせらるる乎、我々は師の明瞭の説明なきを遺憾とするものである。或は『唯識三十頌』を以て直に天親論師の自力無効の反対的告白とするのである乎。則ち顕には自力努力を勧励して、隠には自力修行の不可能を翻顕するものとすべき乎。かくては『唯識三十頌』は論主の化他の方便説とすべきではない乎。我々は論主が臨末に於て此唯識の頌文を造り遂に長行解釈の事業を果さずして入滅し給いし、二千年前の印度古聖の信念に向て深厚の尊敬を捧げねばならぬ。我々は天親論主最後の著作なる『唯識三十頌』を以て師が久遠の秘密の告白と観るものである。唯識は師が徒なる空論でない。師の久遠の自性の主義である。師の衷心の懺悔が『唯識三十頌』一部である。

『唯識三十頌』は外道小乗の実我実法の有執に対してそれ等の不可得を主張すると共に、内は一切皆空の空執に沈める大乗教徒の偏見に対して、万法唯識の霊有を主張するものと教えられて居る。誠に彼は徒なる空論家ではない。彼は生死巌頭に立ちつつ、一切皆空無人空曠の世界に孤独黒闇の真我に接触した。此真我をば、阿頼耶識と名くる。此阿頼耶識は理想の自我でなく、最も深痛なる現実の自我である。此自我は現に我癡、我見、我慢、我欲の四大煩悩に執拘せられて居る。随て何等の自由もなく何等の光明もない。我々は常に眼耳鼻舌身意の六根を開いて六境の世界に生息し夢の如き浅き人生の表面に酔いつつある間には人生には光明もある。しかるに今や正しく久遠の自我に触るる時、人生は唯業繋である、千歳の黒闇である。我々は古来の幾多の唯識の研究者が唯一人も天親論主の真精神に触れず、徒に阿頼耶縁起など云う空虚の哲学の建設に努力したりしを愍み、随て支那日本の賢哲が徒に此『唯識三十頌』を以て浅薄なる権教と貶したりし浅き識見を笑い、深く二千年前の印度の大論師に向て無限の敬意を捧ぐるものである。

按ずるに天親論主の『浄土願生偈』は論主が自我の心中に顕現しつつ、而も自我を超越せる不可思議の能力を讃仰し、『唯識三十頌』はその不可思議力に依存しつつ、此に極力反抗する所の現実の自我妄執の告白懺悔である。罪業の云何に深く我執我見の云何に強き乎を最も明瞭に示す者は三千年の仏教史上の産物として『唯識三十頌』に及ぶものはない。『唯識三十頌』は如来の救済力を否認して自力成仏を主張し、更に如来の本願を横取りにして自ら一切衆生を救わんと企つることを表明するものである。而して一切衆生救済の本願に依りて自ら第一に無上覚位に登らんとする自己衷心の企を曝露するものである。是れ誠に無謀の企である、而も彼の真実久遠の企である。是故に我々は『唯識三十頌』を反読する毎に、香樹院徳龍師と共に自力の無効を知ると共に、更に天親論主と共に深く自力の心を捨て難きを観る。而して此自力の難捨を最も深痛に実験せしもの、支那に善導大師あり、日本に我祖聖ありしを観る。誠に頭が挙がらぬと云うて頭を挙げて居るは我々宗教家である。迚も頭がさがらぬとの沈痛の自覚を有するものは甚だ稀である。我々に自力修行の能力は勿論ない、而も此は我々の最後の問題ではない。何となれば我々に自力修行の能力がよしなくとも自力を捨つる能力があるならば此れ亦一面の自力有効を証明するものであるからである。自力の執心を捨つるの能力が我々になく、自力修行の無効を知りつつ、依然として自力妄執を捨つるの自由なき所に初めて徹底的自力無効観が成立する。真に捨てられざる自力に触れ、初めて捨てぬその儘に如来に行くのである。自力を捨つるとは、自力を捨てんとの努力の無効を知り、此努力を捨つる所である。捨てぬ所に真に捨てる妙味がある。究竟的に自力を捨てるとは自力をその儘に置くと云うことである。自力をその儘に置く所に初めて他力が味わるるではないか。此一切の自力、究竟の自力、自力を捨てんとする所の自力、此自力こそは捨てねばならず、又捨て得る自力である。

然れば他力宗教は我々の久遠の宗教でなく他力回向の宗教である。我等の久遠の宗教は自力宗である。我等は久遠の自力宗を自己の衷心に発見して遂に絶体絶命となり、茲に忽然として「汝一心正念にして直に来れ」との西岸上の喚声を聞くのである。「直に来れ」の直の一字意義甚深である。

（『曽我量深選集』第二巻、弥生書房、一九七〇年、三六五〜三六九頁）

冒頭、香樹院徳龍師（一七七二〜一八五八）の逸話から始まります。大谷派第十代の御講師で、郷里の新潟、三条別院で講義されることがあって、午前は宗乗、午後は唯識を講ぜられたことがあったそうです。その逸話を通して、「講師の訓言に接したる所化達は果して真に師の精神を理会したりしか。達人の教訓には裏に裏がある。若し師の訓言の形式に固執したならば恐く古来我が他力教の先哲の大精神は分らぬのである」と確かめたうえで、宗学の意義、真宗の学びの意義は「深く自己の現実を観顕し、自力無効を反照せんが為である」けれども、「真に自己の無能を自覚すると云うことは実に至難の事業である。此れ他力信仰の至易なるが如くして実に至難なる所以である」、自己の無能ということは事実であると領かれ、この無能を自覚するということは容易でないと確かめられています。

ただ重要な問題は、「衷心より自力無効の霊覚に達するの方法」であるけれども、我われが真に自己に反省したならば、「自己が久遠劫来自力我執の信者否実行者であるに驚くであろう」と言われるように、我執我所執から一歩も離れることができないのです。であるからこそ、自力の本体は外的な身口の行業のうえにあるのではなく、「自我衷心の執着その物」であり、「此根本迷妄が常に身口二業に顕わ」れるのです。この根本迷妄こそが意識の根源のところ、底知れない果てしないものとしての阿頼耶識であるわけでしょう。

曽我先生独特の天親観

そこで、この論文の後半からは曽我先生における独特な天親観が表されています。

印度大乗仏教の大論師なる天親は『願生浄土偈』の著者であって、彼は一心帰命の告白者であった。而も彼はその臨終に『唯識三十頌』を作りて万法唯識を鼓吹し、終生自力宗門の行者たるを告白した。唯識は徒らに彼の空想であろう乎、彼の情は他力教徒であり、彼の理性は自力教徒であったか、一心帰命の告白は幻の如き憧憬の情であったか。かくては彼の二箇の告白は共に彼の真我の叫でないこととなる。

曽我先生独特のご領解と言わざるをえませんが、「一心帰命の告白者」と「終生自力宗門の行者たるを告白した」というふたつの告白です。『浄土論』は、純粋に如来に帰命し浄土を願生していかれた他力の教えを明らかにされたわけです。それに対して『唯識三十頌』は、無始時来性なる阿頼耶識がいかにして転ぜられていくのか。いかにして智慧が獲得せられていくのか。そこには止観という厳しい実践を通して得られていくことを説くものです。一方で他力教徒でありつつ、もう一方では自力教徒ではないか、それは矛盾するではないか、ということです。

それに対して、徳龍師による明瞭な説明がないことを遺憾としつつ、『唯識三十頌』をどのように位置づけていくべきか、思索を展開されていかれます。天親論師の自力無効の反対的告白と捉え、表面上は自力努力を勧励しつつも、隠されたおこころとして自力修行の不可能性を翻って明らかにしており、『浄土論』は自力無効のうえに開けてきた他力の信心を表されたものとされます。それに対して、『唯識三十頌』は自力の菩薩道を説かれたけれども、その目的は自力無効を教えるためであり、『唯識三十頌』は天親の方便の思想と見るべきであろうか、とおっしゃられます。

曽我先生自身の確かめとしては、「我々は天親論主最後の著作なる『唯識三十頌』を以て師が久遠の秘密の告白と観るものである。唯識は師が徒なる空論でない。師の久遠の自性の主義である。師の衷心の懺悔が『唯識三十頌』一部である」ということになります。ですから、阿頼耶識説について、

彼は生死巌頭に立ちつつ、一切皆空無人空曠の世界に孤独黒闇の真我に接触した。此真我をば、阿頼耶識と名くる。此阿頼耶識は理想の自我でなく、最も深痛なる現実の自我である。此自我は現に我癡、

我見、我慢、我欲の四大煩悩に執拘せられて居る。随て何等の自由もなく何等の光明もない。我々は常に眼耳鼻舌身意の六根を開いて六境の世界に生息し夢の如き浅き人生の表面に酔いつつある間には人生には光明もある。しかるに今や正しく久遠の自我に触るる時、人生は唯業繋である、千歳の黒闇である。

というところが大事なことでしょう。阿頼耶識は抽象的な自我論でなくて、深痛なる現実の我が身を言う、ということです。自力がいかに捨て難いものであるかを深く懺悔表白されたのが『唯識三十頌』なので、これが天親最後の著書と言われるゆえんです。そして、唯識に説かれたものをもっとも具体的に自力の捨て難いことを実験されたのが善導であり宗祖である、とおっしゃられます。

「誠に頭が挙がらぬと云うて頭を挙げて居るは我々宗教家である」というのはまったくその通りでありまして、我われには自力修行の能力はもちろんありませんが、自力無効などと言いながら、その自力を捨てる能力があるならば、それは自力が有効であることを証明するものであろう、とおっしゃられます。けれども、自力の執心を捨てる能力がなく、自力修行の無効を知りつつ、依然として自力の妄執を捨てる自由がないところにおいて、徹底的自力無効観が成立する、というわけです。

真に捨てられざる自力に触れ、初めて捨てぬその儘に如来に行くのである。自力を捨つるとは、自力を捨てんとの努力の無効を知り、此努力を捨つる所である。捨てぬ所に真に捨てる妙味がある。究竟的に自力を捨てるとは自力をその儘に置くと云うことである。自力をその儘に置く所に初めて他力が味わるるではないか。此一切の自力、究竟の自力、自力を捨てんとする所の自力、此自力こそは捨てねばならず、又捨て得る自力である。

然れば他力宗教は我々の久遠の宗教でなく他力回向の宗教である。我等の久遠の宗教は自力宗である。我等は久遠の自力宗を自己の衷心に発見して遂に絶体絶命となり、茲に忽然として「汝一心正念にして直に来れ」との西岸上の喚声を聞くのである。「直に来れ」の直の一字意義甚深である。

難しいと言えば難しい文章ですが、何度もお読みいただいて味わっていただきたいところです。とにかく、『唯識三十頌』とは、徹底して自力の捨て難いことについての深い懺悔の表白であるということです。しかも、自力無効などと言いながら、自力無効を徹底することはいかに容易ならないことであるかということです。曽我先生が「七祖教系論」において、「『唯識三十頌』は天親菩薩の機の深信の記述であり、『浄土論』の我の一字の註脚である」とおっしゃられたことが私の学問の出発点になったわけです。その「我」の一字の註脚が『唯識三十頌』であるということは、阿頼耶識によって表され、果てしなく底知れない自力について、捨て難い、断ち切り難い自力についての懺悔の表白であると押さえていかれるのです。その自力無効ということを、空理空論ではなく、真に我が身のこととしていく。そのままにおいて、それはもはや自力の届かないところ、その自力の手の届かない我執そのものを如来に預けていく。そこに帰命願生があるのです。それを表されたものが『浄土論』である、というのが曽我先生の説だと思います。曽我先生の生涯の教学はここにあると私は思います。そのことのまとめになると思いましたので、この論文を紹介した次第です。

曽我先生の阿頼耶識論は、我われの自我、妄執がいかにして無涯底なるものであるかということを、仏教の立場から論証されたものです。我執の無涯底や自力無効を我われに教えるものであり、『唯識三十頌』は自力の我執についての深い懺悔の表白であると、唯識を読み取ることが曽我先生の教学です。『唯識三十頌』は、我執に対して無能であり、それはそのまま罪悪深重であるということ。懺悔の表白が阿頼耶識を明らかにした『唯識三十頌』であり、これがまさしく天親が常に身を置いたところであり、天親は最後まで懺悔のなかに生きた人である、ということです。その懺悔のうえに立って自力無効のままに如来に信順していくのはもはや私の手の届かない、それこそ自力無効、我執を払いのけようとすること自体がまったく不可能であり、それをそのままに本願に乗托して生きるという信心を表白されたものが『浄土論』である、というのが曽我先生のおっしゃったことです。

そして、浄土真宗の教えを聞いている者にとりましては、阿頼耶識や唯識は関係ないように見えるのです。仏教のひとつの思想であって、浄土真宗、親鸞の教えとは関係ないようにお考えになると思いますが、曽我先生はそうでなく、これをさらに実験していったのが善導の二種深信だとおっしゃいました。

善導の二種深信は、仏教の思想のうえに立って言うならば、唯識の思想があるのです。唯識は善導の二種深信、機の深信の内景だと言っていい。二種深信、あるいは、二河譬で表されるような我われの願生心は、善導自身の実験です。そして、宗教的体験によって明らかにされた、大乗仏教の思想を内容とするようなものだということを、さらに徹底したところに宗祖の教えがあるのです。

逆に言いますと、宗祖を学ぶときには善導に帰るわけですし、善導の教えを、善導のあの深い宗教的体験を仏教の理論のうえで明らかにするには、唯識まで帰っていくのです。そういうことが言えるときに、大乗至極の真宗ということが学問的に思想的に明らかにされてくるのだと思います。

『浄土論』で唯識思想が直接的に窺えるのは、国土荘厳十七種について「器世間清浄」と、仏八種、菩薩四種の功徳について「衆生世間清浄」と言われています。その「器世間」「衆生世間」という表現がひとつと、それ以外には、浄土願生の行として説かれた因行である五念門と、功徳の果として説かれた五功徳門のなかの、作願、観察のうえで止観の行が説かれる「奢摩他」「毘婆娑那」という言葉があります。心をひとつの境界に止めて、仏および仏の世界を深く観察することが説かれています。その二か所ぐらいで、それ以上、唯識思想が表面的に表されているわけではありません。

しかし曽我先生が言われたように、「世尊我一心　帰命尽十方　無碍光如来　願生安楽国」という帰敬偈に説かれた我の根底には、唯識で説かれた阿頼耶識思想があるということです。その唯識思想は、始め無き時から善悪の業によって苦楽の果報を受けながら流転を重ねてきた我が身について深く洞察し、その意味を明らかにされたものが根底にあります。それは自ら我が身についての深い懺悔として明らかにされるもので、宿業の身において聞かれ、宿業の身において明らかにされた如来の浄土に願生していくのです。それを唯識では「転識得智」、「転依」と言います。自我を根拠として生きている者が、如来の本願、如来の真実功徳を根拠として生きる者に転じていく。そこから、凡夫の虚妄分別なる意識が翻されて、清浄なる如来の智慧を獲得していく転識得智として明らかにされているのです。これが『浄土論』の内容です。ですから、唯識思想を知らなければ『浄土論』は読めないということではありません。しかし、その根底には唯識思想によって明らかにされた自我についての深い洞察と懺悔があることを知っておくことは大事であると思います。

天親によって大成された唯識思想は、大乗仏教において龍樹の般若中観思想を受け継ぎ、それをさらに我われにおける認識の問題として深く掘り下げたものなのです。ですから、この般若中観思想と瑜伽唯識思想が大乗仏教思想の二大潮流とも言われますが、その流れのなかで、唯識思想と浄土教思想を考えていくことは、大乗仏教における浄土教思想の占める位置を明らかにすることであり、親鸞の言葉では「浄土真宗は大乗のなかの至極なり」ということを明らかにするうえで大事な意味を持つということだけはご領解いただければと思います。

第二章　曇鸞の生涯

第一節　北魏仏教の趨勢

曇鸞の活躍した時代は北魏仏教と呼ばれます。北魏というのは、中国の北、黄河の北側に三八六年に建国された国家で、五三四年に分裂しています。鮮卑族というモンゴル系の騎馬民族が中国に侵入して、漢民族を黄河の南に追いやって黄河の北に魏という国家を造るわけです。この王朝の国号はあくまで「魏」ですが、戦国時代の魏や三国時代の魏と区別するために、一般に「北魏」と呼ばれます。この北魏時代はさらに前期と後期に分けられ、建国の三八六年から四九三年まで大同に都を設けていた期間、その後に洛陽に都が移るまでが前期と呼ばれる時代です。この時代は「三武一宗の法難」と呼ばれるような仏教弾圧、廃仏があった時代となります。日本でもそうですが、中国では何度も仏教に対する弾圧が起こります。そういうなかで仏教が復興されていくことを繰り返していきます。四四六年、北魏の第三代の太武帝（四〇八～四五二）による廃仏ののち、第六代孝文帝（四六七～四九九）によって洛陽に遷都されて仏教が隆盛していく時代に、曇鸞は生を享けたことになります。

羅什と僧肇

この時代を代表するのが鳩摩羅什（三三四〜四一三。以下、羅什と略称）です。羅什は西域の亀茲《きじ》国出身の学僧で、父親はインドの名門貴族の出身、母親は亀茲国の王の妹という由緒ある家に生まれました。伝記によりますと、母親はお腹に羅什を身籠ったときから、この子を僧侶にしなければならないと決意され、寺に行っては講義を聞き、そしてサンスクリットを学ばれたと言われます。次男が生まれたときに、羅什と母親はともに出家したのですが、王の妹の子ということで甘やかされては立派な僧侶にはなれない、ということで、カシミールに羅什を留学させるということがあり、羅什にとって母親の存在が非常に大きかったのです。

その時代、亀茲国においてはカシミールを中心とする説一切有部が盛んでした。いわゆる小乗仏教ですが、この地は西北インドに繫がっており、西北インドは大乗仏教が興った土地であるわけです。ですから、羅什はアビダルマ仏教と大乗仏教を学ばれました。そして、大乗の立場に立って、それまで学んできた説一切有部の立場は真実の仏教ではないということで、小乗仏教を批判して、大乗仏教を明らかにしていかれました。ことに、その場合の大乗仏教というのは龍樹の思想です。大乗の空思想を明らかにした最初の人、まさに大乗仏教の始祖と仰がれる龍樹の仏教を学ばれたということがあります。そして、非常に学問に優れているということが、中国の都、その当時は前秦の長安にも伝わっていました。その国王によって亀茲国が侵略されたとき、羅什は捕えられ、十七年におよぶ幽閉生活を余儀なくされたと言われます。羅什は出家者ですから、もちろん結婚はしていません。その優れた羅什の後裔をどうしても残さなければということで、亀茲国の美女と牢獄に閉じ込めて関係を結ばせる、というようなことまでさせられています。

羅什が龍樹の空思想に立って小乗仏教を批判し大乗の立場を明らかにする。そういう羅什から教えを受けたのが僧肇という学僧で、羅什門下の「四哲」の一人、曇鸞にとって非常に大事な人物になります。僧肇は長安で生まれて、中国の伝統的な老荘思想を身につけ、そのうえに立って仏教を学んだ学僧です。三八四年に生まれて、四一四年に亡くなっていますが、この人を抜きにして曇鸞は語れないという大事な位置を占める学僧です。この僧肇が長安から羅什を訪ねて、羅什のもとで大乗仏教を学ぶのです。伝記によると、羅什が仏典を翻訳する場合、僧肇は羅什が口述するサンスクリット原典を聞いて、僧肇が言葉を選んで漢訳したと言われるほど、羅什昵懇の弟子で、もっとも優れた学者と言われた人物です。

羅什は名翻訳家として有名で、多くの仏典を翻訳しています。代表的なものは『妙法蓮華経』八巻です。そのほかに、僧肇が大乗仏教に出遇ったきっかけとなる『維摩経』三巻、いわゆる『大品般若経』と言われ大乗仏教の根本経典である『魔訶般若波羅蜜経』二十七巻、その『般若経』の註釈書である『大智度論』百巻、さらに我われにとって大事なのは『阿弥陀経』一巻などがあります。『阿弥陀経』は翻訳のうえでふたつあり、羅什の後、唐の時代の玄奘三蔵（六〇二〜六六四）が訳した『称讃浄土経』という経典もありますが、もっぱら羅什が訳した『阿弥陀経』が読まれています。また、論書としては、龍樹の『中論』、『大智度論』百巻、『中論』の入門書と言われる『十二門論』、聖提婆（一七〇〜二七〇頃）の『百論』、それから、我われ浄土教にとっては大事な『十住論』十七巻など、数多くの経論を訳出しています。玄奘の訳は非常に厳密で、玄奘以降は「新訳」といって、それ以前のものを「旧訳《くやく》」と言います。玄奘の訳したものが非常に厳密であったとしても、その意味を深く汲み取って、それによって翻訳するという点においては、羅什の翻訳がもっともすぐれていると言われています。

廬山の慧遠と曇無讖

羅什は後年、長安で訳経僧として活躍するわけですが、いわば、国家によって保護された恵まれた環境のなかで翻訳していく後半生です。それに対して、まったく違ったかたちをとったのが廬山の慧遠（三三四〜四一六）という学僧です。

黄河の北の方に北魏が建国されるに伴い、黄河から南に追いやられた漢民族が宋という国を造ります。「南船北馬」という言葉があるように、中国の南部は揚子江・長江があり、移動手段として船を使用し、北部は山や平原が多いため馬を利用するということです。その揚子江の中流域のあたりの廬山（現在の江西省九江市南部にある名山）という地に慧遠がいました。詳しいことは省略いたしますが、非常に静寂な廬山において、当時の知識人など百二十三人と同志とともに念仏結社を結び、それは白蓮社と呼ばれ、ことに『般舟三昧経』にもとづいた禅観の修法としての念仏になります。「般舟三昧」は「諸仏現在前」と言い、仏を心深く念ずるならば、その者の前に仏が姿を現されるということで、「見仏三昧」と言われます。仏に見《まみ》えることは非常に大事です。『浄土論』『浄土論註』の場合もそうですが、仏および浄土を観ずることによって仏に見えることは仏弟子の願いです。そういうことを願って白蓮社という念仏結社が結ばれました。

その当時の仏教界は隆盛を極めていましたが、隆盛を極めるということは、一方において堕落するということがあり、時の権力者が堕落した仏教を弾圧するということが起こります。それに対して、毅然とその過ちを批判していったのが廬山の慧遠です。沙門、出家の者は王者を敬わない『沙門不敬王者論』を書いて、権力によって仏教教団を弾圧する過ちを厳しく批判しています。

国家の厚い保護のもとで翻訳事業を成し遂げていく羅什に対して、江南の廬山で念仏結社を結んだ慧遠は、世俗との関係を断ち切って山に籠って、念仏に専念していく。そういう対照的な二人ですが、慧遠が長安に来た羅什に手紙を出して、小乗と大乗との違いや大乗における教えの問題点などの疑問点を尋ね、教えを請うことがありました。羅什と慧遠との間に交わされた多くの書簡が『大乗大義章』にまとめられています。

それから、もう一人は曇無讖（三八五〜四三三）が注意されます。インドから中国に来て大乗仏教を伝えた有名な学僧で、代表的な翻訳が『涅槃経』四十巻です。『涅槃経』には北本と南本がありますが、北本の『涅槃経』です。さらに曇鸞に関係する『大集経』があり、これはいろいろな経典を集めたもので二十九巻あります。曇無讖は『涅槃経』の翻訳などで分かりますように仏性思想があります。すべての者には仏となる可能性としての仏性が具わっているという思想で、阿含以来、仏陀の教えとして、すべての人には汚れなき清き心がある、ただ煩悩によって覆われているという心性清浄説を受けていく思想です。それを伝えたのが曇無讖という学僧で、羅什と曇無讖によってインドの大乗仏教が中国に伝えられるのが前期の北魏仏教の状況です。

菩提流支と真諦

続いて北魏仏教の後期について見ておきたいと思います。後期は洛陽に都が定められてから後で、四九三年から五三四年までとなります。この時代を代表するのが菩提流支と真諦（四九九〜五六九）です。この二人はどちらもインドからの渡来僧ですが、菩提流支は北インドの出身で、北の陸路のルートを通って、真諦は西インド出身で、船を利用して南から中国に来るという違いがあります。この二人によって伝えられたのが瑜伽行唯識思想です。

菩提流支は洛陽で活躍し、南から来た真諦は建康、現在の南京で仏典の翻訳を行います。洛陽で菩提流支との出会いによって曇鸞は浄土教に帰していかれますが、曇鸞との関係において、菩提流支が翻訳した典籍のなかで注意できるのは、『楞伽経』と『浄土論』です。また、龍樹の『大智度論』に対応するものとして、天親が著した『十地経論』を菩提流支が翻訳しています。これは『十地経』についての天親の註釈書で、中国では『十地経論』にもとづいた地論宗と呼ばれる学派も作られていきます。『十地経』は、仏にいたる菩薩の修行について説かれたものですが、極めて実践的な菩薩道を説かれたものです。

『楞伽経』については「楞伽の懸記」と呼ばれる仏陀の予言が記されており、ことに注目されるわけです。仏教が衰え滅びていく時代に、南インドの南天竺にひとりの比丘がいて、大乗の仏教を明らかにし、自らは不退転地に住し、浄土に往生したという仏陀の予言が説かれているのです。この楞伽の懸記こそが、曇鸞にとって龍樹を見るひとつの眼を開かせたもので、『讃阿弥陀仏偈』という曇鸞の書物に「楞伽の懸記」が引かれています。それによって、親鸞聖人は龍樹の徳を讃嘆されています。つまり、『楞伽経』には龍樹の空思想が説かれ、それから、唯識思想と仏性を説いた如来蔵思想が説かれており、それらを統合するという意味合いが『楞伽経』という経典にはあるわけです。

真諦につきましては、有名な『大乗起信論』がございます。これは本覚思想を理論づける論書となるもので、日本天台において大きな意味を持ちますが、親鸞にも大きく関わってくる思想でもあります。それから、『摂大乗論釈』の翻訳があります。菩提流支の訳した『十地経論』が地論宗という学派を形成していくことに対して、真諦が訳した『摂大乗論釈』は摂論宗、摂論学派として伝えられていきます。この『摂大乗論』には、『浄土論』の二十九種荘厳の依りどころとなる「十八円浄」が説かれています。また、『摂大乗論』には「別時意」ということが出てまいります。念仏して浄土に往生すると説かれていることは、念仏すればただちに救われるということではなく、念仏していれば、やがてはそれが浄土に生まれ、仏になる因となる。それはあくまでも、懈怠な者のために方便として説かれたものに過ぎないと言われます。そのために、当時の仏教界は摂論学派が盛んになり、一時、浄土教が影を潜めたと言われています。そして、念仏往生の教えは方便でしかないということで非常に低く見られることに対して、はっきり批判していったのが道綽であり、ことに善導です。そういうことからも、真諦が翻訳した『摂大乗論』は大事な意味を持つということがあります。

羅什によって伝えられた龍樹の空思想、曇無讖によって伝えられた如来蔵仏性思想、それを踏まえて、さらに菩提流支と真諦によって、唯識思想が中国に伝えられるという大きな流れがあり、北魏仏教のこの時代に大乗仏教が全部揃ったと言ってもいいのです。

もうひとつ大事なこととして、「格義仏教」がございます。中国の伝統的な老荘思想は、古くから無の思想を説く老子荘子の思想であり、中国人はそういう思想を基盤にして、インドの仏教を受け入れてまいりました。そもそも、「無」と「空」とは違う思想なのですが、中国古来の思想、とりわけ老荘思想の言葉で、仏教を解釈しようとしたのです。そういう格義仏教に対して、羅什による新たな訳経により、仏教の説く空の思想と老荘思想の無の思想とは違うということが明確になってきました。

江北の仏教と江南の仏教

北魏仏教のおおよその状況については、以上のように申し上げることができると思います。北魏仏教の前期、後期の時代を通して、インドの仏教がすぐれた翻訳家を通して伝えられたということですが、もうひとつ言っておかなくてはいけないのは、時代的推移に対して地理的な違いとして、江北の仏教と江南の仏教ということがございます。

さきほど、「南船北馬」という言葉も紹介しましたが、黄河を境として北魏と宋とに分けられ、江北の仏教の中心は長安あるいは洛陽ですが、江南の方は建康（南京）が中心になります。このふたつの仏教は性格的に違います。江北の仏教はどこまでも実践的で、モンゴル系の騎馬民族が入って漢民族を南方に追放したわけですから、伝統的な文化に代わるものとして、積極的に仏教を受け入れていったのが北魏仏教で、ことに実践的な側面を受け入れていきました。

羅什によって伝えられました空思想につきましても、江北では四論が学ばれました。四論というのは、龍樹の空思想について四つの論がある、ということです。根本中論と呼ばれる『中論』、そして『十二門論』、さらに聖提婆が著した『百論』で、三論となります。空の思想について説かれた三つの書物は、建康学派という江南の仏教では、どこまでも理論を中心に仏教が学ばれていくのです。これは、漢民族というすぐれた伝統を持った民族のなかで学問が大事にされたということでしょう。学問が江南において興るということですが、ここでは三論です。ところが、それに対して、江北の仏教では『大智度論』百巻を加えて四論になるのです。

『大智度論』は、「智度」ですから、般若の智慧によって生死海を渡ることで、『般若経』による大乗の菩薩道を明らかにした書物です。三論は空の思想を明らかにすることに『大智度論』が加わり四論となりますと、ただ空の思想を明らかにするということだけではなく、般若波羅蜜の行、菩薩の行として明らかにされるということです。そこに、江南と江北という違いがあります。伝統的な漢民族によって建康を中心に学ばれた学問仏教、理論仏教に対して、中国に侵入してきた異民族によって、漢文化に代わるものとして受け入れられた大乗仏教は実践的な仏教です。そこで大事な意味を持ったのが『十地経論』です。『十地経論』は菩薩の十地の段階、菩薩道を説いたわけで、北魏においては実践的仏教が重視されました。

また、時代が下がり曇鸞と同じ時代になりますと、そういう北魏の土壌のなかで育てていったものとして、禅と念仏があります。禅を代表するのが達磨大師（生没年不明）です。「面壁九年」と言われる達磨大師によって禅が北魏にもたらされ、羅什や僧肇の思想によって大乗の空思想を学び、菩提流支によって『浄土論』に出遇い、『無量寿経』を明らかにしていった曇鸞。この達磨と曇鸞に代表されるものが後半の北魏仏教で、それが日本へと伝えられてくるわけです。黄河北側の北魏に曇鸞は生まれ、そこから道綽、善導と浄土教は展開し、そういう意味において、歴史的、社会的な背景が大事な意味を持つのだと領解しておかれるべきでしょう。

僧肇について――曇鸞の思想的背景――

曇鸞の思想的な背景として、もう一度、僧肇について触れておきます。さきほど申し上げましたが、僧肇は蘭州よりもっと西にある涼州まで訪ねて羅什の弟子となりました。羅什と僧肇は四十年の隔たりがあり、三十一歳で亡くなっています。けれども、空を解する、解空第一と評され、羅什が翻訳する際はいつも羅什のそばにいて、羅什の助手として活躍しました。僧肇は『維摩経』によって大乗仏教に触れたということがあり、『維摩経』についての羅什の解釈と、それにもとづく僧肇の解釈をまとめた『註維摩詰経』があります。そのなかに、『無量寿経』の四十八願も出てきます。また、僧肇には一冊の本ではなく、五冊の書物をひとまとめにした『肇論』という論書があります。それにはまず、物が存在するのは無自性であって、生じたり滅したり、行ったり来たりということがないということを論じた『物不遷論』があります。そのほか『不真空論』『涅槃無名論』『般若無知論』『宗本義』を合わせて『肇論』と呼ぶのです。なかでも、師の羅什が亡くなったあとに書いたのが『涅槃無名論』で、僧肇の最後の書物となります。「無名」「名が無い」ということは言葉がない、言葉を超えているということです。これは非常に大事な書物です。

この『肇論』の特質はどこにあるかと言いますと、『涅槃無名論』『般若無知論』という書物の題名にも表れており、一般には「寂用論」と呼ばれます。のちには「体用論」という呼び方をされていきますが、僧肇自身の言葉では「寂用論」です。「寂」というのは、空寂・寂滅・涅槃のことで、「用」ははたらきということです。

『浄土論註』下巻の浄入願心章に次のような言葉が出てまいります。『浄土論』の「一法句とは、いわく清浄句なり。清浄句とは、いわく真実の智慧無為法身なるがゆえに」（『聖典』一四二頁）というところを註釈している箇所です。

この三句は展転して相入る。何の義に依ってか、これを名づけて法とする、清浄をもってのゆえに。何の義に依ってか、名づけて清浄とする、真実の智慧無為法身をもってのゆえなり。真実の智慧は実相の智慧なり。実相は無相なるがゆえに、真智は無知なり。無為法身は法性身なり。法性寂滅なるがゆえに、法身は無相なり。無相のゆえによく相ならざることなし。このゆえに相好荘厳すなわち法身なり。無知のゆえによく知らざることなし。このゆえに一切種智すなわち真実の智慧なり。真実をもってして智慧に目《なづ》くることは、智慧は作にあらず非作にあらざることを明かすなり。無為をもってして法身を樹つることは、法身は色にあらず非色にあらざることを明かすなり。非にあらざれば、あに非のよく是なるにあらざらんや。けだし非なき、これを是と曰うなり。自ずから是にして、また是にあらざることを待つことなきなり。是にあらず非にあらず、百非の喩えざるところなり。このゆえに清浄句と言えり。清浄句とは、いわく真実の智慧無為法身なり。

（『聖典』二九〇頁）

このようなところに『浄土論註』の基本的な論理、そして、僧肇の思想的影響を窺うことができます。「無知のゆえによく知らざることなし」で「無知の知」、相を超えているがゆえに、「無相のゆえによく相ならざることなし」で「無相の相」ということです。あるいは、本願によって建立された浄土、その浄土に願生していく心は「無生の生」であり、

彼の浄土は是れ阿弥陀如来の清浄本願の無生の生なり、三有虚妄の生の如きにはあらざるなり。

（『真聖全』一、三二七頁）

という言葉もございます。

如来および浄土の意味、さらには浄土に願生していく心を明らかにする場合に、「無知の知」「無相の相」「無生の生」という言葉が用いられています。無知・無相・無生は、ただ寂としてあるわけでなく「用《はたら》き」としてある。用きを離れて涅槃というものがあるわけではなく、般若があるわけではない。どこ

までも「用」という「はたらき」のところに真実を見るのが僧肇の思想の核心です。『涅槃無名論』において、涅槃とは究極のさとりを表すだけでなく、涅槃というのは道であり、涅槃にいたる道だと説かれます。そのことが、『浄土論註』では浄土が「畢竟成仏の道路」と言われます。浄土は成仏していく道となるものというのが僧肇の言う「用」ということです。ですから、「寂」が般若・涅槃であるならば、「用」は方便ということです。用きとしての方便ですから、『浄土論註』の核になるものは方便です。真実は具体的に真実の用きとしての方便として展開するのです。「方便」とは、近づく・到来するということですから、この用きを抜きにして真実はないというのが僧肇の思想の特質です。これは、あくまでも現実的にものを考える中国人の思惟方法、中国人のものの考え方が、僧肇の場合に「寂用論」という独自な思想を生み出したと言っていいでしょう。

もちろん、龍樹の説いた般若思想にそのもとはあるわけです。龍樹の場合、空というのは、『中論』のうえで言いましたら、空性・空用・空義と言われます。我われは、空と言われると、空というものを実体論的に考えてしまうのです。どうしても、ものを対象的に概念的に分別し、それに執われるというところから離れられないのです。しかし、龍樹は、もし空というものを実体論的に概念的に考えるならば、それは空ではなく、「悪取見」という間違った見解で、迷いでしかないと言います。空は「空亦復空」であり、空ずる用きとして、そういうことをどこまでも否定して、言葉そのものも否定していきます。つまり、涅槃そのものも空であるということです。そのように、どこまでも否定するはたらきとしてあるのが空用です。空義は、そういう空性・空用が、経典として、教えとして、あるいは浄土ということを通して明らかにされることです。そういうかたちをとって、我われは空性に入るのです。それが龍樹においても説かれていますが、僧肇はもっと中国人の独特な現実的なものの考え方、現実に即してものを考え、仏教に出会っていくわけで、「寂用論」、用を離れて寂があるわけではないということを徹底していく思想です。それを曇鸞は受けて『浄土論註』、あるいは『讃阿弥陀仏偈』『略論安楽浄土義』を通して、浄土教の理論的基本的な解明、宗教としての浄土教の持っている大乗仏教の理論性を確立していくところに意味があります。

第二節　曇鸞伝について

親鸞聖人のまなこ

曇鸞の生涯については、道宣（五九六～六六七）の『続高僧伝』、道綽の『安楽集』、迦才（生没年不明）の『浄土論』などがありますが、もっとも基本となるのは『続高僧伝』です。『続高僧伝』では義解篇に収められており、曇鸞を義解僧として取り上げています。「義解」とは教学者のことで、浄土教の意味、道理を明らかにする教学者として曇鸞を位置づけていることになります。また、迦才の『浄土論』往生人相貌章では、曇鸞の臨終における奇瑞が示されています。浄土に往生していかれた宗教者、浄土を願生していかれた宗教者としての曇鸞の姿です。ですから、曇鸞は教学者であり宗教者でもあったことが窺われます。

曇鸞の生存年代は、通説では四七六年から五四二年で、六十七歳で亡くなられたことになります。

親鸞聖人は、曇鸞の生涯について深い関心を持っておられ、通常、私たちがお朝事などで繰り読みしている「曇鸞和讃」の第一首は、

本師曇鸞和尚は

菩提流支のおしえにて
仙経ながくやきすてて
浄土にふかく帰せしめき
（『聖典』四九一頁）

ですが、草稿本では「斉朝の曇鸞和尚は」（『定親全』二、和讃篇、八六頁）とあるのです。「斉朝」というのは北魏より後の時代ですから、六十七歳で終わったのではなく、もっと後まで生きられたと考えておられたようです。宗祖は晩年八十四歳のときに『浄土論註』に加点しておられ、その最後に迦才の『浄土論』の曇鸞伝を書き加えられています。また、『尊号真像銘文』では「斉朝の曇鸞和尚の真像の銘文」と題して、註釈を加えておられます。

「釈の曇鸞法師は并州汶水県の人なり。魏の末、高斉の初、猶在しき。神智高遠にして三国に知聞す。洞らかに衆経を暁ること、独り人外に出でたり。梁国の天子蕭王、恒に北に向かいて鸞菩薩と礼す。往生論を註解して両巻に裁り成す。事、釈の迦才の三巻の浄土論に出でたるなり」文

「釈の曇鸞法師は并州の汶水県の人なり。」并州はくにのななり、汶水県はところのななり。「魏末高斉之初猶在」というは、魏末というは、晨旦の世のななり。末は、すえというなり。魏の世のすえとなり。高斉之初は、斉という世のはじめというなり。猶在は、魏と斉との世になおいましきというなり。「神智高遠」というは、和尚の智慧すぐれていましけりとなり。「三国知聞」というは、三国は魏と斉と梁とこのみつの世におわせしとなり。知聞というは、みつの世にしられきこえたまいきとなり。「洞暁衆経」というは、あきらかによろずの経典をさとりたまうとなり。「独出人外」というは、よろずの人にすぐれたりとなり。「梁国の天子」というは、梁の世の王というなり。蕭王のななり。

「恒向〻北礼」というは、梁の王つねに曇鸞の北のかたにましましけるを、菩薩と礼したてまつりたまいけるなり。「註解往生論」というは、この『浄土論』をくわしう釈したまうを、『註論』ともうす論をつくりたまえるなり。「裁成両巻」というは、『註論』は二巻になしたまうなり。「釈迦才の三巻の浄土論」というは、釈迦才ともうすは、釈というは、釈尊の御弟子とあらわすことばなり。迦才は、浄土宗の祖師なり。知者にておわせし人なり。かの聖人の三巻の『浄土論』をつくりたまえるに、この曇鸞の御ことはあらわせりとなり。

（『聖典』五一九～五二〇頁）

「魏の末、高斉の初」とあるわけですから、「斉朝の曇鸞和尚は」という『高僧和讃』草稿本の記述になるわけでしょう。『続高僧伝』や迦才の『浄土論』などにあたりながら、厳密に確かめようとしておられます。しかも、八十四歳という高齢に達せられた親鸞聖人が、学問的な配慮をなさっていることに驚きを感じます。そして、なぜ親鸞は曇鸞の生涯に深く注目されたのか、大事な課題だと思います。

曇鸞の生涯ですが、生まれは雁門、并州汶水の人です。太原の近くで、山西省に太原汶水というところがあります。近くには霊峰五台山がそびえ、幼いころから五台山を遠く仰ぎ見るという土地に生まれました。しかも、貧しい農民の出身であったであろうと学者は言います。中国の高僧の伝記の場合、法名ののちに俗姓と出身地、それから出家、受戒、遊訪、教化と続くのが普通であって、俗姓と出身地は伝記においては不可欠なのです。ですから、俗姓と出身地が記されていないというのは、文字通り名もなき庶民であって、曇鸞の場合には出身地は記されていますが、俗姓は不詳とされています。これは道綽の場合も同じで、曇鸞は文字通り名もなき庶民の出身で、『浄土論註』という大変な書物が著され、浄土教が明らかになってきたということは、心の底にとどめておいてよいことだと思います。

曇鸞は、十五歳ごろ五台山に登りました。五台山は文殊菩薩が現におられるところと考えられており、そのような崇高な宗教的雰囲気のなか、五台山の遺跡を見てまわり、心に歓びが満ち溢れ、そのまま出家することになりました。詳細は伝わっていませんが、『続高僧伝』によると、内外の仏教典籍に精通して、ことに四論と仏性について究められたと言われます。さきに申し上げましたように、北魏仏教の趨勢として、羅什、曇無讖によって招来された大乗仏教を学ばれたことになります。そういう修学のうえに立って、羅什の弟子である僧肇の思想を深く学んでいかれました。そのなかで『大集経』の註釈を志すこととなります。

曇鸞が求めたもの

『大集経』はいろいろな経典を集めたもので、親鸞聖人も『教行信証』「化身土巻」末巻では、『日蔵経』『月蔵経』を引用しながら外道批判を展開しておられます。そもそも曇無讖が翻訳した『大集経』二十九巻は、隋の時代の『月蔵経』十二巻、『日蔵経』十五巻などを合わせて六十巻としたもので、般若思想にもとづいて大乗仏教の教理をまとめた経典です。曇鸞の時代は、曇無讖訳の『大集経』二十九巻本でしょうが、その註釈を曇鸞は試みたわけです。しかし、『続高僧伝』によりますと、註釈の途中に「気疾」を患ったとあります。心の病と言いますか、ノイローゼのような感じで、しばらくは註釈の作業を中断して療養に励まれたようです。気疾も癒えたのちに『大集経』の註釈に取りかかろうとしたものの、

命は惟れ危脆にして其の常を定めず、本草の諸経は具さに正治を明し、長年の神仙、往往に間出す。心願の指す所、斯の法を修習し果剋既に已りて、方に仏教を崇むることまた善からずや。

（『続高僧伝』六、『大正蔵』五〇、四七〇頁）

という考えにおよんだようです。要するに、健康で長生きする術を学んだのちに、『大集経』の註釈作業に取りかかろう、ということでしょう。

そのころ、陶弘景（四五六～五三六）という著名な道教の巨星が江南の地、茅山におられることが聞こえていたので、この人物を訪ねていきます。曇鸞が求めたものは不老長寿を説く神仙思想、現代風に言いますと、健康法ということでしょう。それを求めて、北魏からはるばる江南、梁国の首都建康（南京）まで千キロメートル以上もある旅を思い立ったわけです。その年代について、『続高僧伝』は「大通中」（『大正蔵』五〇、四七〇頁）と記していますので、五二七年から五二九年ごろとなり、曇鸞は五十二から五十四歳ごろ、陶弘景は七十二歳から七十四歳ということになります。日ごろ、曇鸞伝を聞いていています私たちからすると、不老不死の仙術を修めた仙人というイメージですが、当時の最高の知識人であり、薬学や天文学、力学などの第一人者、詩文や書の大家でありました。そして、梁の武帝（四六四～五四九）の政治顧問も務めた人であったと言われます。ですから、そのころ茅山に隠棲していた陶弘景を訪ねるために、まずは梁の武帝への拝謁を企図したものと思われます。梁の武帝は、中国伝統の老荘思想、あるいは道教ではなく、仏教に深く帰依した帝王で、曇鸞は武帝と仏性義について論じ合ったと、『続高僧伝』は伝えています。

曇鸞は武帝より来訪の目的を問われると、ありのままを述べ、武帝の許しを得たのち、陶弘景に信書を差し出し、早速に快諾の返書が届けられたということです。そこで、曇鸞は建康より南東に位置する茅山に急ぐと、陶弘景は曇鸞の来訪を歓迎し、仙経十巻を授けて遠来の意に応えた、ということです。そうして、生まれ故郷に帰ることとなりますが、その途中の洛陽で、翻訳事業に専念しておられた菩提流支に出遇います。この曇鸞の生涯において、もっとも重要で決定的なできごとについて、『続高僧伝』は非常に劇的な文章で書かれています。

行きて洛下に至り、中国三蔵菩提留支に逢う。鸞往きて啓して曰わく、「仏法の中に頗る長生不死の法にして、此の土の仙経に勝るもの有りや」と。留支地に唾して曰わく、「是れ何なる言ぞや。相い比するにあらざるなり。此の方何れの処にか長生の法有りや。縦い長年を得て少しき時死せざるも、終には更に三有を輪廻せんのみ」と。即ち観経を以て之を授けて曰わく、「此れ大仙の方なり。之に依りて修行せば当に生死を解脱するを得べし」と。鸞尋ねて頂受し、齎らす所の仙方は火に並べて之を焚く。

（『続高僧伝』六、『大正蔵』五〇、四七〇頁）

このように曇鸞と菩提流支との出遇いが語られ、菩提流支から授かった『観経』を頂いて、わざわざ江南まで訪ねて陶弘景から授かった仙経十巻を焼き捨ててしまうという劇的なできごととして描かれています。

菩提流支に出遇って授かったものは何であったのか。『続高僧伝』では『観経』とありますが、そのころ菩提流支は『浄土論』を訳しており、その『浄土論』ではないか、という説もあります。『浄土論註』を著した曇鸞ですから、菩提流支から『浄土論』を授けられ、その註釈をしたというもっともらしい推論です。

それでは、『観経』が授けられたということにどのような意味があるのか、ということも考えておかれるべきでしょう。

五七四年に北周の武帝（五四三〜五七八）の廃仏事件が起こり、そのころから末法思想が流行します。曇鸞がいつまで生きられたのか、厳密には分かりませんが、一般には五四二年が没年齢とされます。つまり北周武帝の廃仏事件は、曇鸞没後のできごとです。曇鸞の生存中に『観経』が普及して大きく取り上げられたという形跡は見られないのです。曇鸞滅後、北周から隋・唐の時代へと移り、末法思想の流行とともに浄土教が盛んになり、『大経』や『阿弥陀経』よりも『観経』が重要な役割を果たしていった、ということがございます。ですから、唐の頃に活躍した『続高僧伝』を著した道宣の時代、『観経』が重視された時代の浄土教の性格が反映されて、曇鸞伝において『観経』を授けたという説になった、というのが学者の見解です。

しかしながら、『浄土論註』には『観経』からの引文があります。なかでも重要なのは、『浄土論註』上巻の終わりの八番問答です。ただ、善導のように、『観経』を有縁の法として、その教えを明らかにするということではないとしても、菩提流支から『観経』を授けられたということはゆえあることでしょう。それこそ、いのち懸けで陶弘景を訪ねて仙経を授けられた曇鸞が、菩提流支に洛陽で出遇って、「中国には長生不死の法があるけれども、仏教にはそういうものがあるか」と尋ねたわけでしょう。それに対して、地に唾して菩提流支から叱りつけられ、『観経』を授けられて、「少しばかり長生きしても、それはわずかなことであって、終には死して迷いを永遠に繰り返すほかはない。この『観経』に説かれる浄土の教えこそ、真に無量寿を説くもの、これこそ仏教だ」と言われたわけです。ここに曇鸞の回心があります。

その回心ということをより効果的に表すために、あのような劇的な記述になったと解釈する学者もあります。また、長生不死の法、中国の神仙法として説かれてきた不老長寿の教えが、仏教の教えに出遇うことによって、菩提流支が言うように、長生きしたとしてもほんのわずかであって、ついに死は免れない。そこに本当の目覚めということがあります。ただ曇鸞自身の回心を語るだけでなく、仙経を焼き捨てるということはそのことに多くの人が迷うことがないように、という狙いがあったと見るべきであろうと、名畑応順先生（一八九五～一九七七）はおっしゃっていました。これは貴重なご見解だと私は思います。

『教行信証』「信巻」に、信心の十二徳を説かれるときに「長生不死の神方」から始まります。信心とは永遠の無量寿だということです。ただ生死ではなく、不死、無量寿の命をいただいた歓び、目覚めが信心です。私たちが今日でも一番求めるものは長生不死でしょう。しかし、長生というのはわずかで死を免れぬものではない。その死を超える無量寿の道を明らかにするのが仏教であり、浄土の教えであるということです。

曇鸞が伝えたこと

曇鸞は、洛陽という当時の都市寺院にとどまらないで、人里離れた僻地に身を隠して、『浄土論註』を著しています。それ以外には『讃阿弥陀仏偈』があります。これは『大無量寿経』についての讃嘆、讃歌です。それから『略論安楽浄土義』があります。古くはこれを書いたのは羅什と言われていましたが、今日では敦煌本などによって曇鸞のものであることに疑いありません。迦才の『浄土論』では、『讃阿弥陀仏偈』と『略論安楽浄土義』はひとつにまとめられていたようです。それらの書物を山西省の僻地に身を隠して著していかれました。そして、それだけでなく、在家の人びと、民衆に浄土の教えを説かれました。曇鸞が亡くなったときには、多くの人びとが集ってきたと言われます。

ご承知のように、曇鸞が居住した地として知られるのが玄中寺です。玄中寺は本当に山のなかですが、多くの人びとに念仏の教えを伝えられました。曇鸞滅後、道綽はその玄中寺を訪ねて、曇鸞が四論の講説をさしおいて、大乗の空思想を説くことをせず、ただ浄土の教えを説かれたことに感動し、自ら『涅槃経』を講義してきたのを止めて、称名念仏三昧に徹せられたということがあります。さらに、善導も玄中寺の道綽を訪ねて、浄土の教えに出遇うことができました。その善導によって浄土教が確立されていくわけです。ですから、玄中寺は中国浄土教の祖庭と言われます。

曇鸞の臨終について、『続高僧伝』は、

至終の日に臨みて、幡花幢蓋、高く院宇に映じ、香気熢勃として音声繁鬧なり。寺に預り登る者、並びに同じく之を矚る。事を以て上聞す。（『大正蔵』五〇、四七〇頁）

と記しています。また、迦才の『浄土論』には、

是の如く終りに告げて、即ち夜半の内に使者を発遣して、遍く諸村の白衣の弟子及び寺内の出家の弟子に告ぐ。三百余人なるべし。一時に雨雲集して法師沐浴し、新しき浄衣を著して、手に香炉を執りて正面に西坐して、門徒に教誡して西方の業を索む。日初めて出づる時、大衆声を斉しくして弥陀仏を念ず、すなわち寿終わりぬ。（『大正蔵』四七、九七頁）

とあります。この迦才『浄土論』については、

梁国の天子蕭王、恒に北に向きて曇鸞菩薩を礼す。（『大正蔵』四七、九七頁）

という記事がよく知られています。梁国の天子である武帝が北の方に向っていつも曇鸞菩薩と仰がれたということを、親鸞聖人は「曇鸞和讃」の最後に、この文によって和讃されています。

「曇」は、ダルマ、法ということ、「鸞」は、天子の駕籠に付けてある鈴を初めは意味して、それが天子のものを表し、形容詞として用いられます。そうすると、「曇鸞」とは「法の天子」ということでしょう。曇鸞自身が自分で付けられたのか、あるいは、迦才『浄土論』が言うように、梁の武帝が「鸞菩薩」「法の天子である」と仰いだのか、そこは分かりませんが、すごい名だと思います。曇鸞は六十七年の生涯を通して、浄土の書物を著し、多くの念仏者に見守られながら、念仏のうちにいのちを終えていかれ、浄土にお帰りになられました。

親鸞聖人は、「正信偈」や『高僧和讃』に見られますように、曇鸞の生涯に深い関心を寄せられました。そこには、いろいろなことが考えられると思いますが、ひとつは「長生」ということに執われていく人間の愚かさがある、と言うべきでしょう。そのことを通じて、無量寿という法、阿弥陀のいのちに出遇って、阿弥陀の本願に生かされる者になられた、ということがあるように思います。名畑先生が注意されたように、神仙の法を求めるそれ自体が迷信であるということです。後の世の者がそれに迷うことのないように、仙経を焼き捨てることをなされた。曇鸞の主体的な目覚めにおいても、また、そういう人びとに対する深い配慮、教誡の意味においても、仙経を焼き捨てて無量寿に帰せられたということを明らかにされていると思わせられるのです。

第三節　『讃阿弥陀仏偈』と『略論安楽浄土義』

『讃阿弥陀仏偈』と『略論安楽浄土義』について、概略だけ確かめておきたいと思います。まず『讃阿弥陀仏偈』は、阿弥陀仏を讃嘆した歌ということです。阿弥陀仏とは、この場合『大無量寿経』ですから、「無量寿傍経」（『聖典』三一六頁）、『無量寿経』の徳をほめ讃えたものと言われます。

もうひとつの『略論安楽浄土義』ですが、「安楽」と「浄土」は同じことです。『浄土論』「願生偈」でも「普共諸衆生　往生安楽国」とありますが、それについて略して論ずるというお書物です。安楽浄土について、あるいは、阿弥陀仏について説かれたものは『無量寿経』です。『浄土論』はそれを詩で示され、曇鸞もそれを解釈していかれます。それに対して、安楽浄土の大事な点を簡略に論じてまとめたものが『略論安楽浄土義』ということになります。

ことに注意されるのは、『大無量寿経』下巻の終わりに智慧段があります。これは、我われ衆生が阿弥陀の浄土に往生して仏になり、さらに還相の徳をいただいてこの世に還ってくるという衆生往生の因果をお示しになったあと、五悪段、もしくは悲化段と言われる箇所があります。三毒五悪、貪・瞋・痴の煩悩によって五悪、迷いの世界を流転している我われの姿を詳しく説かれたのち、重ねて真実の智慧を開くといって、浄土に生まれながらも化生の者と胎生の者とがあると示されます。浄土に生まれて華開いてさとりを得る者と、せっかく浄土に生まれても、まだ華が開けないままで閉じ込められ、とどまっている者があるわけです。なぜそのような違いが出てくるのかは、正しい智慧を開いた者が仏の世界に生まれてさとりを開くのですが、「罪福信」という自分の善悪の心に執われて、仏の正しい智慧をいただかない者は、仏の光のなかに包まれていてもそれを知らないのです。それは母親の胎内に居る状態と変わらないと説かれ、正しい智慧を開いてさとりの世界に生まれ変われよ、と説いてくるのが智慧段です。この智慧段の問題を『略論安楽浄土義』では大事に取り上げておられます。

『讃阿弥陀仏偈』は親鸞聖人が非常に大事にされ、『讃阿弥陀仏偈和讃』を作られました。その本論の初めの部分は、『無量寿経』について阿弥陀の徳を十二で示されます。阿弥陀の徳を十二光でもって表され、それから、浄土に生まれた者に与えられる徳、はたらきが表されてあります。正報と依報と言いますが、『無量寿経』に説かれた如来と浄土について、詩でもって『無量寿経』のこころを明らかにされたあと、龍樹についての讃嘆が出てまいります。親鸞聖人はそれを「真仏土巻」に引いておられます。そこでは、

『讃阿弥陀仏偈』に曰わく、曇鸞和尚造

（『聖典』三一六頁）

から始まって、いまの十二光について讃嘆された部分を引かれています。「真仏土巻」ですから阿弥陀の光の徳と浄土の徳について讃嘆された部分だけを引用して、そのあと、

本師龍樹摩訶薩、形像を誕ず、始めて頽綱を理る。邪扇を関閉して、正轍を開く。これ閻浮提の一切の眼なり。尊語を伏承して、歓喜地にして阿弥陀に帰して安楽に生ぜしむ。

（『聖典』三一七頁）

とあり、龍樹のことを「本師」と讃嘆されています。このあと、実際はもう一句、龍樹について述べられているのですが、「真仏土巻」ではカットしてあります。その文は、

譬えば龍動けば雲必ず随うが如く　閻浮提に百卉を放ち舒ぶ　南無慈悲龍樹尊　心を至し帰命し頭面に礼したてまつる

（『真聖全』一、三六四頁）

とあります。このように、「本師龍樹摩訶薩」「南無慈悲龍樹尊」と、龍樹のことをほめ讃えておられます。そのあとに、

我無始より三界に修りて、虚妄輪のために回転せらる。一念一時に造るところの業足、六道に繫がれ、

三途に滞る。唯、願わくは慈光我を護念して、我をして菩提心を失せざらしめたまえ。我、仏恵功徳の音を讃ず。願わくは十方のもろもろの有縁に聞かしめて、安楽に往生を得んと欲わん者、普くみな意のごとくして障碍なからしめん。あらゆる功徳もしは大小、一切に回施して、共に往生せしめん。不可思議光に南無し、一心に帰命し稽首し礼したてまつる。十方三世の無量慧、同じく一如に乗じて正覚と号す。二智円満して道平等なり、摂化すること縁に随う、故に若干ならん。我阿弥陀の浄土に帰するは、すなわちこれ諸仏の国を帰命するなり。我一心をもって一仏を賛ず、願わくは十方無碍人に遍ぜん。かくのごとき十方無量仏、ことごとくおのおの心を至して頭面に礼したてまつるなり、と。

（『聖典』三一七～三一八頁）

と言っています。なぜこの箇所を読んだのかと言いますと、『讃阿弥陀仏偈』は『無量寿経』のこころを説き明かしたあと、「本師龍樹摩訶薩」「慈悲龍樹尊」と、龍樹を讃嘆されました。そして、「我無始より三界に修りて」と、始め無き時から欲界・色界・無色界という迷いの世界を巡って、流転を積み重ねてきた者であると、曇鸞の懺悔があります。阿弥陀仏に対する讃嘆と、それを受けて、龍樹に対する讃嘆を述べてこられましたが、そこから出てくるのは懺悔です。「我三界に流転して」という深い懺悔を通して、そこに阿弥陀仏の徳を讃嘆するというふうに展開していきます。そして、すべての衆生に阿弥陀の徳を伝えずにはおかないという志願が示されてまいります。

楞伽の懸記

この『讃阿弥陀仏偈』に示された龍樹の讃歌の依りどころは、曇鸞が江南からの帰途、都の洛陽において出遇い、その教えに依って回心せしめられた菩提流支によって訳された『入楞伽経』という経典です。仏陀が『入楞伽経』をお説きになられた「楞伽山」とは、現在のスリランカであろうと言われていますが、経典の成立から言いますと、龍樹より後、無著・天親より先であろう、と言われています。内容的には、般若空の思想、それから唯識の思想、如来蔵思想というものをひとつにして説いた経典です。ですから、非常に特異であるけれども大事な経典です。

そこに「楞伽の懸記」が出てくるのです。「懸記」とは仏陀の予言です。仏陀が弟子に対して予言されたのですが、その内容はこのようになっています。

我が乗の内証智は、妄覚境界にはあらず。如来滅世の後、誰か持するぞ我が為に説きたまえ。如来滅度の後、未来に当に人有るべし。大慧よ、汝諦聴せよ。人有りて我が法を持せん。南大国中に於て、大徳の比丘有り、龍樹菩薩と名づく。能く有無の見を破し、人の為に我が法、大乗無上の法を説き、歓喜地を証得し、安楽国に往生せん。

(『入楞伽経』第九巻、『大正蔵』一六、五六九頁)

これは、菩提流支が訳した『楞伽経』に説かれた仏陀の偈文です。『楞伽経』には何本か翻訳が存在して、多少その間に違いがありますが、後半は『讃阿弥陀仏偈』や「正信偈」の龍樹章とまったく同じです。親鸞聖人は、「正信偈」で龍樹を讃嘆されるときに、この『楞伽経』に説かれた釈尊の予言の文章によって龍樹の徳を讃嘆されます。親鸞聖人は直接『楞伽経』をお読みになったのか、あるいは、法然上人もそれを引いておられますから、法然上人のお書物を見られるか、お話を聞かれて、そのことはご存じだったと思います。けれども、曇鸞の『讃阿弥陀仏偈』が親鸞聖人にとっては大事だったと私は思います。それによって、親鸞聖人は「正信偈」に龍樹の徳を讃嘆されました。

親鸞聖人の読み

ところで、『讃阿弥陀仏偈』の読み方について違うところがあります。「真仏土巻」では、

本師龍樹摩訶薩、形像を誕ず、始めて頽綱を理る。

（『聖典』三一七頁）

となっています。通常の漢文の読み方で言いますと、「形像を誕じて」ではなくて、「形を像始に誕じて、頽綱を理る」と読むべきだと言われます。『讃阿弥陀仏偈』の読みからいけば、龍樹菩薩は「形を像始に誕じて」ですから、「像始」とは何かと言いますと、正法・像法・末法の「像法の始め」ということです。釈尊が入滅し時代が経つにしたがって、正しい仏教の教えが見えなくなって、争いだけが激しくなっていくという仏教の歴史観です。正法が終わり、大乗仏教が興ってきたわけですから、その像法の始めに龍樹が現れた、と言うのです。「楞伽の懸記」に拠られた曇鸞の『讃阿弥陀仏偈』から言いますと、像法の始めに龍樹は南インドに現れて、「頽綱を理る」とあるように、廃れた教えを整え正しくされたということです。

「像法の始め」は『浄土論註』のなかで、天親は像法の時に仏陀の教えを明らかにされたと註釈しておられます。像法の時、あるいは像法の始めにあって五濁無仏の時である、というのが曇鸞の危機感でした。曇鸞は歴史をどのように見たのかは、「五濁無仏の時」であるということです。そこに立って、我われの救われる道はどこにあるのかを尋ねていかれたのです。「いま、像法の始め」ということが曇鸞にとっては大事だったのです。

ところが、親鸞聖人はそれをご存じのうえで、「像始」と読まれないで、「形像を誕ず、始めて頽綱を理る」と読まれたのです。そうすると、どう違ってくるのか。龍樹は像法の始めに出現されて、失われてい

った仏教の教えを正しく取り戻し明らかにされた。このことを親鸞聖人は、この世に現れて「始めて」仏陀の教えを、仏陀の真意を明らかにされた、と読んでいかれたのです。「始めて」という意味が、像法の始めという時代ではなく、「頽綱を理る」、廃れ見えなくなった仏教の教えを始めて明らかにしてくださったのが龍樹である、という見方です。ですから、親鸞聖人は「形像を誕ず」のほうに力点を置かれたのです。龍樹によって始めて大乗の教えが明らかにされた、釈尊のこころが始めて明らかにされた、というところに親鸞聖人は重点を置かれたのです。そこに立って、曇鸞は龍樹という方に出会われた、という意味になるのです。

「本師龍樹」と仰がれた曇鸞にとって、龍樹は始めて大乗仏教を明らかにし、仏陀の真意、本当のこころを明らかにされた方であるということです。それだけではなく、自ら浄土を願生していかれた方なのです。そこに立って、曇鸞は天親の『浄土論』を読んでいかれたのです。浄土の教えを学んでいく眼が、龍樹の眼をもって曇鸞は大乗仏教を学び、天親の『浄土論』を学んでいった。それが『浄土論註』だということを領解しておいていいのだろうと思います。

「正信偈」には「悉能摧破有無見　宣説大乗無上法　証歓喜地生安楽（ことごとく、よく有無の見を摧破せん。大乗無上の法を宣説し、歓喜地を証して、安楽に生ぜん、と）」（『聖典』二〇五頁）とあり、初地、初歓喜地を得て安楽国に往生していかれたとあります。歓喜地を証するというのは、確かに龍樹の大きな仕事でした。

『十住論』は、いかにして初歓喜地、不退転地を得るか、阿毘跋致を得るかを明らかにしました。ところが、最後の「生安楽」は必ずしも明確ではなく、『十住論』を開きましても、龍樹が浄土を願生し往生していったということは明確ではありません。『十住論』は、いかにして不退転地を得るかということを課題としました。しかも、龍樹における問題は「空」の体認、空を思想として理解し明らかにするということでなく、空を本当に我が身に体得するということです。「空」ということが真実だと理解できたとしても空になれないところに問題があるのです。

その龍樹が「楞伽の懸記」に言われるように、浄土を願生していかれたというのは、必ずしも明確に言われているとは思いません。天親の『浄土論』において、そのことが明らかにされていくと私はいただきます。

「楞伽の懸記」は、インドにおいても非常に大事にされたものです。龍樹以後、清弁（五〇〇～五七〇頃）や月称（六〇〇～六五〇頃）というすぐれた学者が生まれ、中観学派という学派ができていきます。そういう人びとにとりましても、龍樹はどういう人であるかを明らかにするときに、この「楞伽の懸記」が依りどころとして引かれます。そして、浄土教におきましては曇鸞が最初に注意され、法然上人も注意されています。法然上人は、東大寺で聖道門の学者や在家の人びとを前に、三部経の講義をしています。そのときに、「龍樹菩薩は、阿弥陀の浄土へ生まれた方である。真言、天台、三論宗では、龍樹を祖師と仰がれるわけですから、あなた方も天台や真言を学ぶならば、阿弥陀の浄土に往生されるであろう」（『漢語灯録』、『真聖全』四、三六五頁趣意）と説かれるのです。これは非常に説得力があると言うべきで、「いや、そういうことはない」と言うわけにはいかないでしょう。

『十住論』の初めに十三の問答があります。『十地経』には生死を超える道がすでに説かれているが、なぜそれを註釈するのか、それは名聞利養のためなのではないかと、十三の問答で自問自答されています。そこでは、経典を読誦することのできない愚鈍にして懈怠な者のために明らかにする、と言っています。

ですから、龍樹が『十住論』を著したのは、そこに救われていく道が説かれていても、それを読むことも理解することもできない者のためにそれを説くと言われているわけです。親鸞聖人は『唯信鈔文意』『一念多念文意』の奥書に、

いなかのひとびとの、文字のこころもしらず、あさましき愚痴きわまりなきゆえに、やすくこころえさせんとて、おなじことを、たびたびとりかえしとりかえし、かきつけたり。こころあらんひとは、おかしくおもうべし。あざけりをなすべし。しかれども、おおかたのそしりをかえりみず、ひとすじに、おろかなるものを、こころえやすからんとて、しるせるなり。(『聖典』五五九頁)

とおっしゃっておられます。『唯信鈔文意』『一念多念文意』を書かれた親鸞聖人のお心持ちと、龍樹が『十住論』を書かれたお心持ちとはまったくひとつでしょう。そのときには、龍樹自身が愚鈍懈怠な身として『十住論』を書いたわけで、わしは分かっている、賢い人間だ、お前たちは駄目だ、という気持ちで書いているとは思えません。龍樹自身がそこに身を置いて、その代表として『十地経』を読み、いただいていかれた。そこから『十住論』が書かれていったということを念頭に置かないといけない。そういう眼をもって、曇鸞は『浄土論註』を書かれたのです。

第三章　他力易行道の開顕

第一節　難易二道釈

親鸞聖人が『末燈鈔』第一通に、

浄土宗のなかに、真あり仮あり。真というは、選択本願なり。仮というは、定散二善なり。選択本願は浄土真宗なり。定散二善は方便仮門なり。浄土真宗は大乗のなかの至極なり。
（『聖典』六〇一頁）

と言われています。浄土真宗が大乗至極の教えであるということは、曇鸞がすでにそのことを明らかにして、それをさらに徹底したところに親鸞の教学があると、私は領解します。

そのときに重要になってくるのが、曇鸞の視座、基本的な立場です。浄土の三部経、七高僧によって明らかにされた浄土教の基本的な立場は、時機相応ということにあります。「時」とは歴史的・社会的現実で、「機」とは人間です。教えの光によって明らかにされていく歴史と人間と言ってもいいのでしょう。歴史的・社会的現実のなかで生きる人間の問題に応えるものとして仏教が明らかにされたのが浄土教の歴史です。

「時」について、曇鸞は「五濁無仏の時」と押さえます。そして、「機」をどう捉えるかというと、「煩悩成就の凡夫」です。そういう五濁無仏の時を生きる煩悩成就の凡夫においていのちとなる教えが、浄土の教えです。そのことが『浄土論註』の最初に出てきます。

『論の註』に曰わく、謹んで龍樹菩薩の『十住毘婆沙』を案ずるに、云わく、菩薩、阿毘跋致を求むるに、二種の道あり。一つには難行道、二つには易行道なり。難行道は、いわく五濁の世、無仏の時において、阿毘跋致を求むるを難とす。（『聖典』一六七頁）

このように、五濁無仏の時に不退転を求めるのは難であって不可能な道である、と言われます。「五濁」というのは五つの濁りということで、『阿弥陀経』にあります。釈尊はあえて五濁の世を選んでこの世に出現して、信じ難い念仏の教えを説いてくださったのだから、ほかの諸仏は釈尊の成し遂げられた仕事をみなほめ讃えておられる、とあります。ですから、劫濁、見濁、煩悩濁、衆生濁、命濁の五つの「五濁」とは、人間の歴史のはじめからと言ってもいいでしょう。

劫濁は時の濁り、見濁は人間の我見、主張がやかましくなっていく思想の濁りです。それから、煩悩が激しく深くなっていく煩悩濁、人間が濁っていく衆生濁、そして、命濁は命の濁りが深くなっていくのです。そういう五濁の世において、「阿耨多羅三藐三菩提を得て、もろもろの衆生のために、この一切世間に信じ難き法を説きたまう」（『聖典』一三三頁）のです。「信じ難き法」とは念仏で、念仏して救われる念仏成仏の法を説かれるのです。「我五濁悪世にして、この難事を行じて、阿耨多羅三藐三菩提を得て、一切世間のために、この難信の法を説く。これをはなはだ難しとす」（『聖典』一三三頁）とありますように、信じることの困難な法を五濁の世に出現して説くのはまことに容易ならないことなのです。善導の言葉で言いますと「五濁増時」です。五つの濁りがいよいよ深くなり激しくなっていく時代が、正法から像法へ、像法から末法へ、という歴史の変遷であると受け止めていきます。そして、そこに仏ましまさないということです。仏というのは、釈尊、そして、五十六億七千万年のちに弥勒菩薩が出現されるということです。釈尊はすでにましまさない、弥勒はまだ出現しない、その時を「無仏」と言います。今、真に仏と仰ぐべき方がおられない、ということです。

この問題は、当時の中国の人びとにとって、非常に真剣に受け止められましたので、いろいろな仏像などが刻まれていきました。曇鸞の活躍した時代には、洛陽の近くの龍門をはじめとして多くの石窟が刻まれていきます。そこには、弥勒に対しての深い祈りが刻まれていきます。そういうひとつの危機感が、当時の時代の底にありました。現在では、そういう危機感が失われてしまいました。心ある人びとは、そういう深い危機感を持っておりますが、五濁無仏の時に対する危機感が失われてきているのが現在であろうかと思います。

五難について

曇鸞は、そういう五濁無仏の時に、不退転地を求めるのはまことに不可能な道であると言い、その理由として五難を挙げてきます。あらためて、「行巻」に引用された文章を読んでおきます。

『論の註』に曰わく、謹んで龍樹菩薩の『十住毘婆沙』を案ずるに、云わく、菩薩、阿毘跋致を求むるに、二種の道あり。一つには難行道、二つには易行道なり。難行道は、いわく五濁の世、無仏の時において、阿毘跋致を求むるを難とす。この難にいまし多くの途あり。粗五三を言うて、もって義の意を示さん。一つには、外道の相　修醬の反　善は菩薩の法を乱る。二つには、声聞は自利にして大慈悲を障う。三つには、無顧の悪人、他の勝徳を破す。四つには、顚倒の善果よく梵行を壊す。五つには、ただこれ自力にして他力の持つなし。これ等のごときの事、目に触るるにみな是なり。たとえば、陸路の歩行はすなわち苦しきがごとし。「易行道」は、いわく、ただ信仏の因縁をもって浄土に生まれんと願ず。仏願力に乗じて、すなわちかの清浄の土に往生を得しむ。仏力住持して、すなわち大乗正定の聚に入る。正定はすなわちこれ阿毘跋致なり。たとえば、水路に船に乗じてすなわち楽しきがごとし。この『無量寿経優婆提舎』は、けだし上衍の極致、不退の風航なるものなり。

（『聖典』一六七～一六八頁）

この『浄土論註』上巻の冒頭の文は「謹んで龍樹菩薩の『十住毘婆沙』を案ずるに」と、「謹案」という言葉で『浄土論註』が開かれます。『教行信証』の各巻の冒頭は「謹顕（謹んで顕わさば）」となっています。それに対して、総序は「竊以（竊かに以みれば）」です。「信巻」別序は「夫以（夫れ以みれば）」、そして、後序の冒頭が「竊以」です。それは、善導の『観無量寿経疏』（以下『観経疏』と略称）の「玄義分」の最初や、「散善義」の結びのはじめに置かれた言葉で、それを受けられたと思われます。『教行信証』六巻の冒頭の「謹んで顕わさば」は曇鸞の『浄土論註』に拠られたであろう、と言われます。親鸞聖人は、聖教を大事にいただかれ、言葉に対して非常に厳密な方でしたから、今のような言葉も根拠に基づいて用いられたと思います。

ところで、道綽の『安楽集』を見ますと、「是の故に龍樹菩薩云く」（『真聖全』一、四〇五頁）として、『浄土論註』の二道釈の文を引用しています。道綽によると、ここに挙げられた五難は龍樹の言葉になるわけです。先輩の講録などでも、五難のそれぞれが『十住論』に散見されることが指摘されてはいるのですが、やはり直接的には曇鸞の深い理解、判断のもとで表されたものと言うべきでしょう。それは、龍樹がたどられた道を曇鸞自身が自らの道として生きる、ということでもあります。さらに、ただ個人の道だけでなく、まさに五濁無仏の時を生きる者、そのすべての人の道として明らかにするということです。

曇鸞は、五濁無仏の時において不退転地を求めることは不可能であると、五つの問題を指摘されました。第一と第二は善についての障りと言われます。第一の「外道の相善は菩薩の法を乱る」は有漏善の障り、第二の「声聞は自利にして大慈悲を障う」は無漏善の障りと押さえられます。第三の「無顧の悪人、他の勝徳を破す」は、第一、第二が善についての障りであったのに対して、悪についての障りということです。このふたつ、善と悪についての障りは、他の人びとのうえに見られる障りということでもあり、別な先輩の言い方をすれば、「人《にん》についての障り」という言い方をされます。第四の「顚倒の善果よく梵行を壊す」は、他人の問題ではなく自己自身における障りということで、法についての障りと言われます。そして、これらの四つを決定づけるものが、第五番目の「ただこれ自力にして他力の持つなし」であると言われます。前の四つは五濁の時の問題ですが、五番目は無仏の時における問題だという解釈がなされていきます。

第一の「外道の相善は菩薩の法を乱る」の「外道」とは、仏教以外ということです。善を説き、社会をよくすることによって幸せになれる、ということを考えるのは「外道の相善」であるというわけです。大乗の仏教が説く菩薩の道は、外を変えることによって人間が幸せになれるのでなく、菩薩の道は自らを深く掘り下げ、自らが救われることにおいて幸せが得られる、ということです。しかも、自分だけ幸せになるのではなく、すべての人びととともに救われていく道を求めるのが菩薩の道なのです。これは、非常に地味な道であって派手な道ではありません。社会の変革を叫び、そのことに専念する方が素晴らしいように見えますが、そういうなかで、自分の心を深く掘り下げることが失われていくということです。社会変革によって人間が幸せになれると考えていくような考え方を外道と言うのであり、それは極めて内面的な菩薩の法を知らない者、あるいは、そういうものを軽視し蔑視する者である、ということです。社会の変革、外側に眼が向いて、衆生とともに救われていくという内面的な救いを求める道を考えようとしない。それが五濁無仏の時における人間のありさまなのです。

第二は「声聞は自利にして大慈悲を障う」です。そもそも仏教は内観の道を説き、内観はどこまでも自己を深く掘り下げていくのですが、声聞とは自己の救いに執われてしまいます。そこに、大慈悲への障り、妨げとなってしまうということです。すべての人びとともに救われるという深い慈悲を失ってしまうのです。社会変革、外側の変革でなく、内に自分の救いを求めるのですが、自分の救いだけに執われ、それだけに精一杯になって、人びとともにということが失われていくということです。

第三に挙げられる「無顧の悪人、他の勝徳を破す」の「無顧」とは、我が身を反省するということがまったく見られないということです。まさに現代は自分を省みることがない時代と言うべきでしょう。それによって、まわりの人びとの幸せを壊してしまうということです。

第四の「顚倒の善果よく梵行を壊す」の「顚倒の善果」というのは、この世の幸せ、物質的な幸せを求めることに執われて、煩悩、迷いを離れるということが見えなくなる、問われなくなっていく、ということです。外側に眼を奪われたり、自分のことだけに眼を奪われたり、あるいは、自分についてまったく無自覚で、この世の幸せだけに心を奪われて、この世の迷いを超えるということをひとつも思わない。そういうことがいよいよ激しく深くなっていく時代が五濁無仏の時におけるありさまです。そういう四つのことがこの世における現実的な姿であるけれども、そういう時代において仏道を求める、生死を超えることにおいて退転しないということは、自力によっては不可能です。

第五の「ただこれ自力にして他力の持つなし」は、ただ他力に依るほかはないということです。その他力の易行道とは何かということで、『十住論』によって他力易行道を開顕していかれます。ここで、「自力」「他力」という言葉が使われています。『浄土論』『浄土論註』で「自利」「利他」ということが出てまいりますが、自利利他と自力他力とはどう違うのか、という問題があります。一般に言う「自利利他」は、自らが救われ他を救う、ということでしょう。それに対して、『浄土論註』では「自力他力」ということが出てきます。自力とは、自分の力で煩悩を滅してさとりにいたろうと願い努力することです。そのかぎりにおいては、我われはいつも退転せざるをえないわけで、不退転地にいたるということは不可能だということです。

自力と他力

「自力他力」については、『浄土論註』下巻の最後のところに述べてあり、「行巻」の重釈要義の他力釈に引用されていますので、そちらを読んでおきたいと思います。

当にまた例を引きて、自力・他力の相を示すべし。人、三塗を畏るるがゆえに、禁戒を受持す。禁戒を受持するがゆえに、よく禅定を修す。禅定を修するをもってのゆえに、神通を修習す。神通をもってのゆえに、よく四天下に遊ぶがごとし。かくのごとき等を名づけて自力とす。また、劣夫の、驢に跨りて上らざれども、転輪王の行くに従えば、すなわち虚空に乗じて四天下に遊ぶに障碍するところなきがごとし。かくのごとき等を名づけて他力とす。愚かなるかな、後の学者、他力の乗ずべきを聞きて、当に信心を生ずべし。自ら局分することなかれ、となり。（『聖典』一九六頁）

自力とは、自分の力で煩悩をなくして、自らを善しとして他を裁く。あるいは、自ら悪しきことを行いながら、それについてまったく無反省であることです。そういうありようを問題にして、そのような人間のあり方を超えていこうとするところに人間成就という課題を持った人間の歩みがあると思います。ここのところで自力、他力ということが言われてまいります。

「禁戒」というのは五戒十善を守ろうと努力する、自力ということです。まず五戒、それが拡大されて十善、それを修する。それによって「禅定」、心を静める。これは仏教的な行です。禁戒を受持することは、仏教において基本的な倫理、実践徳目ですが、禅定はさらに仏教独自な修道として、心を静めるということです。それによって、神通を獲得し、四天下に遊ぶとありますから、いかなるところにおいても自由自在である。そういう道を求めていくことを自力と言い、それによって迷いを超えていこうとするのです。しかし、戒を守り、善を修し心を静め、六神通と呼ばれる不思議な能力をこの身に得て、いかなるところにおいても自由自在であろうとすることは、我われ凡夫にとってはまったく不可能であり、自力無効である、と言っているのです。

ですから、「難」ということは難しいということですが、ただ難しい、困難だというだけでなく、困難を通して不可能だということです。自分の力で煩悩を滅してさとりにいたるということはまったく不可能であり、不可能であることを通して、依るべき道は他力の外にはない、ということなのです。

他力については、「劣夫の、驢に跨りて上らざれども、転輪王の行くに従えば、すなわち虚空に乗じて四天下に遊ぶに障碍するところなきがごとし。かくのごとき等を名づけて他力とす」とあります。「転輪王」は、仏教の教えにもとづいて国を統治する王を表します。体力に劣れる者が驢に跨って天上に上がって行くことができなくても、転輪王の行列に従って行けばそれができるようなものだ、というわけです。たとえですから、「転輪王」は、ここでは仏を指すと言っていいし、あるいは、諸仏・善知識、さらに拡大すれば、根源的には阿弥陀仏でしょう。釈迦、諸仏・善知識ですから、よき師、よき友を含めて、阿弥陀仏が我われに願われ、釈尊が説かれ、諸仏・善知識、善友がそれを自ら歩むことにおいて、証人となって我われに教えてくださっているのです。その道を私もよき人の教えに随って生きる。そうすれば、そこに煩悩を滅せずして涅槃のさとりを得る道が開けるとおっしゃっていると思います。

「愚かなるかな、後の学者、他力の乗ずべきを聞きて、当に信心を生ずべし。自ら局分することなかれ」と続きますが、曇鸞の場合は像法ですが、仏ましまさない五濁無仏の時を生きる学者です。それは自力の無効であることを知らない、他力に乗ずべきことを知らない。その学者は愚かさを知って、他力によって生きるべきである、ということでしょう。

この「愚か」について、親鸞聖人の加点本はそのように読んであるのですが、他の異本では「遇」という字が書いてあります。「遇」ということになりますと、「よろこばしいかな」と読まれます。「よろこばしいかな」と言うのは、自力無効なる我われのうえにも生死の迷いを超えていく道があり、その道に出遇い得たことを喜ぶべきであるという意味に解釈されます。しかし、それは私には無理があると思います。親鸞聖人の「愚かなるもの」という読みが落ち着くと思います。

もうひとつ言いますと、「他力」という言葉は、五難のところでは、「他力」というだけでなく「他力の持つなし」とありますように、他力とは持つ力です。「不虚作住持力」とありますように、住持力と表されることで、ただ「他力」ではなく、「他力住持力」であるということです。これはサンスクリット語で言いますと、「adhiṣṭhāna」（アディシュターナ）という言葉が考えられます。この言葉は、大乗仏教において非常に大事な言葉で、真言密教などでは「加持祈禱」と言われ、「加持」に相応する言葉です。力が加わる「威力」や「根本」と言われ、我われを根源から支えている力、はたらきということです。それが空しくない、不虚作である、ということです。つまり、阿弥陀の本願に出遇った者は空過することなし、空しく生死流転を繰り返し、生死流転のままに終わっていくことがない、ということです。あるいは、生死流転に終わらしめない強い力、はたらきが「他力」であるということです。

曇鸞の場合、それを「増上縁」とし、四縁のひとつとしての解釈もあるのです。この場合の増上縁は強い力、「強縁」ということで、親鸞聖人が「ああ、弘誓の強縁、多少にも値いがたく」（『聖典』一四九頁）とおっしゃっている言葉です。『尊号真像銘文』にも「増上縁はすぐれたる強縁となり」（『聖典』五二三頁）とありますが、曇鸞の場合は、「増上縁」という言葉で如来の本願力を表し、不虚作住持功徳を表します。それは強力な力、生死流転を超えしめて退転せしめない強力な力です。

つまり「他力を持つ」とは、我われを根源から持つ力ということです。もうひとつ言えば、「本願力回向」という言葉で表される問題です。本願力回向は、願が力として我われのうえに表され、我われを根源から支えてくださるはたらきです。絶対的な力に依るほかに、我われが生死流転を超える道はどこにもありません。本願力に遇わないかぎり、我われは五濁無仏の時代の流れのなかに押し流され、永遠に流転を重ね、ついに一生が終わるのです。取り返しがつかないなかで生死するほかないのです。

煩悩成就の凡夫人

『浄土論註』の基本には、五濁無仏の時という時代を見る曇鸞の眼がありますが、もうひとつ言いますと、無仏の時を生きる凡夫、という曇鸞の人間観です。「煩悩成就の凡夫」という言葉で表されますが、曇鸞は五濁無仏の時を生きる人間をどのように見たのか、と言いますと、第十八願成就文に「諸有の衆生」とあるように、迷える衆生と言われました。それをさらに『観経』においては、下下品の一生造悪の凡夫と教えられます。これが五濁無仏の時を生きる凡夫のありさまです。

しかも、「煩悩成就」という言い方は注意していいと思います。善導のお言葉は「煩悩を具足せる凡夫」（『往生礼讃』、『真聖全』一、六四九頁）ですが、「煩悩成就」という表現は少し意味合いが違うのではないでしょうか。「煩悩成就」とは煩悩によってできあがってきた身、ということでしょう。「成就」というのはそういうことですから、惑・業・苦を繰り返し、できあがってきた身ということが「煩悩成就」ということでしょう。この言葉は、『浄土論註』の下巻の清浄功徳釈のところに出てまいります。浄土は迷いの三界を遥かに超えた世界であり、その浄土の徳が我われのうえに得られた境地を表されるところに、

「荘厳清浄功徳成就」とは、「偈」に「観彼世界相　勝過三界道故」と言えり。これいかんが不思議なるや。凡夫人、煩悩成就せるありて、またかの浄土に生まるることを得んに、三界の繋業畢竟じて牽かず。すなわちこれ煩悩を断ぜずして涅槃分を得。いずくんぞ思議すべきや、と。（『聖典』三一四頁）

と説明しています。煩悩を断じ得ない者が煩悩を断ぜずして涅槃分を得るのです。聖道とは、自らの力によって煩悩を断じて涅槃を得るところに、聖道の理想があります。ところが、曇鸞が見た人間、凡夫人は煩悩を断じ得ない者です。一生命尽き果てるところまで貪瞋二河のなかを生きるほかなき者が、煩悩を断

じ得ないままに、浄土に生まれて涅槃のさとりを開くということで表されています。

玉城康四郎先生（一九一五〜一九九九）が、原始経典のなかに出てくる「業熟体」ということに注意されました（『ダンマの顕現――仏道に学ぶ――』大蔵出版、一九九五年）。サンスクリット語で言いますと「karma-vipāka」（カルマビパーカ）であり、業が熟してできあがった身、「宿業体」とも言われました。原始経典に説かれた「業熟体」、業によって熟せる身、それを問うたのは唯識と親鸞であり、唯識においてはそれを阿頼耶識として捉え、親鸞においては、煩悩具足の凡夫ということで明らかにされた。それを本当に問うたのが唯識と親鸞の教えであると、玉城先生は言っておられます。

煩悩によってできあがった果報である「業熟体」が業異熟ですから、業によってできあがってきた身ということです。「煩悩具足」というのは、それぞれの煩悩を抱え込んでいるということです。それをことによく表すのは、『歎異抄』の第十三条の「さるべき業縁のもよおせば、いかなるふるまいもすべし」（『聖典』六三四頁）でしょう。これほど深い言葉はないと、私は思います。縁あればいかなることでもするような煩悩具足の凡夫として生きるということです。煩悩によって、惑・業・苦ということを繰り返し流転して、今日ここにある。安田理深先生は、ただあるのではなくて、「なったものとしてある」とよく言われました。それを、さらに言えば、「なるべきものとしてある」です。人として生きているけれども、本当に「人間として」と言えるかどうか、という問いを抱えて生きるのではないでしょうか。曽我量深先生は、「念仏成仏と言われるけれども、仏になる前に、まず人間になることが大事なのだ」とおっしゃいました。人間があるということは、なったものとしてあるわけですし、それは業熟体としてある。業の熟として「なったものとしてある」のが、まさに我われの身です。

そのことを、曇鸞は『浄土論註』のなかで五濁無仏の時を生きる煩悩成就の凡夫と示されたのです。しかも、曇鸞はそれを人間の反省というようなことではなく、如来の大悲によって智見され、如来の大悲によって照らし出され、如来の大悲によって願われている者として、五濁無仏の時を生きる凡夫を深く内に問うていかれたのです。少なくとも、私たちは『浄土論註』からそれを学んでいかなくてはいけないのだと思います。

第二節　ただ信仏の因縁をもって

「但」と「唯」

さきほどは、『浄土論註』冒頭の難行道の五難まで読んでまいりましたので、その次の易行道について見ていきます。

「易行道」は、いわく、ただ信仏の因縁をもって浄土に生まれんと願ず。仏願力に乗じて、すなわちかの清浄の土に往生を得しむ。仏力住持して、すなわち大乗正定の聚に入る。正定はすなわちこれ阿毘跋致なり。たとえば、水路に船に乗じてすなわち楽しきがごとし。この『無量寿経優婆提舎』は、けだし上衍の極致、不退の風航なるものなり。（『聖典』一六八頁）

自力無効の煩悩成就の凡夫人に与えられる他力易行道です。それを表すのに、「但《ただ》信仏の因縁をもって」とあります。「但」は「ただし」という条件を表す意味に受け取りがちですが、「唯」ということと同じことです。ご存じのように、親鸞聖人が『唯信鈔文意』の最初に『唯信鈔』という題号を解釈されるときに、

「唯」は、ただこのことひとつという。ふたつならぶことをきらうことばなり。また「唯」は、ひとりというこころなり。

（『聖典』五四七頁）

と言っています。「ひとり」ということは、ただ言葉の意味、漢字の意味だけでなく、まさに親鸞一人という自覚に立って領解された言葉だと思います。「但」もそういう意味で領解される言葉です。

もうひとつ、「但」という言葉で私が思いますのは、「このことひとつ」「唯信」、ただ信ずるという場合においても、そこにあるのは「選び」です。いずれの行もおよびがたき身と知って、よき人のただ念仏せよという教えによって生きていかれた親鸞聖人と同じように、信心が成り立つところにはそういう自らの自力無効を知って師の教えに随っていく選びが「但」という言葉のなかに込められていると思います。

もうひとつ言っておきたいのは、「但」と「唯」は同じようですが、この「唯」という言葉には、「ハイ」と即座に返事をする、答えるということが漢和辞典に載っています。漢字の熟語で「唯々諾々」という言葉がありますが、「唯」というのは「ハイ」と即座に返事をする、答える、それを「唯」と言うのだとありました。それから、「諾」というのは、しばらく考えて答える意味があります。「唯」は即座に、教えが聞かれた即座のところで、それを受け入れる。そしてそれに随うという意味が「唯」ということにはある。このことを知って、私は嬉しく思いました。

ただ信仏の因縁をもって浄土に生まれんと願ずる者は、仏願力に乗じて往生を遂げさせていただく、とあります。この仏願力に乗ずるということが非常に大事です。『浄土論註』の結びのところの自力他力の解釈のところにも、自分の力で驢に跨って空飛ぶことも、立ち上がることもできないが、転輪王の行列に随っていけば、自然に迷いを離れて四天下に遊ぶということがあり、乗托して生きるということです。

「便ち」と「即ち」

「乗仏願力」ということを受けて、「便得往生（すなわち往生を得）」とありますが、この「便ち」という字は注意しなければなりません。『浄土論註』の現代語訳として、中央公論社の『大乗仏典』のものがありますが、そこではこのように現代語訳されています。

易行道とは、ただ信仏の因縁によって仏に成る道を得るのである。如来の本願力を信じ浄土に生まれようと願うとき、仏の願力によってかの清浄の土に生まれ、仏力に支えられ大乗の正定をえた人々の仲間に入ることができるのである。正定聚とは必ずさとりをうる位から退かないことである。

（神戸和麿・廣瀬杲訳『大乗仏典〈中国・日本篇〉5 浄土論註 観経疏』中央公論社、一九九三年、一〇頁）

やはり現代語訳というのは難しいな、と思いました。「乗仏願力便得往生」というところが「仏の願力によってかの清浄の土に生まれ」となっていますが、「便」の意味が充分に出せていないように思います。その次の「仏力住持即入大乗正定之聚」も、「仏力に支えられ大乗の正定をえた人々の仲間に入ることができるのである」とあり、「即」の意味が出せていないと思います。「便」も「即」も「すなわち」と読むわけですが、その違いが注意されなければいけないと思います。それは、香厳院恵然（一六九三〜一七六四）の『浄土論註顕深義記』（真宗典籍刊行会編『真宗大系』第六巻、国書刊行会、一九七四年）などでも注意されています。

「便ち」は「やがて」という意味で領解され、「即」は「ただちに」と領解されます。「やがて」は将来ということで、「ただちに」ということは現在ただ今、現生に、ということでしょう。この現代語訳ではそのあたりの意味合いが表れていないように感じます。それは、どうしても親鸞聖人の読み方、真宗学的な領解と深く関わってきますので、ご苦労されて、あえてそのような現代語訳にされたものと思います。「仏願力に乗托して浄土に生まれる」ということと、「仏力に住持されて正定聚であり不退転である」ということが、「やがて」「ただちに」ということを補ってどのように読み込んでいくのか、よくよく考えてみるべきだと思います。

その場合に、「即便往生」ということが注意されます。これは、『観経』の上品上生のところです。

「上品上生」というは、もし衆生ありて、かの国に生まれんと願ずれば、三種の心を発してすなわち往生す。何等をか三つとする。一つには至誠心、二つには深心、三つには回向発願心なり。三心を具すれば、必ずかの国に生ず。（『聖典』一一二頁）

ここの「すなわち往生す」が白文で見ると「即便往生」となっていまして、親鸞聖人は、『愚禿鈔』でこの問題を注意されています。


おおよそ心について二種の三心あり。

一には自利の三心、二には利他の三信なり。

また二種の往生あり。

一は即往生、二は便往生なり。

ひそかに『観経』の三心往生を案ずれば、これすなわち諸機自力各別の三心なり、『大経』の三信に帰せしめんがためなり、諸機を勧誘して三信に通入せしめんと欲うなり。

三信とは、これすなわち金剛の真心・不可思議の信心海なり。

また即往生とは、これすなわち難思議往生、真の報土なり。

便往生とは、すなわちこれ諸機各別の業因果成の土なり、胎宮・辺地・懈慢界・双樹林下往生なり、また難思往生なりと、知るべしと。

（『聖典』四五八～四五九頁）

また、『教行信証』「化身土巻」でも、

二種の往生とは、一つには即往生、二つには便往生なり。便往生とは、すなわちこれ胎生辺地・双樹林下の往生なり。即往生とは、すなわちこれ報土化生なり。

（『聖典』三三九頁）

と述べておられます。『観経』の「即便往生」は漢文の読み方からすれば、「即便」の二文字で「すなわち往生す」となるわけですが、親鸞聖人はこの言葉を「即往生」と「便往生」というふうに分割、区別して読み込んでいます。「即往生」は真実報土への往生、難思義往生、「便往生」は方便化土の往生、双樹林下往生・難思往生を表すものとおっしゃられます。

「便」という文字は、「いつか」「やがて」と読まなくてはならないということではなく、漢和辞典を引けば「ただちに」という意味があります。むしろ、「やがて」という意味は漢和辞典には載っていません。つまり「即」「便」はどちらも「ただちに」と領解されます。ところが、親鸞聖人はそれを「ただちに」ということと「やがて」ということを区別していかれます。『観経』の「即便往生」は「すなわち往生する」と読まれるものを、「ただちに往生する」「やがて往生する」ということで区別され、そこに、自力と他力という使い分けがなされていることになります。自力を尽くして他力に入る、自力を尽くしてやがて浄土に生まれるという意味で、「便往生」となるのが『観経』です。我われが他力の真実にふれる、あるいは、他力の真実をこの身にいただくことは容易ならないことであって、そこには自力を尽くしてはじめて自力無効と知って、はじめて他力の真実に触れていくのです。そこに「転入」ということで表される道があります。

このような宗祖のご領解を踏まえて、『浄土論註』の易行道のところを読まなければなりません。真宗大谷派教学研究所から出されました『解読浄土論註』では、次のように現代語訳されています。

易行道は仏を信ずることのみをよすがとして浄土に生じたいと願えば、仏の願力に乗じて、やがて彼の清浄の国土に往生することができ、仏の本願の力に支えられて、大乗の正定をえた人々の仲間に入ることができるのである。

（蓑輪秀邦編『解読浄土論註』巻上、真宗大谷派宗務所出版部、一九八七年、二〜三頁）

このように、「やがて彼の清浄の国土に往生することができ」と、「便」の意味を注意して現代語訳されています。ところが、そうなりますと問題になるのは、「往生」をどう解釈するかということです。現在の真宗教学において「往生」ということをめぐっていろいろな解釈があるのですが、ことに多くの人が語っているのは、現在において浄土に生まれていく、どこまでも往生を現生の事柄としてそれを説く、だから、命終わって仏の浄土に生まれ変わるというのは未来主義であって、それは親鸞の本意ではない、ということでしょう。そのような傾向を受けたのかどうか分かりませんが、『解読浄土論註』が上下二巻本だったものが一冊になり改訂されました際に、このように訳されています。

易行道は仏を信ずることのみをよすがとして浄土に生まれんと願えば、仏の願力に乗じて、容易に彼の清浄の国土に往生することができ、仏の本願の力に支えられて、大乗の正定をえた人々の仲間に入ることができる。

（蓑輪秀邦編『解読浄土論註　改訂版』真宗大谷派宗務所出版部、一九九五年、二頁）

このように、「やがて彼の清浄の国土に往生する」が「容易に彼の清浄の国土に往生する」と改訂されています。このような点にも、いろいろと問題を感じるところではあります。

第三節　往生の問題

金子先生の領解

ある講習会で往生の問題についてお話しするご縁がありました。ある方から「往いてとは向こうに行くことですか。そうではなくて、往きつ生まれると言うべきではないでしょうか」という趣旨のお話をいただきました。それは、往きながら生まれていく、人生を生きていくこと、念仏して生きて往くこと、そのままが仏の世界に生まれ変わっていくこと、という意味合いがあると言っていいと思います。往生ということは、無始流転の苦を捨てて、無上涅槃の世界である浄土に生まれ変わっていくということが基本にあります。生まれ変わることは、『大無量寿経』によれば「化生」とあり、言葉のうえからは自力の疑心による「胎生」と区別されます。

浄土に生まれ浄土の光に包まれていながら、光のなかに包まれてあることも知ることもできないような、善悪心、罪福心に執われて、そこから出ることができない。いかにも信じているようであっても、その底には仏智を疑惑する心があって、その仏智疑惑、明朗に仏智を信ずることのできない者は、そのことを真に知ることができない。その「胎生」を破って、そこから光の世界に生まれ変わるのが往生である、というのが『大経』の教えです。その『大経』の本願成就文の「即得往生」という、ただちに往生を得るという言葉についての領解をめぐって、さきほど紹介しましたような問いが出てくるわけでしょう。

それに対して、往生ということの基本的な意味として、『観経』の「即便往生」ということがあります し、宗祖はそれを「即往生」と「便往生」に区別して領解されました。この往生をめぐる問題について、「定得往生」「即得往生」という言葉を用いながら確かめてくださいました金子大榮先生のお言葉を紹介し、確認してまいりたいと思います。

金子先生の『真宗領解集』というお書物があります。その出版にいたる経緯などにつきましては、寺田正勝先生の「はしがき」や私が書かせていただいた「あとがき」をお読みいただければと思いますが、このお書物に往生の問題について書かれてありますので、少し長くなりますが、まずは金子先生の文章を読んでまいります。

本願と成就とは、その如何なる面より見るも、道理と事実との対応である。その意味に於いて、成就の文に住不退転の説かれたることは特に重視すべきものである。歓喜の一念に願生彼国のおもいは起り、それに依りて即得往生の身となることはいかにも自然に領解せらるる。唯だそこに住不退転と説かれしことこそ特に留意すべきものである。勿論それを浄土へ往生して浄土に於いて不退転に住するとすれば、問題はないともいえるであろう。しかしそれでは経文が緊張を欠いたものとなり、獲信の境地を顕わすものとはならない。畢竟、義意を領せざれば文字も亦解し得べからずということになるのである。

これに依りて宗祖の釈を見るに、『一多文意』に於いては即得往生を住不退転と同事として解しておらるる。「即得往生というは、即はすなわちという、時をへず日を隔てぬなり。また即はつくという、その位にさだまりつくということばなり。得はうべきことをえたりという、真実信心をうれば、すなわち無碍光仏の御心のうちに摂取してすてたまわざるなり。摂はおさめたまう、取はむかえると申すなり。おさめとりたまうとき、すなわちとき日をもへだてず、正定聚のくらいにつきさだまるを、往生を得とはのたまえるなり」と述べたまいた。そこには住不退転の釈はない。しかし心して見れば、即得往生の解はそのまま住不退転の釈である。この釈に於いて特に留意すべきは、即得往生とは信の一念に於いて即時に浄土へ往生するのであるといってないことである。願生彼国は、そのままに即得往生といわれぬことはない。されど宗祖はそうは思われなかったのであろう。『愚禿鈔』の「本願を信受するは前念命終なり。即得往生は後念即生なり」の釈に於いても、前には「すなわち正定聚のかずに入る」と註し、後には「即時に必定にいる、また必定の菩薩となづくるなり」と註せられた。而して総てを「他力金剛心なりとしるべし」と結帰されたのである。これ即ち宗祖にありては、即得往生の喜びは、心を浄土に遊ばしむるというようなことではなくして、それが住正定聚の根拠となるにあることを意味するものであらねばならぬ。

それ故に即得往生を説明するに、摂取不捨の経意を以てせられた。即得往生とは即時に往生するということではない。定得往生ということである。即時往生は、観念遊戯である。定得往生は、生活根拠の獲得である。その生活根拠は念仏に於ける摂取不捨である。これ即ち聞其名号に依る一念歓喜の等流相続である。これに依りて不退転に住せしめらるる。正定聚の位というも、不退転に住せしめらるることの他にない。その不退転とは、「真の仏弟子」の喜びなるが故に、自ずから菩薩行ともなるものであろう。流転を転じて還滅を成じ、人間の生活をそのままに菩薩の道たらしむるもの、それが念仏の信心である。それが住不退転の実際である。これに依りて如来永劫の願行は、悉く我等の行信

の一生に於いて廻向成就せらるるのである。（『真宗領解集』文栄堂書店、一九九五年、三〇一～三〇三頁）

この文章は、昭和二十八年（一九五三）の一月に執筆された「安心――第十八願成就文意――」という題の論文の一節ですが、後年、「即得往生とは即時に往生するということではない。定得往生ということである」というところにメモ書きが註記されています。昭和四十四年（一九六九）、八十九歳の時のことで、

近時、曽我師、即時往生を強調せらる、恐らくその体験ありてのことであろう、師説に反くべきではない、しからば更に反省せねばならない。（四四・二・一五）（『真宗領解集』三〇八頁）

というものです。金子先生が古希も過ぎられて、大谷大学での講義のために準備された文章で、定得往生ということは、先生のお心持ちから言えば、「臨終一念の夕べ」です。人間の業を果たし終えて命終わるときが、仏の世界に生まれ変わるときです。そのときに、定んで間違いなく仏の世界に生まれるということのほうが私にはしっくりするとおっしゃられます。ところが、後年、メモのかたちでしたが、近年、曽我量深先生は「即得往生」ということを強調される。それは、曽我先生独自な体験があってのことであろうと思う。先生のおっしゃることだから、私は直ちに自分には受け取れないけれども、それは自分のなかに深く問うていかなくてはいけないと思う、と書いておられるわけです。

それは、私は大事なことだと思います。定んで往生を得るということがもともとの意味です。経典の元の意味はここにあると言うべきです。ですから、定んで仏の世界に生まれ変わるということは、親鸞聖人の言葉では「臨終一念の夕べ」です。臨終の一念というのは、人間の業が果たされていくときです。凡夫というのは命が尽き果てるときまで、無明煩悩の水火二河のなかを生きるほかない者です。そのなかで業を果たしていくときが、臨終一念の夕べでしょう。そのときが、ただちに仏の世界に生まれ変わるときな

のです。

「即得往生」ということを強調される方は、死んでから浄土に生まれるというようなことは間違っているとおっしゃるのです。しかし、「から」という言葉は使うべきでないと、私は思います。死んで「から」と言えば、そのあとのものを別に考えてしまうわけです。そうではなく、「臨終一念の夕べ」そのときが、ただちに仏の世界に生まれ変わる、仏にならせていただくときである。ですから、「から」という言葉は使うべきでないと思います。

しかし「即得往生」を現生往生として強調される方は、そういう言い方をなさいます。そこは、私にはもうひとつ落ち着かないのです。そういうところに何があるかと言いますと、やはり人間業についての深い洞察があるでしょう。いわば、人間が生きるということは煩悩を断ちえない。煩悩成就の凡夫人として最後まで生きる、ということです。そういう深い人間業の生死流転についての深い洞察があると思います。それを超えさせていただくのは命終わるときにおいて、です。まさに生まれ変わるのです。そのときが生まれ変わるときであるということが、もとの意味ではないかと思います。

ただし、「定んで」ということがあるのですから、そのことにおいて正しく決定し、そのことにおいて不退転であるという問題があるのです。一生涯、人間業を抱えて生きていく。けれども、その一生というのは、仏の呼びかけを聞きながら、その仏の呼びかけに随って、この人生を生きさせていただくのです。このいのちを終えるとき、そのまま生まれ変わり、仏となるのです。そう決定し、そのことにおいて退転しないということです。

即得往生のこころ

この問題について、『一念多念文意』を読んでおきたいと思います。これは、さきほどの金子先生の論文の中で第十八願成就文の解釈をなさっているところに当たります。

「願生彼国」というは、「願生」は、よろずの衆生、本願の報土へうまれんとねがえとなり。「彼国」は、かのくにという。安楽国をおしえたまえるなり。「即得往生」というは、「即」は、すなわちという、ときをへず、日をもへだてぬなり。また即は、つくという。そのくらいにさだまりつくということばなり。「得」は、うべきことをえたりという。真実信心をうれば、すなわち、無碍光仏の御こころのうちに摂取して、すてたまわざるなり。「摂」は、おさめたまう、「取」は、むかえとると、もうすなり。おさめとりたまうとき、すなわち、とき・日をもへだてず、正定聚のくらいにつきさだまるを、往生をうとはのたまえるなり。（『聖典』五三五頁）

「即得往生」の「即」という文字に、「即時」と「即位」というふたつの意味を確かめられ、即時に正定聚の位に即位すること、と解釈なさいます。ここに出てくる「正定聚」という言葉に、親鸞聖人は左訓を付けておられ、「往生すべき身とさだまるなり」（『定親全』三、和文篇、一二八頁）とあります。もうひとつ「正定聚」についての左訓があります。それは、さきほどの第十八願成就文を解釈されたあとに、『大経』の第十一願文と『如来会』の第十一願文、さらに第十一願成就文を引かれて、

かくのごとく法蔵菩薩ちかいたまえるを、釈迦如来、五濁のわれらがためにときたまえる文のこころは、「それ衆生あって、かのくににうまれんとするものは、みなことごとく正定の聚に住す。ゆえはいかんとなれば、かの仏国のうちには、もろもろの邪聚および不定聚は、なければなり」とのたまえ

り。

（『聖典』五三六頁）

と述べられているところです。この「正定の聚に住す」の左訓は、「必ず仏になるべき身となれるとなり」（『定親全』三、和文篇、一二九頁）となっています。第十八願成就文のときは「往生すべき身とさだまるなり」、第十一願成就文のときは「必ず仏になるべき身となれるとなり」という左訓をしておられます。

もうひとつ、ここで注意しなくてはならないのは、第十一願成就文の読みです。

それ衆生あって、かのくににうまれんとするものは、みなことごとく正定の聚に住す。

（『聖典』五三六頁）

『一念多念文意』ではこのように読んでおられますが、親鸞聖人はいつもこのように読んでおられるわけではありません。『教行信証』「証巻」では、

願成就の文、『経』に言わく、それ衆生ありて、かの国に生まるれば、みなことごとく正定の聚に住す。

（『聖典』二八一頁）

と、「生まるれば」と読んでおられます。「生まるれば」は、浄土に往生したならば正定聚に住すという意味です。ところが、『一念多念文意』になりますと「うまれんとするものは」とあります。「生まるれば」は、やはり命終わってという意味合いでしょう。命終わって仏の世界に生まれたならば正定聚に住する、これが経典本来の意味だと言わなくてはなりません。ところが、親鸞聖人はそれを「うまれんとするものは」と読んでいかれるわけです。それはどういうことなのか、という問題です。

整理しますと、「即得往生」の「即」とは「即時」と「即位」ということですから、「即得往生」は即時に正定聚不退転の位に即位する、ということです。その「正定聚」とは、ひとつは往生すべき身と定まる、

もうひとつは必ず仏になるべき身になれる、ということで、ここで往生即成仏という問題が出てくるのです。これも大変な問題なのです。

なぜならば、浄土三部経そのものにおきましては、浄土は修行する場所、そこに生まれて修行して仏になるという意味で説かれているのです。ところが、浄土に生まれてそこで修行して仏になるのでなく、浄土に生まれることがただちに仏となることである、というわけです。これは、浄土経典そのもののあり方からいうと、「臨終の一念の夕、大般涅槃を超証す」と言い切っていくわけですから、まったく画期的なことです。

また、『一念多念文意』では、正定聚について「等正覚」という独自な解釈をしていきます。さきほど読みました『一念多念文意』の第十一願成就文の読みの問題、そのあとのところで、

この二尊の御のりをみたてまつるに、すなわち往生すとのたまえるは、正定聚のくらいにさだまるを、不退転に住すとはのたまえるなり。このくらいにさだまりぬれば、かならず無上大涅槃にいたるべき身となるがゆえに、等正覚をなるともとき、阿毘抜致にいたるとも、阿惟越致にいたるとも、ときたまう。即時入必定とももうすなり。この真実信楽は、他力横超の金剛心なり。しかれば、念仏のひとをば『大経』には、「次如弥勒」とときたまえり。（『聖典』五三六頁）

と述べておられます。「等正覚」という言葉は、そもそも平等なる正覚、さとりを開いたことですから、仏のことを言います。ところが、「正定聚」という言葉を『如来会』では「等正覚」と訳されているのです。そういうところから、「正定聚」とは「正覚に等しい」位である、と領解されていくものと考えられます。つまり必ずしも仏でないけれども、仏のさとりを開くことにおいて、仏と等しいということで解釈

していく。これは、道を求める者が等正覚にいたると解釈していくのです。ここでの「等正覚」の左訓は、「まことのほとけになるべきみとなれるなり」「ほとけになるべきみとさだまれるをいうなり」（『定親全』三、和文篇、一二九頁）です。

浄土に往生することに決定して、浄土に生まれるべく生きるということ、仏の本願の約束として浄土に生まれしめるとおっしゃって、そして、それは摂取不捨のはたらきとして、今、現に私のうえにはたらきたもうているのです。摂取不捨のはたらきに包まれて、我われは生死流転の身でありながら、浄土に生まれるべき身として、この人生を生きさせていただくということが大事なのです。生死流転の身を捨てて、ではないのです。生死流転の身であるままに最後までで、これを離れることはできません。「恩愛不能断」、「恩愛はなはだたちがたく」（『聖典』四九〇頁）、恩愛は最後まで捨て難いのです。そういう生死流転の身として生きるままが、仏の摂取不捨のはたらきのなかで往生浄土の往生人として生きさせていただくということです。

つまり、ここには深い機の深信があります。往生浄土の人として生きるということは、機の深信を離れてただ往生ということではありません。生死流転のままに、あるいは、生死流転の身であるがゆえに如来の願力によって、往生浄土の身とならしめられていく。そういう往生人としてこの人生を生きていくのは、命尽き果てるところまでということです。

そういたしますと、またここで、やがて浄土に生まれて、「やがて」という言葉が問題になるのです。それを金子先生は、自分としては定んで往生を得る、命終わる時が仏の世界に生まれ変わらせていただく時である、死ぬこともできない身がそのままに死なせていただくのが念仏者に与えられる歓びである、とおっしゃってくださいました。私は、その金子先生の言葉に落ち着くのです。

曽我先生の領解について

それに対しまして、曽我先生は「定得」よりも、「ただちに」という方に力点を置かれまして、「往生は心にあり、成仏は身にあり」（『曽我量深選集』第一二巻、弥生書房、一九七二年、一九三頁）という有名な言葉が出てくるのです。仏教は成仏を目指す、だから真言にしろ禅にしろ即身成仏ということを目指す。禅であれば坐禅してさとるならば、この身このままが仏であり、娑婆がそのまま浄土であるということになる。そこに禅のさとりがあり、真言もまた同じ即身成仏です。ところが、成仏というのは身の問題だから、どんなに頑張ってみても成仏したとは言えない、とおっしゃいました。どこまでも身の問題であるけれども、有漏の穢身というもの、煩悩成就の凡夫、煩悩具足の身であるということが仏に成る、即身成仏というわけにはいかない。だから成仏はどこまでも仏の世界に生まれ変わっていく時とおっしゃるのです。

ところが、往生ということは違う、これはどこまでも心の問題である、とおっしゃいます。「往生は心にあり、成仏は身にあり」ですから、仏の世界に生まれていくというのは、その信心の自覚なのです。あるいは、それは歓びを伴った信心の自覚です。歓びを伴った信心の自覚というのは、我われのうえに開ける精神的な世界ですから、現在のところに始まり、聞法し念仏していくことだとおっしゃいます。先生は往生とは念仏して生きること、念仏生活だともおっしゃいました。さらに聞法し念仏していくところに始まり、開けていく人生を往生というのだ、とおっしゃった。あるいは、往生浄土とは死後の話ではなく、今現在、浄土が信心のなかに開けていくのだという言い方もなされています。そういう曽我先生のお話が、みなさんがお聞きになっても、何か遠い未来でなく、我われは浄土の光のなかを生きていく現在往生だと言われますと、その方がインパクトが強いし、共感されると思います。

ところが、そうなのだろうかということです。浄土とは仏の本願のはたらく世界であり、生死を超えた世界にあらしめたいという仏の本願を表す世界です。そのなかで我われは浄土の光に包まれていると言ってもいい。けれども、娑婆を生きる我われにとっては、どこまでも浄土に包まれてあるのですが、「彼の岸」と言わなくてはならないという問題があるのでしょう。浄土に包まれていても、我われは娑婆世界に生きる者として、浄土は我われの生死を超えた彼の岸というほかはないのです。

それにもうひとつ、浄土の光のなかを生きるということがあるのです。浄土の光が差し込んでくださる仏の本願の御声がこの身に聞こえてくる。その場合、浄土のなかを生きるというけれども、この娑婆がそのまま浄土ということとは違います。その浄土の光は穢土である我われの現実を照らす光としてはたらいてくださるわけで、そのことが見失われれば、それは観念だと言わなくてはならないと思います。浄土の光は、穢土を照らす仏の大悲の本願であり、凡夫である我が身を照らし出してくださるはたらきとしてあります。ですから、穢土であることも、凡夫であることの悲しみを通して、それを超えた彼岸の浄土がどこまでも表されていく構造であると思います。

そういうなかで往生すべき身、仏となるべき身、なのです。そういう者として、この生死界を生きていくのだと思います。「往生すべき身」と親鸞聖人はおっしゃいますから、往生浄土、浄土に生まれていく身として、生まれ変わる身として、仏になる身として生きていくとおっしゃるわけでしょう。

それは、『歎異抄』の第九条を離れて考えられません。「ちからなくしておわるときに、かの土へはまいるべきなり」（『聖典』六三〇頁）という言葉は非常に重いのです。力なくして終わるのは、もっと生きたいと願い、まわりの家族はもっと生きてと願い、医者であればもっと生きさせたいと思う力が、すべて無駄になってくる時がきます。願いがすべて間に合わない時こそ、まさに臨終の一念の夕べです。その時こそ彼の土に生まれる時なのですから、彼の土にまいるべき身、往生人として、この人生を一日一日生きさせていただくということです。亡くなった時に、「浄土に往生させていただきました」と言うでしょう。私は、そこに落ち着きを感じます。現在ただ今、往生するという意味を聞けば、教えの道理を聞けば頷けますが、「浄土に往生させていただきます」というその言葉の意味の重さは、私は大事にしなければならないと思うのです。

大乗正定の聚に入る

『浄土論註』上巻冒頭に表された他力易行道の開顕について尋ねているわけですが、龍樹によって明らかにされた「信方便の易行道」を「他力易行道」として明らかにするのが『浄土論註』のお仕事です。五濁の世、無仏の時ですから、釈尊も将来仏としての弥勒も未だ出現されていない。その無仏の時において仏道を修行し、菩薩道を実践していくことは極めて困難です。そういう時機についての深い内省を通して、易行道を明らかにしていくところに曇鸞の立場があるのです。

その易行道について、ただ仏を信ずる因縁をもって、「但以信仏因縁」という絶対的な縁を通して、やがて浄土に往生していくのですが、仏力住持によって大乗正定聚に入るのは現生においてである、ということです。「乗仏願力」によって、「便ち」、「得往生彼清浄土」が実現していくことに対して、「仏力住持」

によって、「即ち」、「入大乗正定之聚」であるという、「便」と「即」の違いをよくよく注意しなければならないのです。

そこに示された「但」は「唯」と同じ意味合いの語であるということは申しました。親鸞聖人が『唯信鈔文意』の冒頭に「唯」について「このことひとつ」と「ひとりというこころ」と言われたように、『浄土論註』が明らかにした他力易行道における「但」というところに、「ただこのことひとつ」、「ただひとり」という選びがあるということです。それはいかなる選びかと言えば、自力によって煩悩を滅し生死を超えることはまったく不可能であり、自力無効を信知して他力に乗托する決断にもとづく選びが「但」という言葉には表されているのです。そこに、仏の本願力を信ずることによって浄土に往生する道が開かれるのです。それは「やがて浄土に往生することを得る」と解すべきであり、その「やがて」とは、貪瞋二河のなかを臨終まで生きて人間の一生が終わる、その臨終を境として、その時が間違いなく仏の世界に生まれ変わる時である、「定得往生」、定んで往生を得るという意味であることを申しました。その次に出てくる「仏力に住持せられて大乗正定聚に入る」というのは、命終わってということでなく、現在において念仏者に与えられる深い喜び、確信を表すと領解すべきです。浄土に往生するのは命終の時ですが、往生すべき身と決定するのは現在においてです。正定聚とは、ともに浄土に往生していく人びとの仲間、僧伽のなかに召され僧伽のなかに身を置くことと言っていいでしょう。これは、往生すべき身と定まるのですから、現在においてです。そこに、「定得往生」と「即得往生」ということがあります。

そこで考えていくべきは、曇鸞はことに「大乗正定之聚」と言っていることです。ただ「正定聚に入る」というのでなく、「大乗正定之聚に入る」というのはどういう意味なのか、ということです。

原始仏教、あるいは部派仏教において、「四向四果」ということが説かれています。沙門の道としての四つの階梯、段階のことで、預流・一来・不還・阿羅漢と次第します。はじめの「預流」は法の流れに預るということで、はじめて真実の教法に出遇って自分の人生の方向がはっきりと決定する、ということで、それを「正性決定」とも説かれます。この「預流」について「極七返」という言い方がございます。七度までは迷いの世界に返ることがあろうとも、それを限度として、それ以上、八遍も九遍も返ることがないので「極七返」ということです。この預流が出家の人びとにとって大事な意味を持つ教えなのです。

それに対して、「大乗」はあくまでも成仏ということを課題にする道です。出家の人びとにとっては到達されないとされた成仏道が、万人の道として説かれるわけです。成仏ということは、自利利他を成就する、自ら救われるだけでなく、他の人びとを救う、そのはたらきにおいて自由であり無碍であるという絶対的な存在となることです。曇鸞がただ「正定聚」と言わないで、「大乗正定聚」と言うところには、成仏を課題とするものであり、自利を通してかぎりなく利他行を行じていくという意味を押さえたうえで、「大乗正定の聚に入る」と言われたのであろうと、私は領解いたします。

第四節　『浄土論註』の最初と最後

『往生論註講要』の指摘

『浄土論註』冒頭に説かれた他力易行道を、さらに詳しく述べていかれるのが『浄土論註』下巻の結びの解釈です。前にも少し触れましたが、『浄土論註』冒頭では、『十住論』「易行品」にもとづいて、他力易行道を開顕されたのに対して、龍樹の『大智度論』にもとづいて自力の限界を知って他力に乗托して生きるべきであることを、転輪王のたとえをもって説かれてありました。『浄土論註』の最初と最後に「他力」が説かれている、ということは注意しておかれるべきでしょう。

『浄土論註』下巻の最後のところを「覈求其本釈」と申します。「覈《まこと》に其の本を求める」の、「其の本」とは何かというと、念仏して浄土を願生して生きる者が速やかに自利利他を成就して無上菩提という仏のさとりを開く、速やかに往生を得てただちに成仏するということがどうして成り立つか、「其の本」を尋ねるということです。このことを、親鸞聖人は「他利利他の深義」と言われました。「利他」の「他」というのは、「他」なる衆生、迷える者を救うという如来による利他行です。そのはたらきが絶対的であるということです。

この「覈求其本釈」について、『浄土論註』の構成のうえで上下二巻、ことに他力易行道と対応することを丁寧にまとめられた、稲葉円成先生（一八八一～一九五〇）の『往生論註講要』という安居講録がありますので、そのところを見ておきたいと思います。

（二）巻初中後の三妙釈の相成（結語に代えて）

前項に述べた巻末妙釈の梗概に於いては繁を恐れて一々指示することを省略したが、先ずこの妙釈から宗祖の二門偈の約本釈が生れ来ったことは今更説明するまでもない。二門偈の約本釈は証巻その他広本の御引用に照して祖意を明にすべく、それに依って、いかに「論」「論註」を読むべきかを攻究すべきであるが、既に序講に於いてその大要を叙べて置いたから今はこれを略す。又此妙釈が願力廻向の浄土真宗の興行となり広略二本の述作となったことの研究をも詳細にすべきなるも、亦すべてこれを略する事とする。唯此講を終るに当りて、上巻巻初の易行道釈と同巻末の八番問答釈と此の妙釈とが互に相資相成し以て一は一論の妙旨を顕揚し、一は以て鸞師の自督を宣述したものである事を一言して此講を結ぶこととする。

1、易行道釈には自力他力は難易二道決判の鍵であると掲げてある。今の釈には引例以て他力の住持ある処、往生成仏の益あるところを決す。彼には入正定聚を出して、必至滅度をいわず、此には必至滅度と修習普賢にまで及ぶ。即ち彼は往生を終益とし此は成仏を畢竟とす。

2、又彼に信仏因縁便得往生といい此には十念念仏便得往生という。然も共に仏願力によることを叙ぶ。互に相資して信行が仏願力中に不離なることを顕すもの。更にこれを上巻末釈に照すに、信仏往生と十念往生とを丼べ挙げて、巻初と巻末とを巻中に於いて握手させて居る。

3、巻初には乗仏願力を出して巻末これを詳釈。巻中願力をいわず、念仏往生を信心の依止に依って論証するは三在釈である。これ巻初の信仏因縁が十念念仏を具することを逆に証するものである。而して巻末に至って仏願力を釈出し、信心の優越性（?）が結局仏願力にあることを顕して居る。

4、巻中、十七十八二願成就文を出す。巻末唯十八の因願のみを出す。これ亦互に相成するものである。蓋し上巻は一心に五念を具することを顕すを所詮とする故に願成就を掲げ、下巻は五念が一心の流出であることを示すが本意である故因願を出す。而も巻中に於いては下下品の十念往生を引用して、この唯信が行具なるを明にし、巻末には初に十念往生を挙げて後に信心を以て結ぶ。以て信行不離を顕す。

5、巻初には龍樹を出し、巻中には下下品の下凡を挙げ、巻末に劣夫跨驢を引例して易行道の所被の機が龍樹をも含めて諸有衆生の下凡為主たることを論証する意見るべし。而してそれは天親論主の信機を顕す妙手段である。
6、この三妙釈の所詮は結局、論主の一心が願成就の聞名信喜なること、従って五念が下下品の十念なること。換言せば「論」の一心五念は願の三信十念を信受奉行するものと顕し、浄土論が第十八願開顕書と成立するが、此三釈の意図である（了）。

（『往生論註講要』為法館、一九五七年、二〇二～二〇三頁）

ここで「巻初」「巻中」「巻後」（巻末）とあるのは、「巻初」は上巻の初めの易行道釈、「巻中」は上巻終わりの八番問答、「巻後」（巻末）は下巻の結びの覈求其本釈ということで、これらの三つの解釈が密接な対応関係にあることを注意され、まことに「妙」であるということで、「三妙釈」と言われているわけです。

一番目に、上巻冒頭の「易行道釈には自力他力は難易二道決判の鍵であると掲げてある」とありますように、難行道と易行道を決判する鍵となる言葉が「自力他力」であると押さえられます。「今の釈」とは下巻の「覈求其本釈」のことで、たとえをもって他力の住持するところ、如来の本願力のはたらくところに往生成仏の利益があることを明らかにされています。つまり、「彼」たる上巻の易行道釈においては、入正定聚が説かれているけれども必至滅度までは述べられていない。それに対して、下巻の「覈求其本釈」には、入正定聚の者は必ず滅度に至り、さらには「修習普賢」ですから、還相、普賢の行を修するということまで説かれている、というわけです。そこに往生成仏の利益を明らかにするにあたり、易行道釈は「往生を終益」とし、覈求其本釈は「成仏を畢竟」という対応関係にあることを押さえておられます。

二番目に、易行道釈に「信仏因縁便得往生」、覈求其本釈に「十念念仏便得往生」とありますが、仏を信ずる因縁によって往生を得る、十念念仏によって往生を得るということは、どちらも仏の本願力によるということです。易行道釈では「ただ信仏の因縁をもって浄土に生まれんと願ず。仏願力に乗じて、すなわちかの清浄の土に往生を得しむ」（『聖典』一六八頁）とあり、覈求其本釈では「仏願力に縁るがゆえに、十念念仏してすなわち往生を得」（『聖典』一九五頁）ということですから、ともに仏願力によるということを軸として信仏因縁と十念念仏の対応、信行不離の関係が示されてある、というわけです。

三番目に、易行道釈で示された「乗仏願力」について、覈求其本釈において仏願力に乗托するとはどういうことなのかを詳しく説かれた、という関係にあると押さえられます。上巻の終わりの八番問答では、仏願力について直接的には説かれていないけれども、念仏往生は信心によるということによって論証されたのが、八番問答の三在釈なのですが、それは、易行道釈の信仏因縁が十念念仏を具足するものであることを逆に証するものであることを指摘されます。

八番問答との対応

八番問答の詳細については後に読んでいきますが、信仏因縁に関連して、四番目として、八番問答に第十七願と第十八願の二願の成就文が挙げられています。覈求其本釈ではただ第十八願の因願のみを出されており、そこに両釈が対応していることを注意しています。つまり、『浄土論註』の上巻とは「一心に五念を具することを顕すを所詮とする」から第十七願と第十八願の二願の成就文が挙げられ、下巻は「五念が一心の流出であることを示すが本意である」から第十八願の因願文のみが出された、とおっしゃられます。しかも、この両釈を接続する八番問答では「下下品の十念往生を引用して、この唯信が行具なるを明に」するものであるのに対して、覈求其本釈は「初に十念往生を挙げて後に信心を以て結ぶ」ことによって、信行不離の関係を顕している、ということです。なかなかすっきりと領解することが難しいのですが、どこまでも信と行の関係、信仏因縁と十念念仏、一心と五念の離れざることを押さえておられるのでしょう。

八番問答では、本願の正機である「諸有衆生」、すなわち下下品の機に与えられ開かれる信心は如来の名号のはたらきによるものであることを明らかにするために、第十七願と第十八願という二願の成就文を引かれています。その一心はおのずから五念門という念仏行として現れる、ということを明らかにするものので、親鸞聖人は「行信」という言葉に選んで、「心行」「信行」という表現を用いられています。「信巻」では、

「真仏弟子」と言うは、「真」の言は偽に対し、仮に対するなり。「弟子」とは釈迦・諸仏の弟子なり、金剛心の行人なり。この信・行に由って、必ず大涅槃を超証すべきがゆえに、「真仏弟子」と曰う。（『聖典』二四五頁）

とあり、「証巻」になりますと、

しかるに煩悩成就の凡夫、生死罪濁の群萌、往相回向の心行を獲れば、即の時に大乗正定聚の数に入るなり。正定聚に住するがゆえに、必ず滅度に至る。（『聖典』二八〇頁）

と述べられます。「曇鸞和讃」で言いますと、

天親菩薩のみことをも

鸞師ときのべたまわずは
他力広大威徳の
心行いかでかさとらまし

（『聖典』四九二頁）

や、

弥陀の回向成就して
往相還相ふたつなり
これらの回向によりてこそ
心行ともにえしむなれ

（『聖典』四九二頁）

という言葉遣いに対応するものでしょう。それは、第十八願の「至心信楽、欲生我国、乃至十念」を天親が一心五念の行ということで表されたということで、「心行」とは、宗祖が『浄土論』『浄土論註』において明らかにされた行と信との深い関係を表します。念仏によって信心が開ける、信心において念仏が如実の行となっていくことを明らかにしているのです。稲葉先生が「一心に五念を具し、五念が一心の流出である」と注意されることも、そのことを表しているものと領解いたします。

さらに、五番目として、易行道釈冒頭が龍樹の『十住論』を挙げ、八番問答で阿弥陀の本願が衆生と呼びかけられた者とは『観経』に説かれた下下品の衆生の機であることを明らかにし、そして、覈求其本釈において「劣夫跨驢」のたとえを引いていることは、そこに易行道を歩む者、あるいは易行道が開かれなければならなかった衆生とは龍樹を含めて下下品の衆生であり、それがそのまま天親自身の機の自覚を表すものであると指摘されています。

そして、その結びとして六番目に、天親が『浄土論』に表白された「世尊我一心帰命」という信心は、正しく本願成就の聞名の信心であり、その信心は自ら下下品の十念念仏として表されてくる、とまとめておられます。換言するならば、一心五念とは本願の三信十念を信受奉行されたものであり、『浄土論』は第十八願開顕の書である、ということなのです。

こういう指摘を稲葉先生がなさって、『浄土論註』の構成として、冒頭の他力易行道、上巻末の八番問答、下巻の覈求其本釈にそういう対応があって、それによって龍樹が明らかにされた他力易行道を開顕される。それが『浄土論』に受け継がれ、『浄土論』はまさしく第十八願の意を明らかにしたものである。そこに「三経一論」と言われる意味があるということが指摘されていると思います。

第五節 「自力」「他力」という言葉

「自力」「他力」という『浄土論註』の言葉は、今日でも一般的に使われていますが、多くの誤解を伴って使われているのが現状です。そもそも曇鸞が初めて使ったのではなく、『倶舎論』や『十地経論』にも見られます。

『十地経論』につきましては、『十地経』で言えば「序品」、それを註釈した『十地経論』第一巻に、「他力」「自力」（『大正蔵』二六、一二五頁）という言葉が見えます。安田先生は、曇鸞はそれに依られたものであろうと指摘されています。

『十地経』の初めに金剛蔵菩薩が登場し、世尊が金剛蔵菩薩のすぐれていることをほめ讃える経文が最初に出てきます。そこで、「弁才」、大乗の教えを説くことにおいてすぐれていることを十の語句で説かれてあります。

経に曰わく。復た次に善男子よ。汝当に此の諸の法門の差別の方便法を弁説すべきが故に、諸仏の神力を承け、如来の智明加するが故に。自らの善根清浄なるが故に。法界浄きが故に。衆生界を饒益するが故に。法身は智身なるが故に。正しく一切の仏位を受くるが故に。一切世間にて最も高大の身を得るが故に。一切世間の道を過ぐるが故に。出世間法の道清浄なるが故に。一切智人の智の満足を得るが故なり。（『大正蔵』二六、一二五頁）

この『十地経』の文に対する註釈が次のようになります。

論に曰わく。此の十句の中、弁才とは、所得の法義に随い、憶持して忘れずして説くが故なり。諸の法門とは謂く十地の法なり。差別とは、種種の名相の故なり。此の法を善巧に成ず。是の故に方便と名づく。根本弁才に依るに二種の弁才有り。一には他力の弁才、二には自力の弁才なり。他力の弁才とは仏の神力を承くるが故なり。云何が仏の神力を承くるや。如来の智力は闇加せざるが故に。経に諸仏の神力を承けて如来の智明加するが故にといえるが如し。（『大正蔵』二六、一二五頁）

ここで、「他力の弁才」「自力の弁才」という言葉が見えます。弁才については、『大無量寿経』の四十八願を見ましても、第二十五願と第三十願に見られます。第二十五願は「説一切智の願」、第三十願は「智弁無量の願」と言われますが、『十地経』と『十地経論』においては、智慧によって教えを説くことが極まりないことが言われて、金剛蔵菩薩の利他のはたらきを示されます。教えの真実を説くことによって、人びとを目覚ますという利他のはたらき、ことに弁才説法においてすぐれているということです。そこに、自力他力ということが出てきます。

弁才について他力自力の別が示され、他力の弁才というのは、仏の神力を承けて法を説くことであると言われます。「仏の神力」とは、不可思議な力、はたらきによって法を説くことです。「如来の智力は闇加せざる」の「闇」とはぼんやりということですから、如来の智慧のはたらきが明らかに加わるということです。『十地経』で「諸仏の神力を承け、如来の智明加するが故に」と説かれたものが、『十地経論』では「云何が仏の神力を承くるや。如来の智力は闇加せざるが故に」と註釈されるわけです。仏の智力、はたらきによって、仏の神力を承け、その智力をいただいて教えを説くということです。ですから、真実とはあくまでも他力にもとづくのです。しかもその場合に、如来のはたらきは「闇」に、ぼんやりとはたらくのではなく、明々白々たる事実、確かな事実としてはたらくのです。

安田先生の指摘

それに対する自力の弁才について、『十地経論』は次のように述べられています。

自力の弁才とは四種有り。一には有作善法浄弁才なり。経に「自らの善根清浄なるが故に」といえるがごとし。二には無作法浄弁才なり。経に「法界浄きが故に」といえるがごとし。三には化衆生浄弁才なり。経に「衆生界を饒益するが故に」といえるがごとし。四には身浄弁才なり。是の身浄の中に三種の尽を顕わす。一には菩薩尽、二種の利益有り。二には声聞辟支仏不同尽なり。三には仏尽なり。菩薩尽とは、法身は心意識を離れて唯智の依止なり。経に「法身は智身なるが故に」といえるがごとし。二種の利益とは、現報利益は仏位を受くるが故に。後報利益は摩醯首羅の智処に生ずるが故に。

経に「正しく一切の仏位を受くるが故に。一切世間にて最も高大の身を得るが故に」といえるがごとし。二乗不同尽とは、五道を度し復た涅槃の道浄きが故なり。経に「一切世間の道を過ぐるが故に。出世間法の道清浄なるが故に」といえるがごとし。仏尽とは、一切智智に入りて満足するが故なり。経に「一切智人の智の満足を得るが故に」といえるがごとし。自力の弁才は転た勝れて上上なることを校量するが故なり。

（『大正蔵』二六、一二五頁）

安田先生は、弁才について、「所得の法義に随い、憶持して忘れずして説く」ということのなかに、菩薩十地の第九善慧地に説かれる四無碍智が含蓄されていることを指摘されています。四無碍智とは、法無碍智・義無碍智・辞無碍智・楽説無碍智を言い、法と義は弁説される内容について、辞と楽説はその弁説形式について言われたものです。法義について無碍であるということは、説かれる思想、教えについて明瞭であるということです。辞とは弁説の道具つまり法義をあらわす言葉が的確であり、楽説とは文章の組み立てのことで、文法の学においてもしっかりしているということです。ですから、教えの内容の領解において無碍であり、説き方においても言葉や筋道においてもはっきりしているのを四無碍智と言い、この四無碍智が含蓄されているのが弁才であることを注意して、曇鸞について次のようなことをおっしゃっています。

曇鸞の『浄土論註』に自力他力の独自の区別があるが、曇鸞はどちらかというと三論・四論を学んだ人であって、瑜伽の教学は学ばなかったのであろう。他力自力は曇鸞の明らかにした概念であるが、他力自力という言葉は既にここに出ている。自力他力は曇鸞の作った概念ではない。曇鸞は自力他力を独特の熟語とした。昔からある概念に新しい意味を与えてそれを信仰概念としたのである。回向もそうである。これも昔からあったが、往相と還相という二相はなかった。自力他力は曇鸞では独特の意義をもって使用されているが、いつかそれが忘れられて一般的に考えられるようになった。そうすると混乱が起こる。他力を依頼と考えるのは、曇鸞の独自の概念を一般概念としてとらえているのである。信仰概念の他力は、かえって一般概念の自力をあらわすのである。曇鸞の自力は妄執をいう。思いとか固執をあらわす。いわば主観的確信である。それに対して他力こそ客観的な信念である。本当の信念をあらわす。確信が主観的であるか客観的であるか、そういうことをあらわす言葉がなかった。曇鸞が初めて自力他力を用いてそれをあらわした。曇鸞では「自ら局分することなかれ」とあるように、自力は見限られるべきもの、捨てられるべきものであり、他力は乗ずべきもの、依るべきものである。これは一般概念ではない。他力の他は因縁法であり、他力は法則的力、道理にかなったこと、実在の道理に裏付けられた信念である。自力は主観的信念である。そういう区別がある。曇鸞の他力は一般概念としてはむしろ自力をあらわすのであろう。

（『安田理深選集　第七巻　『十地経論』初歓喜地聴記（一）』文栄堂書店、一九八六年、九五～九六頁）

安田先生によると、曇鸞は三論・四論を学んだ人であって、瑜伽の教学は学ばなかったであろうとおっしゃっておられます。しかし『十地経論』は菩提流支がインドから中国に来て間もない、四、五年経った時点に翻訳したもので、北魏仏教に絶対的な影響を与えたものです。ですから、曇鸞は唯識という学問を専門的に学ぶことはなかったとしても、『十地経論』は充分に学ばれており、曇鸞が自力他力を語る背景には、『十地経論』の「他力」「自力」という言葉があると思われます。

そこで、曇鸞が自力と言っているのは、我われの妄執を言い、自力は見かぎられるべきもの、捨てられるべきものであり、他力は乗ずべきもの、依るべきものである、ということです。他力とは真実なるものとして乗托すべきものであり、自力を放棄する、自力を捨てるということです。棄捨することにおいて得られるべきものというところに曇鸞の立場がある、という説明をなされています。ですから、他力の他は因縁法であり、他力は法則的な力、道理にかなったこと、実在の道理に裏づけられた信念であるわけです。それに対して、自力は主観的信念であり、曇鸞の場合、そのように一方の自力を捨て他力に依るということですが、その言葉の依りどころとなったと考えられる『十地経論』の場合はそうではない。むしろ、他力によって自力を明らかにするところに、今の『十地経論』の立場があるということです。この相違は注意しておかなくてはならないと思います。

つまり、『浄土論註』は『十地経論』の他力自力の語によって易行道を明らかにしていかれるわけですが、その場合、自力を捨てて他力に帰する、自力の無効を知って他力に乗托する、ということです。ところが、『十地経論』は他力によってむしろ自力がはっきりされていくというところに主眼がある、というのが安田先生による指摘です。さきほどの文章に続いて、次のように述べておられます。

ここでは一般概念の自力他力である。曇鸞のように一方(自力)を捨てて一方(他力)を取るのではなく、他力を通して自力を明らかにする。他力は外なる力、自力は内なる力である。他力弁才は経文からいうと「諸仏の神力を承けて如来の智明加するが故に」だから、仏の神力を承ける。この意味で他という。「如来の智明加す」を論は「如来の智力は闇に加せざるが故に」という。仏の神力を承けるといっても魔力のように承けるのではない。仏の神力は智慧である。仏の神力を承けるとは智慧に照らされることである。照らされるのを「如来の智明加す」という。諸仏の神力を如来の明らかな智慧として加せられる。光に照らされる。それが他力弁才である。

他力を先に述べた。次には自力の方を詳しく述べる。それから考えても、他力を通して自力を見いだすのである。自力弁才は四つある。一つには有作善法浄弁才で、経に「自の善根清浄なるが故に」とある。自力というところで信念になる。他力が信念になった場合は自力である。「自の善根」を「有作の善法」という。

（『安田理深選集　第七巻　『十地経論』初歓喜地聴記（二）』文栄堂書店、一九八六年、九六頁）

このように、『十地経論』では他力の弁才を述べたのちに、自力の弁才について説明がされていくのですから、「他力を通して自力を見いだす」「自力というところで信念になる。他力が信念になった場合は自力である」という確かめを安田先生はなされています。

自力というと我われは、他力は正しい、自力は駄目だとすぐに頭から決めてかかります。そうではなく、他力が信念になったことを、『十地経論』では自力と言っていることを領解しておいてほしいと思います。つまり、自力は他力によって与えられるものということです。あるいは、他力が具体的にはたらく姿を自力と言っているのでしょう。『十地経論』において、他力とは絶対的な如来のはたらき、仏の神力を表します。それは曇鸞も同じですが、自力については、『十地経論』の他力が具体的に行者の自信としてのはたらきを表します。つまり、他力の帰結であり、捨てられるべきものではない、ということです。『浄土論註』は同じ言葉を使いながら、自力はどこまでも無効であると自力の限界を知って他力に帰すというところに、その立場があり、そこに「但信仏の因縁をもって」という「但」という選びがあるのです。

第六節　顕求其本釈の課題

顕求其本釈は『教行信証』「行巻」に引用されているのですが、「行巻」は本願念仏の意義とその歴史的伝統を明らかにされたのはご存じのとおりです。その「行巻」に『大経』、そして、龍樹から法然にいたるまで、七祖による念仏の証文について明らかにされたあと、あらためて、他力とそれにもとづく一乗海についての大事な解説が施されています。古来より「重釈要義」と言われていますが、その他力釈に「他力と言うは、如来の本願力なり」（『聖典』一九三頁）と標示されて、その証文として『浄土論註』の文が引かれています。『浄土論註』の構成で言いますと、最後の第十章である利行満足章ですが、「利行」とは自利利他の二利のはたらきで、そのはたらきが満足するというのは、いかなることであるのかを明らかにするのです。その利行満足章の後半の文を引用して、他力の説明をなされています。

そこで引かれているのは、浄土往生の行である五念門の行によって、浄土における五種の功徳を得るということです。そして、浄土に往生するならば、一生補処の菩薩となり成仏が決定しますが、それだけでなく、さらに普賢の行によって、この穢土に還来し、衆生を救うという還相の菩薩が説かれます。

『論』（論註）に曰わく、「本願力」と言うは、大菩薩、法身の中にして常に三昧にましまして、種種の身・種種の神通・種種の説法を現じたまうことを示す。みな本願力より起こるをもってなり。たとえば阿修羅の琴の鼓する者なしといえども、音曲自然なるがごとし。これを教化地の第五の功徳相と名づく。乃至

「菩薩は四種の門に入りて、自利の行成就したまえりと、知るべし。」「成就」は、いわく自利満足せるなり。「応知」というは、いわく、自利に由るがゆえにすなわちよく利他す。これ自利にあたわずしてよく利他するにはあらざるなり、と知るべし。

「菩薩は第五門に出でて、回向利益他の行成就したまえりと、知るべし。」「成就」は、いわく回向の因をもって教化地の果を証す。もしは因、もしは果、一事として利他にあたわざることあることなきなり。「応知」は、いわく、利他に由るがゆえにすなわちよく自利す、これ利他にあたわずしてよく自利するにはあらざるなり、と知るべし。

（『聖典』一九三頁）

ここで、親鸞聖人は「『論』に曰わく」と言って、実際には『浄土論註』の註釈の部分を引用しておられます。『浄土論』のそもそものところを読んでおきますと、

また五種の門ありて漸次に五種の功徳を成就す。知るべし。何ものか五門。一つには近門、二つには大会衆門、三つには宅門、四つには屋門、五つには園林遊戯地門なり。この五種の門は、初めの四種の門は入の功徳を成就す、第五門は出の功徳を成就せるなり。入第一門とは、阿弥陀仏を礼拝したてまつりて、かの国に生まれんとするをもってのゆえに、安楽世界に生まるることを得、これを入第一門と名づく。入第二門とは、阿弥陀仏を讃嘆したてまつりて、名義に随順し、如来の名を称し、如来の光明智相に依って修行するをもってのゆえに、大会衆の数に入ることを得、これを入第二門と名づく。入第三門とは、一心に専念し作願して、かの国に生まれて奢摩他寂静三昧の行を修するをもってのゆえに、蓮華蔵世界に入ることを得、これを入第三門と名づく。入第四門とは、かの妙荘厳を専念し観察して、毘婆舎那を修するをもってのゆえに、かの処に到ることを得て種種の法味楽を受用す、

これを入第四門と名づく。出第五門というは、大慈悲をもって一切苦悩の衆生を観察して、応化身を示して、生死の園・煩悩の林の中に回入して、神通に遊戯し教化地に至る。本願力の回向をもってのゆえに。これを出第五門と名づく。菩薩は、入四種の門をして自利の行成就す。知るべし。菩薩は、出第五門の回向利益他の行成就したまえり。知るべし。菩薩、かくのごとく五念門の行を修して、自利利他して速やかに阿耨多羅三藐三菩提を成就したまえることを得たまえるがゆえに。

（『聖典』一四四～一四五頁）

とあり、『浄土論』の最後のところです。

浄土に往生した菩薩は、本願力の回向をもって、この娑婆世界、生死の園、煩悩の林に還り来たって衆生を教化することがまことに遊戯のごとくであり、自由自在であるということが説かれています。そこに、「本願力の回向をもって」とあるのは、直接には浄土に往生した菩薩の本願力回向ですが、それを成り立たしめる根源的な阿弥陀の本願力回向であるということです。親鸞聖人が「行巻」の他力釈にこの文を引用されたということはそういうことです。

つまり「「本願力」と言うは、大菩薩、法身の中にして」の「大菩薩」は、法蔵菩薩であり、浄土に往生し終わった菩薩ですが、その菩薩のはたらきについて、「常に三昧にましまして、種種の身・種種の神通・種種の説法を現じたまうことを示す。みな本願力より起こるをもってなり。たとえば阿修羅の琴の鼓する者なしといえども、音曲自然なるがごとし。これを教化地の第五の功徳相と名づく」と表されています。

五念門とは、浄土を開く五つの門、念仏の門です。身に礼拝し、口に仏の名を讃嘆し、意に浄土に生まれたいと願い、そして、智慧によって如来および浄土を深く観察する。それによって得られる功徳のすべてを、人びとにふり向けていく回向のことです。これについて、『浄土論』の場合には作願門、観察門に説かれた奢摩他・毘婆娑那という浄土の止観が中心ですが、『浄土論註』になりますと、それにさき立つ第二讃嘆門に説かれた称名念仏の行が中心となり、止観の行も讃嘆の行に含まれ、そのはたらきとして明らかにされていくということがあります。その念仏における五つの相、五つのはたらきによって、菩薩の行を成就していくことが示されます。

そこで曇鸞は、

「菩薩はかくのごとき五門の行を修して、自利利他して、速やかに阿耨多羅三藐三菩提を成就することを得たまえるがゆえに。」（『聖典』一九四頁）

と説かれている点を問題にしていきます。天親は五念門によって浄土に往生し、無上菩提を満足すると言われるが、大乗の菩薩ですらも三大阿僧祇を要すると説かれる。無上菩提がどうして速やかに得られると言えるのか、を曇鸞が問題にしていかれるわけです。

「阿耨多羅三藐三菩提」とは、無上菩提のことです。このうえなき仏のさとりを阿耨多羅三藐三菩提と言います。それを、曇鸞は「無上正遍道」と言い、親鸞の場合は「無上正真道」と言いますが、もとはこのうえなき仏のさとりを表す言葉です。

大乗における真のさとり

そこで注意できますのは「道」の解釈です。「道」は原語では「bodhi」（ボーディ）で、普通、漢訳では

「覚」「さとり」と訳されます。その「道」という領解に立って、曇鸞は独自な解釈を展開していくのです。

仏の所得の法を名づけて阿耨多羅三藐三菩提とす。この菩提を得るをもってのゆえに、名づけて仏とす。いま速得阿耨多羅三藐三菩提と言えるは、これ早く仏に作ることを得たまえるなり。「阿」をば無に名づく。「耨多羅」をば上に名づく。「三藐」をば正に名づく。「三」をば遍に名づく。「菩提」をば道に名づく。統ねてこれを訳して、名づけて「無上正遍道」とす。「無上」は、言うこころは、この道、理を窮め性を尽くすこと、更に過ぎたる者なし。何をもってかこれを言わば、正をもってのゆえに。「正」は聖智なり。法相のごとくして知るがゆえに、称して正智とす。法性は相なきゆえに、聖智は無知なり。「遍」に二種あり。一つには、聖心遍く一切の法を知ろしめす。二つには、法身遍く法界に満てり。もしは身、もしは心、遍ぜざることなきなり。「道」は無碍道なり。『経』（華厳経）に言わく、「十方無碍人、一道より生死を出でたまえり。」「一道」は一無碍道なり。「無碍」は、いわく、生死すなわちこれ涅槃なりと知るなり。かくのごとき等の入不二の法門は無碍の相なり。

（『聖典』一九四頁）

このように、「「道」は無碍道なり」という解釈をしていきます。その碍りなき道、無碍道とは何かということについて、『華厳経』の文と「「無碍」は、いわく、生死すなわちこれ涅槃なりと知るなり。かくのごとき等の入不二の法門は無碍の相なり」を引用しています。「入不二」とは、生死と涅槃が絶対的に違うけれども、その違うものがそのまま不二即一であるとさとることであり、十方の無碍人を生み出すのは一無碍道であり、それは生死即涅槃と知る智慧、生死を離れて涅槃があるのでなく、生死がそのまま涅槃であると知る智慧による、と言っています。

その後、曇鸞は、さらに問いを提起していきます。

問うて曰わく、何の因縁ありてか「速得成就阿耨多羅三藐三菩提」と言えるや。（『聖典』一九四頁）

速やかに無上菩提を得ることがどうして成り立つのか。その場合に、ことに「速やかに」ということが問題になるのは、自利利他が成就しなければ、私における救いは大乗にならない、ということであるからです。私の救いにおいて、他のすべての人びとが救われることが明らかにならないかぎり、大乗における真のさとりとは言えない。私の救いと他の人びとの救いがひとつにならなければ、大乗のさとりとは言えず、しかも、それが速やかに成就することがどうして言えるのか、という問題です。

この場合、自と他の関係が重要です。自他の関係で、他というのは、この場合、衆生と言い換えてもよく、親鸞が使った言葉では「われら」です。そのなかには、人間だけではなく「諸天・人民・蜎飛・蠕動之類」（『真聖全』一、一三七頁）ということが含まれます。

『大経』の第十八願、第十九願、第二十願に「十方衆生」と呼ばれているものが、初期無量寿経である『大阿弥陀経』などによりますと、「諸天・人民・蜎飛・蠕動之類」とあり、『大経』では悲化段、五悪段にも出てまいります。五悪によって流転している我われ凡夫の相はすべていのちあるもの、十方の生きとし生けるものです。そして、自己に対する他は自然までも含むと言えるように思います。しかし、「われら」なる衆生として生きている私どもは、「われら」という共生のなかで我に固執し、「われら」という共生の大地に背いて生きているというのが現実です。

そこに、自他の関係がいつも衝突を繰り返していくのです。「自損損他」という言葉がありますように、自ら傷つき他を傷つけ、他を犠牲にすることなく、自ら幸せを得ることはありえない、ということがあります。自他の関係は、私どもの現実においては無縁に対するものとしてあるというのが現実の状況でしょう。そういう存在のありようを問い、その原因を教えを通して自己の内に尋ね、そこに矛盾対立を超えていくのです。今日の流行の言葉では「共生」と言われる地平を尋ねて生きるところに仏道の問題がある、と言わなくてはならないでしょう。

そのような困難な課題が、『浄土論』では「速やかに」そういうことが得られると言っていますが、そういう矛盾対立がどのようにして超えられていくのか、「共生」と言われる地平がどのようにして開けていくのか、「われら」として生きることを願いながら、「われ」に固執することによって「われら」の世界を破壊し、あるいは、それらの世界を疎外して生き、そういうなかで孤立をかこって生きなくてはならない。この閉塞した状況がどのようにして超えられるのか。そのことを問うことが、覈求其本釈における問題の所在です。

他利利他の深義

曇鸞は、その問題を解いていくにあたって、「自利他利」でなく「自利利他」ということに注目しています。

答えて曰わく、『論』に「五門の行を修して、もって自利利他成就したまえるがゆえに」と言えり。しかるに、覈にその本を求むれば、阿弥陀如来を増上縁とするなり。他利と利他と、談ずるに左右あり。もしおのずから仏をして言わば、宜しく利他と言うべし。おのずから衆生をして言わば、宜しく他利と言うべし。いま将に仏力を談ぜんとす、このゆえに利他をもってこれを言う。当に知るべし、

この意なり。（『聖典』一九四頁）

言葉のうえからであれば「自利」に対する言葉は「他利」という言葉であるはずですが、「他利」と言わないで「利他」とあることに注意するのが曇鸞の指摘です。

実は、曇鸞はこのように言っていますが、すべてのお聖教においてそのような明確な区別があるわけではありません。菩提流支が訳した天親の『勝思惟梵天所問経論』巻一などを見ても、同じ文脈のなかで「自利利他」（『大正蔵』二六、三三七頁）と言ったり、「自利他利」（『大正蔵』二六、三四〇頁）と言っています。その場合、別に区別してあるわけではなくて、そういう言葉遣いがされているということです。菩提流支が訳した天親の論書ですから、曇鸞はおそらく『勝思惟梵天所問経論』を見ていたと思いますが、『浄土論註』では「他利」と「利他」とは区別しなくてはいけない、と言っているわけです。「他利」というのは衆生から言うことであり、仏から言えば「利他」と言うべきである、と言っています。それについて、藤場俊基さんが次のような解説をしております。

「衆生をして言うならば他利である」とは、人間においては「利」とは「自己の利」とか「他人の利」という形でしか成り立たない。だから見かけの上で自利と他利が円満になっているようにみえたとしても、それはたまたま自分の利害と他人の利害が一致していたということに過ぎないのでしょう。そういう均衡状態は、少しでも条件が変わればすぐに壊れてしまいます。人間同士の関係においては、利とは、どこまでいっても自己中心性（エゴイズム）の上に成り立っています。だから衆生の利は、「自の利」と「他の利」の間の一致か衝突かのどちらかとしてしか成り立たないということを「衆生をして言わば、宜しく他利と言うべし」と言っているのだと思います。

それに対して「仏をして言わば、宜しく利他と言うべし」という場合の、この利他に対する自利とは浄土に往生することが定まるという利益です。その利益は私の中から出てくるものではありません。それをもたらすものは「阿弥陀如来の増上縁」、すなわち本願力です。本願以外の何ものによっても私は救われないということがはっきりすることがこの場合の自利の意味です。

それが何を意味するかと言いますと、この私が本願によって救われるという事実が、「念仏の衆生を摂取して捨てず」という本願の成就を証明することになるのです。そこには私のエゴが入り込む余地がありません。弥陀の本願はうそいつわりではないということを、私の上に成り立った自利が証明するのです。その場合、利他とは、私を救う本願は間違いなくあなたをも救うということとして成り立ちます。本願がうそでないならば、その本願は私と同じように必ずあなたをも救う。それが利他ということです。自利の確信とは本願に対する信頼として成立しますから、それはそのまま利他の成就への確信に直結するのです。本願が根拠となっているのですから、自利と利他が衝突することはありません。（『親鸞の教行信証を読み解くⅢ　証・真仏土巻』明石書店、一九九九年、一一七～一一八頁）

藤場さんが指摘していますように、「自利利他」の「利」である利益とは、浄土に往生するということです。易行道釈の言葉であれば「大乗正定の聚に入る」、正定聚不退転のことでしょう。浄土に往生すべき身と決定し、浄土という方向に向かって苦悩の現実を生きていくことを抜きにして自利はありません。その利益は私のなかから出てくるものではなく、如来の本願力によってもたらされてくるのです。自分の都合による「自己の利」に立つかぎり邪定聚であり、不定聚でしかありません。それを正定せしめるものは、私ではなく如来の本願力なのです。そういう問題を私一人の問題として尋ねていくのです。そこに聞法、求道があります。自利を成り立たせるものこそが自他の対立を超えた如来のはたらきであり、それは他を利する、積極的に他なる衆生を救いとってやまないという如来のはたらきです。

藤場さんが「自利の確信とは本願に対する信頼として成立しますから、それはそのまま利他の成就への確信に直結するのです」と言っているのは、高光大船先生（一八七九～一九五一）の言葉では「私は人の手本にはなれないが、私のような者でも救われたという見本にはなれる」ということでしょう。また金子大榮先生は「私の救いがすべての人の救われていくことの証明となる、その私の救いとは、すべての人が救われる法でなければ私の救いは成就しない」ということをおっしゃっていました。そこに利他の問題があります。私の救いがどんな人でも救われるという見本になっていくけれども、私の救いはすべての衆生が救われる法においてしか私の救いは成就しないという問題です。

藤場さんが紹介されているひとつのエピソードを読んでいて、私も同感いたしました。

あるお寺で法話をしていた時のことです。私は法話をする時、最初に問題提起という意味で、質問をすることがあります。その時は「お念仏をすることに何か利益や功徳を求めていませんか」と尋ねました。念仏したら気持ちが優しくなるとか、腹立ちがおさまるとか、晴ればれした気持ちになるとか、何かそういうようなことを期待していませんかと尋ねたわけです。「念仏したら往生できる」という具合に、念仏するとその利益とか功徳として往生が約束されると考えてはいませんかと尋ねたかったのです。私はそういうのを「おねだりの念仏」と言っています。そういう問いかけから従果向因と従因向果の問題、つまり念仏を何かのご利益をいただくための手段にしていないかというようなことについて話そうという心づもりをしていました。

そうすると一人の年配の女性が、すぐにその問いかけに応えて「念仏してご利益をいただこうなんていう気持ちは私にはまったくありません。お念仏が出てくるだけで充分満足しています」と、自信ありげにおっしゃいました。その日私は、「念仏もうさんとおもいたつ心のおこる」ことが、本願が私のところにまで届いた証であるというようなことを結論として話そうと思っていましたので、最後の結論を先取りされてしまった形になりました。それで私はちょっと困りました。話し始めてまだ五分ぐらいのことですから、「あなたがおっしゃる通りです。私の言いたいことはそれでおしまいです」と言って終わりにするわけにもいきませんから、何とかその場を取り繕って、話を続けました。

話しながらも、その方との最初のやり取りがずっと気になっていました。しばらく話しているうちに、何が問題なのかが分かりかけてきたので、その人に「あなたはご自分のお子さんやお孫さんに、自信をもって、お念仏しなさいと言っていますか」と尋ねました。そうしたらそれまで顔を上げて私の方を見ていた視線をそらして下を向いてしまいました。それで私は「ここだ」と思い、話の軸をその問題の方に移していきました。

その人には自分では念仏によって救われたという確信があることは間違いないのだろうと思いますが、それが自分だけの救いになってしまっているのではないかと思ったのです。つまり自分を救った本願を自分の家族と共有できていない。だから本願の教えは、子や孫にとっても意味のあることだということを自信をもって言えないということになっているのではないかと思ったわけです。「どれだけ自分がお念仏を喜んでいても、家のものに遠慮しながら念仏しなければならないとしたら、それは信心が遠慮しているのではないですか」。「家族に対してさえも〈私を救った本願は、あなたをも救うのです〉と言い切れないのなら、そういう頼りないものとしてしか本願に出遇えていないということになりませんか」と言葉を重ねていきました。こういうやり取りをしている中で、これが『論註』の他利利他の深義のことだという具合に私の中で結びついてきました。

（『親鸞の教行信証を読み解くⅢ　証・真仏土巻』明石書店、一九九九年、一一八～一一九頁）

私はいつも思いますが、真宗光明団の凄さというのは家族ぐるみの聞法ということです。多くは、ご主人は聞法されるが奥さんは聞法しないというのがほとんどです。家族ぐるみで、親子、夫婦や兄弟のあいだで念仏の讃嘆が生まれてくるというのは、並大抵のことではありません。自分で喜んでいながら、家族とのあいだで共有できないという問題です。自分が念仏によって救われていると言いながら、それが家の者に対して遠慮しながら、念仏しなくてはならないことになっている問題について、藤場さんが「信心が遠慮しているのではないですか」と指摘されたのです。他と共有できないかぎり、救いといっても私物化され、仏法が私有化されているのです。そこにおいては、自利が成就しないということでしょう。言葉通り、自己満足であって、それはそのまま、現実にあっては自己欺瞞に過ぎないのです。それがどうして破れるかということ、自利がおのずから他利となっていくはたらきが出てこなければならないのです。他利となってはたらくような自利を成就するものが利他と表されるのです。他利と区別して利他と表される仏の本願力があることを曇鸞は問題にしていくのです。

家族ぐるみで聞法し念仏し讃嘆しておられるわけですが、現実においては、二、三人の家族でさえ、その家が三悪道になったとしても讃嘆の場にならないのが現実です。それが、「われら」という衆生の共生として成就していく根源的なはたらきを利他というのでしょう。自利利他の矛盾対立を超える道は、容易ならない道です。どこに道があるか分からないで苦しんでいるのが我われの現実です。それにもかかわらず、それが速やかに得られるというのはどうしてかと言えば、「覈にその本を求むれば、阿弥陀如来を増上縁とするなり」ということなのです。

そのように指摘したうえで、「他利と利他と、談ずるに左右あり」と、他利と利他とを注意すべきであると言われるのです。他を救うことは、如来においてのみ言えることで、そのはたらきが自利を通して他利していくのです。自利が自ら他利となっていくことは、「自ら」とは自然ということだけでなく、そこに努力を必要とするのでしょう。努力しながら、その努力が私の努力に依るのではなく、如来のはたらきに依るということが知らされてくるのでしょう。

現実にはいろいろな問題が出てくるのであり、一人の救いが自然に他の人に影響を与え、波紋を拡げていくことがあるでしょう。しかし、自然にというだけにはいかないのです。『浄土論註』の言葉では「作心」ということがあります。不虚作住持功徳のところで言われますが、努力する心です。あらゆる善巧方便を尽くして、自力無効と知らされることが、いよいよ聞法し念仏していくことになるのでしょう。そのなかで、仏の本願力に乗托していく、努力するままが無功用という、私の努力というものでなく、まったく如来のはたらきによる世界に親鸞聖人は生きたのです。

『歎異抄』は「親鸞は弟子一人ももたずそうろう」と伝え、親鸞聖人は私が教えて念仏させたのではない、一人ひとりのうえにはたらきたもう如来が、その人をして念仏せしめてくださっているのであって、私の力ではなく、「ともの同朋」（『親鸞聖人御消息集』（広本）、『聖典』五六三頁）と言っておられます。けれども、聖人は努力しなかったわけでは決してないのです。努力してしかも努力を超えられたと言うべきでしよう。曇鸞は、そのような如来の本願力を「三願的証」で具体的に証明していかれるのです。

速やかなることを得る

それでは、「三願的証」のところをまず読んでまいります。

おおよそこれ、かの浄土に生まるると、およびかの菩薩・人・天の所起の諸行は、みな阿弥陀如来の本願力に縁るがゆえに。何をもってこれを言わば、もし仏力にあらずは、四十八願すなわちこれ徒に設けたまえらん。いま的しく三願を取りて、もって義の意を証せん。

願に言わく、「設い我仏を得たらんに、十方の衆生、心を至し信楽して我が国に生まれんと欲うて、乃至十念せん。もし生まれずは正覚を取らじと。ただ五逆と誹謗正法とをば除く」と。仏願力に縁るがゆえに、十念念仏してすなわち往生を得。往生を得るがゆえに、すなわち三界輪転の事を勉る。輪転なきがゆえに、このゆえに速やかなることを得る、一つの証なり。

願に言わく、「設い我仏を得たらんに、国の中の人天、定聚に住し必ず滅度に至らずは、正覚を取らじ」と。仏願力に縁るがゆえに、正定聚に住せん。正定聚に住せるがゆえに、必ず滅度に至らん。もろもろの回伏の難なし、このゆえに速やかなることを得る、二つの証なり。

願に言わく、「設い我仏を得たらんに、他方仏土のもろもろの菩薩衆、我が国に来生して、究竟して必ず一生補処に至らしめん。その本願の自在の所化、衆生のためのゆえに、弘誓の鎧を被て、徳本を積累し、一切を度脱して、諸仏の国に遊び、菩薩の行を修して、十方諸仏如来を供養し、恒沙無量の衆生を開化して、無上正真の道を立せしめんをば除く。常倫に超出し、諸地の行現前し、普賢の徳を修習せん。もししからずは正覚を取らじ」と。仏願力に縁るがゆえに、常倫に超出し、諸地の行現前し、普賢の徳を修習せん。常倫に超出し諸地の行現前するをもってのゆえに、このゆえに速やかなることを得る、三つの証なり。これをもって他力を推するに増上縁とす、しからざることを得んや。

（『聖典』一九四～一九五頁）

速やかに自利利他成就して無上菩提を得るという「速やかに」がいかにして成り立つのか。それについて、曇鸞は、第十八願、第十一願、第二十二願の三願をもって的確に証明し、「速やかに」ということが本願力をもって増上縁とするからである、というわけです。第十八願は十念念仏を明らかにされた願であると曇鸞は領解しますが、十念念仏することにおいてすべての者を救いとる、というのが阿弥陀の本願であり、そして、正定聚不退転の身となり、必ず滅度に至るのです。第十一願において、現生で正定聚不退転の自覚をたまわり、浄土においては涅槃のさとりを開く。さらに第二十二願によって、仏となることをあえて捨てて、菩薩となって衆生を救うということが自利利他の成就であると、三願をもって我われ凡夫が速やかに仏となることを明らかにされたのです。

第十八願に「至心信楽、欲生我国、乃至十念」とあり、その「乃至十念」は仏を念ずることですが、それは自ら称名念仏として現れるものです。念い心にあれば自ら言葉になり声となって出てくる、それが十念念仏です。ここで「仏願力に縁るがゆえに、十念念仏してすなわち往生を得」とおっしゃる前提が『浄土論註』上巻末の八番問答になります。そのかなめとなるところだけを申し上げておきますと、

この十念は、無上の信心に依止し、阿弥陀如来の方便荘厳・真実清浄・無量功徳の名号に依って生ず。

（『聖典』二七四頁）

と説き、

問うて曰わく、幾ばくの時をか、名づけて「一念」とするや。答えて曰わく、百一の生滅を「一刹那」と名づく。六十の刹那を名づけて「一念」とす。この中に「念」と云うは、この時節を取らざるなり。ただ阿弥陀仏を憶念して、もしは総相・もしは別相、所観の縁に随いて、心に他想なくして十念相続するを、名づけて「十念」とすと言うなり。ただし名号を称することも、またかくのごとし。

（『聖典』二七五頁）

と指摘するように、時を超えた一念の信が相続するのであり、それが「十念」と表されるのです。そして、

『経』に「十念」と言うは、業事成弁を明かすならくのみと。必ずしも須らく頭数を知るべからざるなり。

（『聖典』二七五頁）

と述べて、十念というのは「業事成弁」、救いの成就を明らかにする言葉であり、必ずしも数を言っているのではないと断定しています。

念仏による救いを約束された第十八願、そして、第十一願は必ず滅度に至るということ、それは十念念仏による業事成弁、救いの成就ということです。救いの成就とは、『浄土論註』の言葉に返せば正定聚不退転の身となるということです。間違いなく浄土に往生する身と決定して浄土に生まれる者として、この人生を生きるということです。ですから、日々の暮らしが浄土往生という意味を持った人生として歩まれていき、必ず滅度に至るのです。しかも、そこで終わらないで、そこからさらに、第二十二願には、浄土において一生補処の菩薩となり、そして還相の普賢行を行う者となることが約束されているのです。ここに正しく大乗の仏道としての浄土の教えが説かれていくわけです。

そのような仏道を開いてくる幹となる十念念仏について、八番問答で「阿弥陀如来の方便荘厳・真実清浄・無量功徳の名号に依って生ず」と言葉を尽くして、そのすぐれた徳を表していました。念仏は如来の名号のはたらきによるものであり、名号を通して信心がおのずから念仏となって表れるということです。名号を通してということは、その名号を聞くということです。聞名によって如来の真実、本願のまことがこの身にいただかれるのです。そのとき、信心はおのずから称名念仏として相続して、それによって滅度に至り、さらにそこから第二十二願の世界が始まり、展開してくるのです。

第二十二願の世界

第二十二願の世界を問題にされたのが『教行信証』の「証巻」です。それにさき立つ「信巻」が第十八願成就について明らかにされ、本願成就の信心において明らかになる浄土のさとりを展開してくるところに「証巻」があります。

二つに還相の回向と言うは、すなわちこれ利他教化地の益なり。すなわちこれ「必至補処の願」より出でたり。また「一生補処の願」と名づく。また「還相回向の願」と名づくべきなり。『註論』に顕れたり。かるがゆえに願文を出ださず。『論の註』を披くべし。（『聖典』二八四頁）

第二十二願が必至補処からさらに還相へ展開されてくることを注意されたのは曇鸞の『浄土論註』です。『浄土論』の註釈であるけれども、『註論』という意味を持つ大乗の菩薩の論であり、『浄土論註』において初めて注意されたことであるから、それをよく披いて見よと、親鸞聖人が言っているわけです。そこで、まず『浄土論』の五功徳門の第五園林遊戯地門を引用されます。

『浄土論』に曰わく、「出第五門」とは、大慈悲をもって一切苦悩の衆生を観察して、応化の身を示す。生死の園、煩悩の林の中に回入して、神通に遊戯して教化地に至る。本願力の回向をもってのゆえに。これを「出第五門」と名づく、と。

（『聖典』二八四頁）

そして、その次に『浄土論註』の還相の註釈を引かれます。

『論註』に曰わく、「還相」とは、かの土に生じ已りて、奢摩他・毘婆娑那・方便力成就することを得て、生死の稠林に回入して、一切衆生を教化して、共に仏道に向かえしむるなり。もしは往、もしは還、みな衆生を抜いて、生死海を渡せんがためなり。このゆえに「回向を首として、大悲心を成就することを得たまるがゆえに」（論）と言えりと。

（『聖典』二八五頁）

これは、浄土に往生された菩薩の徳を表されたものです。普賢の行を行ぜられる浄土の菩薩の徳用を、『浄土論』の第五功徳門の論文と、『浄土論註』の還相回向の註釈によって、浄土の菩薩のはたらきを讃嘆されています。一生造悪の下下品の機が他力易行の念仏道を生きることによって、釈尊により「善男子善女人」と呼ばれ、あるいは「我がよき親友」とまで言われる者となる。『浄土論』においては菩薩とも表されている下下品の機である者が、如来の本願力が願生の行者のうえに成就する姿を今ここで明らかにして、浄土の菩薩の徳が穢土を生きる我われ凡夫の願生者のうえに与えられていくことを示しておられるのです。

そこで、『浄土論註』下巻の不虚作住持功徳の解釈の文が引かれます。

また言わく、「すなわちかの仏を見れば、未証浄心の菩薩、畢竟じて平等法身を得証す。浄心の菩薩と、上地のもろもろの菩薩と、畢竟じて同じく寂滅平等を得るがゆえに」とのたまえり。「平等法身」とは、八地已上の法性生身の菩薩なり。（「寂滅平等」とはすなわちこの法身の菩薩の所証の）寂滅平等の法なり。この寂滅平等の法を得るをもってのゆえに、名づけて「平等法身」とす。平等法身の菩薩の所得なるをもってのゆえに、名づけて「寂滅平等の法」とするなり。この菩薩は報生三昧を得。三昧神力をもって、よく一処、一念、一時に十方世界に遍じて、種種に一切諸仏および諸仏大会衆海を供養す。よく無量世界に仏法僧ましまさぬところにして、種種に示現し、種種に一切衆生を教化し度脱して、常に仏事を作す。初めに往来の想・供養の想・度脱の想なし。このゆえにこの身を名づけて「平等法身」とす。この法を名づけて「寂滅平等の法」とす。「未証浄心の菩薩」とは、初地已上七地以還のもろもろの菩薩なり。この菩薩、またよく身を現ずること、もしは百、もしは千、もしは万、もしは億、もしは百千万億、無仏の国土にして仏事を施作す。かならず心を作して三昧に入りて、いましよく作心せざるにあらず。作心をもってのゆえに、名づけて「未証浄心」とす。この菩薩、安楽浄土に生まれて、すなわち阿弥陀仏を見んと願ず。阿弥陀仏を見るとき、上地のもろもろの菩薩と、畢竟じて身等しく法等し、と。龍樹菩薩・婆藪槃頭菩薩の輩、彼に生まれんと願ずるは、当にこのためなるべしならくのみと。

（『聖典』二八五～二八六頁）

「不虚作住持」というのは、『浄土論註』上巻の他力易行道釈のところに如来の仏力に住持されて「大乗正定之聚に入る」とありましたが、それは我われを根源から支えてくださる如来の願力です。因位の願力と果上の仏力の全体のはたらきが、八番問答では「大願業力」という言葉で表され、覈求其本釈では「増上縁」と言われます。これは「弘誓の強縁」と言われる強力なはたらきで、この場合は往生の因果を必然ならしめるはたらきです。生死を超えて浄土に生まれ仏となる因果のはたらきを必然ならしめるはたらきを「強縁」「増上縁」と言われています。そのはたらきにおいて、「不虚作」、虚しくないということです。『浄土論』の偈文に返して言いますと、「仏の本願力を観ずるに、遇うて空しく過ぐる者なし」ということです。空過ということが超えられていく、何のために生まれ、生きてきたか分からない、どこへいくのかも分からない、そういうことが超えられていくということでしょう。空過している者が、我われ凡夫のありさまです。空過していることに耐えられない、空過を超える道を求めずにはおれない、そこに宗教心の発露があります。なぜ、我われは宗教を求めるのは空過していることに耐えられないからです。清沢満之先生は「人心の至奥より出づる至誠の要求」（『清沢満之全集』第七巻、岩波書店、二〇〇三年、一八八頁）と言われましたが、この身の胸底から起こる止むに止まれない願いとして空過を超えたいという要求が起こる、その至誠の要求に応えて空過を超えしめてくださるものこそ、如来の大願業力なのです。

「未証浄心の菩薩」「浄心の菩薩」の「浄心」とは、「citta-prasāda」（チッタ・プラサーダ）のことで、分別の計らいや執われを超えた静かな心であり、「平等無功用の心」とも表されます。人間の一切の自力による努力を離れた境地であり、「報生三昧」とも言われ、そういう自然法爾のはたらきに生かされている菩薩を「浄心の菩薩」と申します。具体的には八地から十地にいたる菩薩に与えられる境地です。それに対して、「未証浄心の菩薩」は空過を超える道を願い求め、そのために作心を持って努力していくのです。そこにおいて問われているのが、いかにして自利利他を成就することができるかという問題です。伝統的な表現で言いますと、自利は上に菩提を求める上求菩提、利他は下に衆生を化する下化衆生ということです。『浄土論註』の言葉であれば「願作仏心」「度衆生心」ということで、そういう自利利他の成就を願って努力していくことです。

七地沈空の難

しかし、努力しているかぎり努力に疲れていくことが「七地沈空」という問題です。自他の平等なる救い、衆生として共生を願って生きることが、そのまま浄土を願って生きることです。これは利他の成就する道が浄土、まさに「俱会一処」と表される浄土を願って生きるのでしょう。そのために、ありとあらゆる努力を尽くしていくのですが、やがて、その努力に疲れていくのです。空のところに沈み込んでいく「沈空」というのは、自己満足のところにとどまるということで、はてしなく深い願いに対して自分の力の限界を知らされ、すべてが諦めのなかに閉じ込められていく状態です。龍樹の言葉であれば「菩薩の死」、二乗地に堕ちるのは菩薩の死だと言いました。地獄に堕ちた場合、そこにはなお懺悔して救われるという余地が残されているけれども、二乗地に堕する、他の人の救いを諦め自分だけの救いに満足するのはまさに菩薩の死に値すると龍樹は言っています。

「すなわちかの仏を見れば、未証浄心の菩薩」とありますが、その「見仏」には二つの意味があると思います。龍樹の場合もそうですが、一つは現生において般舟三昧を得るとき、念仏三昧を得るとき仏に見《まみ》える、仏を念ずる者に諸仏が現在前したもうということです。二つは、浄土に往生してまさしく仏に見え、その教えを聞くということです。見仏にはこういう二つの意味があります。

「未証浄心」というのは、未だ浄心を得ないから初地から七地までの段階にあるのですが、それだけでなく、初地以前の者も含まれていると考えられます。「未証浄心の菩薩」とは、凡夫であるがゆえに道を求めなくてはならない者をも包むものであり、その未証浄心の者が、仏に見えることにおいて、浄心、上地の菩薩と畢竟じて同じというのです。「畢竟じて等しい」とはいかなることなのでしょうか。

この問題についての藤場さんの指摘はとても興味深いものでしたので、紹介しておきたいと思います。上地の菩薩と同じであるならば、まだ先に仏に成るという目的が残っているから、仮に勘違いしたとしても歩みを続けさせる〈うながし〉が残るからです。

この問題は仏教以外の宗教やイデオロギーでも同じです。自分が真理を体得したという思い込みができてしまうと、自分の立場を絶対化します。自分は無知な大衆を導かなければならないという使命感を持ち始めますから、他人の言葉に一切耳を貸さないようになります。それでは他者との間に対等な関係の対話が成り立ちません。

次のところには、その穴に落ちない道について述べられています。

その時にもし十方諸仏の神力加勧を得ずは、すなわち滅度して二乗と異なけん。(二八六頁144)

七地というのは、人間が自力を尽くして達することができる最終の段階です。どれだけがんばっても、人間の能力をもって到達することができるのは七地までです。人間の認識力の構造的限界が、七地沈空というところに設定されているということだと思います。一人で閉じ籠って思索していたらそこが限界で、自分一人ではそこから抜け出せない。この法(真理)に対する執着は、最もやっかいな最後の無明と言ってもいいと思います。

その時に十方諸仏の助けを得られなければ二乗と同じである。龍樹は「二乗地に堕することは菩薩の死である」とさえ言います。自己を絶対化してしまったら、菩薩としての、それまでの歩みがすべてむだになってしまう。それが七地沈空の難です。

菩薩もし安楽に往生して阿弥陀仏を見たてまつるに、すなわちこの難なけん。このゆえに須らく

畢竟平等と言うべし。（二八六頁145）

この落とし穴にはまらないためには、自分にはまだ耳を傾けるべき真実があるということが重要です。進むべき道が残っていると言ってもいいのですが、どこまで行っても最終的な到達点にまだ達していないという自己確認が必要なのです。目的地に到着したら、どんなことでもそこで終わりです。その次に進む方向性を失ってしまいます。最終目的地に達したという感覚は、たしかに喜びをもたらしてくれます。しかし、それは同時に喪失感の始まりでもあるのです。

だから、「畢竟じて仏と等しい」とは言わずに「菩薩と等しい」と言う。どこまで行っても菩薩、すなわち〈道を求めるもの〉という位置を取り続けるわけです。どこまで行っても、まだ先に進むべき道があるのだと。そう呼びかけ続けられる存在が菩薩なのです。

自己の絶対化を避けるには、真理は私物化できないということを徹底するしかありません。浄土教の場合は、帰命せざるを得ないものとしての阿弥陀仏に出遇うという形で、そのことを実現しようとしています。阿弥陀仏の名号に帰命することにのみ絶対的な価値があるとすることによって、それ以外のすべてが相対化されるわけです。七地沈空に陥らないために、未だ仏ではない菩薩であるということが必要なわけです。「仏」ではなくて、「畢竟じて菩薩と等し」と言わなければならない理由の一つです。

（『親鸞の教行信証を読み解くⅢ　証・真仏土巻』明石書店、一九九九年、七八～七九頁）

これは非常に注目させられました。未証浄心というのは、大乗菩薩道から言えば、初地から七地までの自力の作心を離れない者ですが、それだけでなく、念仏して生きる凡愚までを含む者が八地以上の真に自由自在を獲得された菩薩と等しいとまで言われるのはどうしてであるか。「仏と等しい」ではなく、「菩薩と等しい」という問題の設定です。

ですから、親鸞聖人が「証巻」の還相回向の証文として、未証浄心の菩薩のところから引いてきたということは、「未証浄心」、すなわち「凡愚」に与えられる還相ということを表しているということです。還相の菩薩というと非常に高度なことを想定しがちですが、そうではなく、未証浄心としての凡愚にも、自らが救われることにおいて他のすべての人が救われていくことの証明になっていく。凡愚の自分が救われることを通して、そこに浄土の菩薩の徳である還相のはたらきが与えられていくことがあるのです。それは、私がそういう力を得たというのでなくて、与えられていくもの、回向されていくはたらき、たまわっていくはたらきでしょう。ですから、「凡夫」「善男子善女人」と言われてきた者が、如来の本願力に出遇ったところから、「菩薩」という言葉で表されることになってくるのです。凡夫が菩薩になったということでなくて、凡夫であるままにそこには菩薩としてのはたらきが与えられてくるのだということです。

第四章　願生心によって開かれる浄土の世界

第一節　真実功徳相

曇鸞は、『浄土論』を「この『無量寿経優婆提舎』は、けだし上衍の極致、不退の風航なるものなり」と押さえたうえで、その題号について、次のように註釈しています。

「無量寿」はこれ安楽浄土の如来の別号なり。釈迦牟尼仏、王舎城および舎衛国にましまして、大衆の中にして、無量寿仏の荘厳功徳を説きたまう。すなわち、仏の名号をもって経の体とす。後の聖者・婆藪槃頭菩薩、如来大悲の教を服膺一升の反して、経に傍えて願生の偈を作れり、と。

（『聖典』一六八頁）

「無量寿」とは安楽浄土の如来の別号であって、釈尊が王舎城において『大経』『観経』を説き、祇園精舎において『阿弥陀経』を説かれ、そこで無量寿仏の荘厳功徳を説きたもうた経典であるということです。その荘厳功徳の内容は無量寿とあるように、寿命無量なる仏の功徳が説かれたものです。寿命無量とは仏の大悲の無限のはたらきである真実功徳であり、その真実功徳を説き明かす如来の大悲の無限のはたらきを仏の名号をもって体とする、と押さえておられます。如来の真実功徳である如来の浄土、それが名号において我われのうえに開かれ、我われに名としてはたらいてくるものであることを曇鸞は述べているわけです。

「仏の名号をもって経の体とす」という確かめは、親鸞聖人の場合、『教行信証』「教巻」冒頭において、

この経の大意は、弥陀、誓いを超発して、広く法蔵を開きて、凡小を哀れみて、選びて功徳の宝を施することをいたす。釈迦、世に出興して、道教を光闡して、群萌を拯い、恵むに真実の利をもってせんと欲してなり。ここをもって、如来の本願を説きて、経の宗致とす。すなわち、仏の名号をもって、経の体とするなり。（『聖典』一五二頁）

とあります。『大経』とは阿弥陀如来の本願、衆生救済の意欲であり衆生の救済を約束された阿弥陀の本願を「宗」、いのちとするものです。その「宗」は名号として具体的に明らかにされ、はたらいてくるものであることが依りどころとなっています。如来の真実功徳は仏の名号をもってはたらくのが経の体であり、「体」というのは「中心」と言ってもいいでしょうし、「全体」と言ってもいいと思います。経の全体は名号におさまり、『大経』とはその名号の意義を明らかにされたものである、というのが曇鸞の解釈です。

その浄土の讃歌である「願生偈」を天親は著されることにつきまして、冒頭の「帰敬偈」において、「世尊我一心　帰命尽十方　無碍光如来　願生安楽国」という言葉で本願成就の信心を明らかにされています。それは釈迦・弥陀二尊の教勅に依る、つまり、釈尊の発遣によって阿弥陀の招喚に出遇い、その二尊の教えにしたがって浄土を願生する。そして如来に帰命し浄土を願生して生きるのが衆生とともに歩むべき道となる。こういうことを言われたのが「帰敬偈」です。

それを受けて、なぜ『浄土論』を著すのか、『無量寿経』によって「願生偈」を著すのかという造論の願いを述べられます。それが、

我依修多羅　真実功徳相　説願偈総持　与仏教相応（我修多羅、真実功徳の相に依って　願偈を説いて総持して、仏教と相応す）（『聖典』一三五頁）

という偈文です。ここで注意されるのは、「我」と自ら名告り、真実の教えに依ることには三つの意味があるという、「三依釈」と呼ばれる曇鸞の領解です。

「何の所にか依る」、「何の故にか依る」、「云何が依る」、と。「何の所にか依る」は、修多羅に依るなり。「何の故にか依る」は、如来すなわち真実功徳の相なるをもってのゆえに。「云何が依る」は、五念門を修して相応せるがゆえにと。（『聖典』一七〇頁）

まず「何所依（何の所にか依る）」は、何を依りどころにして我われは生きるべきなのかという問いです。我われが人生を生きていくうえで、依りどころとなるものは一体何なのかの理由として、大乗の経典に依ると答えられていきます。なぜ大乗の教えが我われの依りどころとなるのか。そこに次の「何故依（何の故にか依る）」ということで、真実功徳が説かれているからと答えます。さらに、大乗の経典である『無量寿経』に説かれた真実功徳相という教えによって生きるとはどういうことなのか。それが第三の「云何依（云何が依る）」ということで、念仏を申して五念門を修することによって、その教えに生きる、と言うのです。「修多羅に依る」ということに、曇鸞は三つの意味を指摘していきます。

「帰敬偈」に示された「世尊我一心」という一心帰命願生の宗教的主体である「我」は、釈尊の教えによって阿弥陀の本願の真実に呼び覚まされた「我」です。その「我」はどのようにして成立するのか、我

の自覚はどのようにして成立するのか、その自覚の根拠を、「何所依」「何故依」「云何依」ということで明らかにされていくわけです。

不実の功徳と真実の功徳

そこで、「真実功徳相」について次のように説明されています。

「真実功徳相」は、二種の功徳あり。一つには、有漏の心より生じて法性に順ぜず。いわゆる凡夫人天の諸善・人天の果報、もしは因・もしは果、みなこれ顚倒す、みなこれ虚偽なり。このゆえに不実の功徳と名づく。二つには、菩薩の智慧・清浄の業より起こりて仏事を荘厳す。法性に依って清浄の相に入れり。この法顚倒せず、虚偽ならず、真実の功徳と名づく。いかんが顚倒せざる、法性に依り二諦に順ずるがゆえに。いかんが虚偽ならざる、衆生を摂して畢竟浄に入るがゆえなり。

（『聖典』一七〇頁）

真実功徳相とは何かについて、「二種の功徳あり」とあります。まず、我われをして、我われのすべてが真実ならざるもの、不実なるもの、ということを明らかにして、それを教えてくださるのが真実であるということでしょう。我われのすべてが真実ならざるもの、虚仮雑毒以外のなにものでもない、真実に背いてあるものであり、そういう不実なるものであることを照らしてくださるはたらきが真実である、ということを言ってくるわけです。真実によって照らし出される我われの相とは、有漏の煩悩によって生起したものであって、因も果もすべて顚倒、虚偽なのです。

それに対して、我われの不実なる現実を照らし出して、それを否定し真実に呼び戻すはたらきとしての真実とは、「菩薩の智慧・清浄の業より起こりて仏事を荘厳す」ということですから、菩薩の清浄なるはたらきによって行われていくはたらき、具体的には、浄土を荘厳する、浄土を建立するということで表されます。菩薩の智慧・清浄の業によって起こされて仏事を荘厳されるということは、『大無量寿経』に説かれた、もうひとつ広く言えば、浄土三部経に説かれた如来の真実功徳である、ということでしょう。

そして、真実の功徳であることについて、不顚倒と不虚偽というふたつの確かめをしておられます。不顚倒とは、「いかんが顚倒せざる、法性に依り二諦に順ずるがゆえに」と言われます。法性は「空」とも「一如」とも言われる、真実絶対なる真理そのものです。その法性が二諦に順ずるのです。「二諦」とは、勝義なるものが世俗の我われの生きている現実に現れ来る、ということですから、文字通り真如なるものが如来する、如そのものが世俗のなかに来るはたらきです。絶対なる真実そのもの、真実なる如が世俗のうえにはたらいて、真実それ自身を明らかにすることを不顚倒と言うのです。

それによって、我われのうえに与えられ、我われのうえに起こされてくる功徳が不虚偽である、ということです。それは、「衆生」、迷える者・悩める者を摂め取って、「畢竟浄」、真実なる浄土の世界、涅槃の世界に帰入せしめるのです。そのはたらきによって、その約束に背かないということで、真実というもののはたらきが不顚倒、不虚偽なのです。絶対なるものが絶対なるところにとどまることなく、世俗のうえに如来としてはたらき、はたらくことによってすべての衆生を摂取して大涅槃なる浄土に摂め取っていくのが浄土三部経、ことに『大無量寿経』に説かれた真実功徳である、ということです。

第二節　浄土の荘厳

浄土とはそのような真実功徳のはたらく世界ですが、『浄土論』におきましては、阿弥陀の浄土を三種荘厳としてお示しくださいました。『大無量寿経』のサンスクリット本の原題は『Sukhāvatī-vyūha』(スカーヴァティー・ヴィユーハ)ですが、「sukhā」(スカー)は「幸せ」、「vyūha」(ヴィユーハ)が「荘厳」で、順序正しく配置されてあるということです。人間が根底から求めている真実の幸せとはどういうものであるのかを、きっちりと整理して説き明かされてある経典ということです。

もうひとつ、「荘厳」とはそういうことだけでなく、曽我量深先生は「荘厳は象徴なり」(『曽我量深講義集　第四巻　教行信証内観』弥生書房、一九七九年、一九六頁)とおっしゃられました。我われの思いを超え、言葉を超えた真実そのものが、言葉を通して我われのうえにはたらく象徴、シンボルが荘厳ということです。

金子大榮先生の『彼岸の世界』では、浄土を「まだ見ぬ真実の国であり、同時にまた懐かしき魂の郷里」(『金子大榮著作集』第三巻、春秋社、一九八二年、一八五頁)とおっしゃっています。それが浄土の意味を問われた金子先生の浄土観と言っていいのでしょう。浄土は我われが見ることのできない世界ですが、教えを聞くならば、その教えによって心の内面深くに開かれる浄土こそ生死の世界に流転する我われが帰るべき魂の故郷である、という言葉で浄土を表されました。そういう形を超えた、見ることのできない世界、思いを超え言葉を超えた絶対なる真実そのものが、形を通して、言葉を通して、我われのうえにはたらいてくださるのが荘厳ということの意味です。

二十九種荘厳について

「願生偈」では、如来の浄土を三種に分けて説かれます。最初に国土、仏の世界です。後では「器世間清浄」とも言われますが、別な言葉であれば、我われ衆生が生きている世界、場所で、「依報」とも言われます。今日の言葉であれば「環境」です。我われが生きている世界、環境、その依報としての器世間が清浄なる世界であるということです。それが国土十七種あります。そして、国土を建立され、その浄土を通してはたらいてくださる如来、仏とはいかなる方であるのかが八種です。国土荘厳、仏荘厳は主として『大無量寿経』の上巻に依られています。

次に阿弥陀の浄土において阿弥陀の教えを聞き、阿弥陀の教えに随って生きている菩薩、浄土の眷属が示されます。如来の眷属、如来の弟子である菩薩について、四種挙げられます。『大無量寿経』の下巻で言えば、浄土に往生した菩薩にはどのようなはたらきが与えられるのかを説く第二十二願成就文が、そこにあたると思います。この仏と菩薩は「器世間清浄」に対すれば、「衆生世間清浄」となります。これは「依報」に対すれば「正報」です。

「器世間清浄」「衆生世間清浄」という言葉は、『浄土論』では、

また向に観察荘厳仏土功徳成就と荘厳仏功徳成就と荘厳菩薩功徳成就を説きつ。この三種の成就は、願心をして荘厳せりと、知るべし。略説して一法句に入るがゆえに。一法句とは、いわく清浄句なり。清浄句とは、いわく真実の智慧無為法身なるがゆえに。この清浄に二種あり。知るべし。なんらか二種。一つには器世間清浄、二つには衆生世間清浄なり。器世間清浄とは、向に説きつるがごときの十七種の荘厳仏土功徳成就、これを器世間清浄と名づく。衆生世間清浄とは、向に説きつるがごとき八

種の荘厳仏功徳成就と四種の荘厳菩薩功徳成就、これを衆生世間清浄と名づく。かくのごとく一法句に二種の清浄を摂すと、知るべし。（『聖典』一四二頁）

と説かれていますが、そもそも唯識において初めて出てくる言葉です。ですから、天親は唯識にいう器世間清浄と衆生世間清浄、主体と環境、そのどちらもが清浄であり、それが如来であり如来のはたらきたもう浄土である、ということを説いて、三種の荘厳、三つの内容を持って、生死を超えた世界、如来の浄土とはいかなる世界であるのかを説いていくわけです。

その内容について、国土十七種、仏八種、菩薩四種の名称だけを列挙しておきますと、

国土十七種荘厳功徳

一、清浄功徳
二、量功徳
三、性功徳
四、形相功徳
五、種種事功徳
六、妙色功徳
七、触功徳
八、三種功徳（水・地・虚空）
九、雨功徳
十、光明功徳

十一、　妙声功徳
十二、　主功徳
十三、　眷属功徳
十四、　受用功徳
十五、　無諸難功徳
十六、　大義門功徳
十七、　一切所求満足功徳

仏八種荘厳功徳
一、　座功徳
二、　身業功徳
三、　口業功徳
四、　心業功徳
五、　大衆功徳
六、　上首功徳
七、　主功徳
八、　不虚作住持功徳成就

菩薩四種荘厳功徳

一、　不動而至功徳

二、　一念遍至功徳

三、　無相供養功徳

四、　示法如仏功徳

となります。国土荘厳のはじめの十六種は如来の自利の徳を明らかにし、最後の十七種は利他の徳を示します。仏荘厳においても、はじめの七種は自利を明らかにし、最後の八種において利他を明らかにします。菩薩荘厳についても、同じようにはじめの三種においては自利を、最後の四種においては利他を明らかにしています。

つまり、浄土それ自身の徳が他の衆生を救うというはたらきを持ち、仏自身の徳、仏のはたらきが、信心を得ることのできない未証浄心の菩薩をして、浄土の上地の菩薩たらしめる利他のはたらきを持っているのです。この場合、浄土における如来の眷属としての菩薩がかぎりなく自己の徳を成就していかれる、ということです。これは仏の世界、有仏の世界、阿弥陀の浄土においてですが、そこにとどまらないで、さらに無仏の世界、仏ましまさない世界にはたらくのです。そういう自利利他についての深い配慮があります。国土・仏・菩薩のそれぞれにおいて、自利と利他が成就された世界であり、自利利他したもう仏であり、それは仏の眷属として生きる菩薩のうえにも自利利他というはたらきが与えられるのです。

十八円浄との関係

天親が明らかにされた三種荘厳には依りどころ、背景があることが、古来より注意されます。学者によりますと、如来の浄土について説かれるのは、『浄土論』だけでなく、多くの大乗経典において説かれており、『浄土論』と深い関わりを持つことが指摘されています。

ひとつは『十地経』に諸仏の世界について示された経文が『浄土論』と対応していると言われます。あるいは、『解深密経』も深く関係していることが指摘されます。また、『仏地経』と呼ばれる経典がございます。『解深密経』と『仏地経』は『十地経』にもとづくと考えられていますが、このふたつの経典の序品に、十八円浄と類似するものが説かれています。如来の浄土は十八の徳が円満する清浄なる領域であることが説かれて、無著が『摂大乗論』でまとめて示されています。天親が『摂大乗論釈』という註釈を施すほど『摂大乗論』を深く読まれたことは明らかです。そこに説かれた十八円浄を参考にしながら、『無量寿経』によって如来の浄土を説き明かすお仕事をなされたのが『浄土論』です。

私は、本山夏安居の次講で『浄土論註』を講本として講じ、その後、『曇鸞教学の研究――親鸞教学の思想的基盤――』(同朋舎出版、一九八九年)という書物を出版いたしました。その書に『解深密経』『仏地経』『摂大乗論』『摂大乗論釈』と、それに対応する『浄土論』とは、どのような関係にあるかを対照表にしておきました。それを参照していただくと、それらが深く対応し合っていることはおおよそ見当がつくと思います。『摂大乗論』は十八種、『浄土論』は二十九種という違いがあり、量的にも質的にも『摂大乗論釈』の方が深く掘り下げられている、という感があります。学者によっては、『摂大乗論』と『浄土論』をできるだけ合わせるように考える説が多いようですが、私はどうも一概に両者が全面的に一致するとは言えないように思います。長尾雅人先生も、天親の『浄土論』の二十九種と『摂大乗論』に説かれた十八円浄とは確かに対応する面があるけれども、天親が果たして『浄土論』を書くときにそれを参考にしたかどうかは不明で、むしろまったく別な立場で『無量寿経』によって明らかにしたとみるのが穏当ではなかろうか、とおっしゃっています。私も、全部が全部、十八円浄と『浄土論』が対応すると決めつけるのは問題であると思います。

この十八円浄を玄奘訳では「十八円満」、笈多訳では「具足」と訳されますが、原語は「sampad」（サムパド）であり「完全に具わる」という意味ですが、「円満」がふさわしいようです。長尾先生の『摂大乗論　和訳と注解』によりますと、『摂大乗論』の第十章に諸仏の清浄なる仏国土はいかなるものかが説かれます。その仏国土を見る菩薩とは、十地の菩薩ですから、八地以上の柔軟心を得た菩薩と言ってもいいでしょう。菩薩は八地にいたって、一切の我の執着から解放されて柔らかな心を得ると言われ、身も心も軽く安らかになるので「身心軽安」という言葉でも表されます。その八地以上の菩薩は、一切のはからいを超えて、あるがままのはたらきを行ずる「任運無功用」とも言われます。『浄土論註』の言葉であれば、無功用なる自力の計らいや努力を持たないはたらきを意味する「報生三昧」と表します。そういう柔らかな心を身につけたもののうえから見える世界が浄仏国土であり、その菩薩によって清浄なる世界として荘厳されていくのです。

それについて、『摂大乗論』の第十章で二回にわたって説かれています。

諸仏の清浄なる仏国土を、如何なるものと知るべきか。――菩薩蔵なる百千経の序分に、次のように説かれている。「世尊は大なる宮殿、それは(1)最もすぐれて光り輝く七つの宝で飾られ、無量の世界にあまねく満ちわたるほどの大なる光明を放ち、⑵美しく飾られたすぐれた場所が数限りなく設けられ、⑶その周円は無限に拡がり、⑷その界域は三界を超えたものであり、⑸世間を超出し、さらにその上の善根から生じたものであり、⑹極めて清浄な自由自在なる表象がその相であり、⑺如来の居たもう所であり、⑻大菩薩たちの住所であり、⑼無量の神々・竜・ヤクシャ・ガンダルヴァ・アスラ・ガルダ・キンナラ・マホーラガ・人間および人間以外のものが陪侍し、⑽法を味わう大きな喜びと楽しみに支えられ、⑾あらゆる衆生のあらゆる利益をなすものとして現れ、⑿一切の煩悩の災いから離れ、⒀一切の魔が断ぜられ、⒁〔その住所の〕荘厳は、如来の威力が加えられていることにより、如何なる荘厳よりも勝っており、⒂大なる記憶と知と理解とを進入〔の道路〕とし、⒃大なる止寂と観照とを乗りものとし、⒄空性と無相と無願という大なる解脱の門より入り、⒅無量の徳の集積によって飾られた、大なる宝から成る蓮華の王の壮麗なるを依りどころとしている、〔そのような浄土における大なる宮殿の中〕に居られた」と。

(『摂大乗論　和訳と注解』下、講談社、一九八七年、四一二～四一四頁)

「諸仏の清浄なる仏国土」ということですから、これは阿弥陀仏にかぎらず、諸仏の世界です。諸仏の世界はどのようなものかと言えば、「菩薩蔵なる百千経の序分に」説かれています。「菩薩蔵なる百千経」とは、長尾先生の註釈によりますと、「菩薩蔵」が大乗の経典で、「百千経」はきわめて多数の経を意味するとも考えられます。そういうことから、「十万頌からなる経」と解するのがより適当であろうと指摘されています。それが『解深密経』や『仏地経』のことであると言われますが、まずそのような経典の序分に見られる一連の文章をそのまま引用して、次にその一連の文章を十八種の「完璧なること」としてまとめていかれるのです。

このようにして、清浄なるこの仏陀の国土の、⑴色彩の完璧なることも説かれ、⑵形貌の完璧なること、⑶分量の完璧なること、⑷場所の完璧なること、⑸因の完璧なること、⑹果の完璧なること、⑺主たるものの完璧なること、⑻翼賛するものの完璧なること、⑼眷属の完璧なること、⑽支えるものが完璧なること、⑾はたらきが完璧なること、⑿利益を与えることが完璧なること、⒀怖れなきことの完璧なること、⒁住所として完璧なること、⒂道の完璧なること、⒃乗りものの完璧なること、⒄門の完璧なること、⒅基盤の完璧なること、もまた説かれた。さらにまた、かの清浄なる仏陀の国土の享受は、ひたすら浄潔であり、ひたすら安楽、ひたすら無過失、ひたすら自在である。

（『摂大乗論　和訳と注解』下、四二〇頁）

このようなかたちで、十八の名目を挙げてすべてが完璧に円満している、完全であることが表されていきます。この十八円浄と『浄土論』の二十九種荘厳を比較しますと、確かに似ています。最初の「最もすぐれて光り輝く七つの宝で飾られ、無量の世界にあまねく満ちわたるほどの大なる光明を放ち」とは、真諦訳、天親釈では「色相円浄」と訳されて、浄土とは大いなる光の世界とあります。これは『浄土論』において、国土荘厳の第四形相功徳、第六妙色功徳、第十光明功徳が相当します。形相功徳は「浄光明満足すること、鏡と日月輪とのごとし」（『聖典』一三五頁）、妙色功徳は「無垢の光炎熾にして、明浄にして世間を曜かす」（『聖典』一三五頁）、光明功徳は「仏恵明浄なること日のごとくにて、世の痴闇冥を除く」（『聖典』一三六頁）ということですから、浄らかな光、無垢の光、智慧の明らかなる光、というところに対応するのです。

確かに『浄土論』の二十九種荘厳の内容は、『摂大乗論』にまとめられた十八円浄と対応することは分かりますが、「⒂大なる記憶と知と理解とを進入〔の道路〕とし、⒃大なる止寂と観照とを乗りものとし、⒄空性と無相と無願という大なる解脱の門より入り」などは、心を静め、ありのままを見る智慧を得るということですから、浄土ではなく、浄土に入る道、浄土への乗りもの、浄土への門となります。したがって、それぞれ「路円浄」「乗円浄」「門円浄」と呼ばれることになります。これらは十八円浄に摂めてありますが、如来の浄土について説かれたものではなく、浄土にいたる道を説かれたものです。仏の世界に我われはいかにして生まれていくのか、その道を説かれたものが『浄土論』では切り離され、五念門という独自な実践道として明らかにされることになります。

以上のようなことから見ましても、『浄土論』を天親が書かれたとき、兄の無著が著された『摂大乗論』、天親自身も註釈された『摂大乗論釈』に説かれた十八円浄を参考にされたのでしょう。しかし『浄土論』は、あくまでも『無量寿経』によって如来と如来の浄土を明らかにするものであって、長尾先生もおっしゃるように、参考にされたかもしれないが、あくまでも独自なものであるということを注意しなくてはならないと思います。そして、『無量寿経』によることは、「安楽」と呼ばれる真実なる功徳の世界の荘厳が如来の大悲の願心を象徴するものであって、それを離れて実体的にそういう浄土があるわけではない、ということです。大悲の願心の象徴であるということを、天親は唯識における「無の有」、また「真空妙用」ということで表されます。それをもって、天親は『浄土論』で、如来の浄土とは真実なるもの、絶対なるものが妙なる用《はたら》きとして我われのうえに現れる、その相、用きを表すとおっしゃっているのです。

二十九種荘厳のかなめ

二十九種荘厳について、全体的に言えば、自利利他ということを中心に整然と配置されているということは申しました。二十九種のなかでかなめとなる、主なものは何かということについて、天親、そして曇鸞が注意されていますので、見ていきたいと思います。

それは、五功徳門の第四・屋門についての解釈を『浄土論』では、

入第四門とは、かの妙荘厳を専念し観察して、毘婆舎那を修するをもってのゆえに、かの処に到ることを得て種種の法味楽を受用す、これを入第四門と名づく。（『聖典』一四四頁）

とあります。「毘婆舎那」は深い智慧、「かの処」は大涅槃なる浄土ですが、入第四門の前の入第三門、宅門で、

入第三門とは、一心に専念し作願して、かの国に生まれて奢摩他寂静三昧の行を修するをもってのゆえに、蓮華蔵世界に入ることを得、これを入第三門と名づく。（『聖典』一四四頁）

というところの「蓮華蔵世界」を意味します。これは十八円浄で言いますと、第十八の依止円浄に対応します。浄土の依止、依りどころについて表したもので、泥中にあって汚されない法界真如のたとえとして表されたもの、という説明があります。その蓮華蔵世界である浄土において、「種種の法味楽」、仏法の楽しみを得るというのです。

その法味楽の内容として、曇鸞は次のように註釈します。

種種の法味の楽とは、毘婆舎那の中に、観仏国土清浄味・摂受衆生大乗味・畢竟住持不虚作味・類事起行願取仏土味あり。かくのごときらの無量の荘厳仏道の味あるがゆえに、種種と言えり。これ第四

の功徳相なりと。（『聖典』二九七頁）

「毘婆舎那の中」ですから、五念門の第四観察門によって得られる深い智慧によって、二十九種のうち、ことに大事なものとして四つ挙げています。まず、「観仏国土清浄味」ですから、国土荘厳の一番目、清浄功徳です。曇鸞は、この清浄功徳が総相で、浄土を総体的に明らかにしたものと位置づけて、後の二番目から十七番目までを別相として、清浄功徳の内容を具体的に開いたものと解釈されています。二番目が「摂受衆生大乗味」で、国土荘厳の第十六、大義門功徳となります。「願生偈」で言いますと「大乗善根の界、等しくして譏嫌の名なし、女人および根欠、二乗の種、生ぜず」（『聖典』一三六頁）です。浄土には女人や根欠、二乗などが存在しない、どのような者であっても平等のさとりを得る大乗の世界である、ということです。そして、三番目が「畢竟住持不虚作味」ですから、仏荘厳の最後である八番目の不虚作住持功徳になります。如来の本願力に遇うならば、空しく過ぎることがない、如来のはたらきが絶対であり、いかなる空過をも超えしめるものが如来のはたらきである、ということです。

四番目に挙げられる「類事起行願取仏土味」は、菩薩の四種功徳全体です。四種正修行は、四つの正しい菩薩の行と言われますが、他の国土十七種、仏八種のように、一つひとつに名前が付けられていません。それは、「不虚作住持功徳」に説かれた未証浄心の菩薩、信心を未だ得ない者も仏の本願力に出遇うならば浄心・上地の菩薩と畢竟じて同じであり、そのような菩薩は第二十二願に乗じて還来穢国し衆生を教化すると言っています。そのような菩薩のはたらきの内容は、初めの三つは阿弥陀の教えを聞いて修行するという、阿弥陀の浄土における菩薩の修行、有仏の世界における修行です。それに対して、四番目においては有仏ではなくて無仏、仏ましまさない世界です。

それは端的に言いますと、仏ましまさない世界とは我われの世界です。『浄土論註』の初めに、五濁無仏の時において不退転地を得ることはまことに容易でないと言ってありました。仏ましまさない仏法僧の三宝のない世界に、仏に帰依すべき三宝を明らかにするのが浄土の菩薩のはたらきであると言っているのです。「類事起行願取仏土味」の「類事」とは、衆生に随ってということで、迷える衆生に随って衆生を救いたいという願いと行を起こし、浄土を建立する、と言うのです。つまり、菩薩のはたらきについて四つの内容をもって説かれるけれども、要するに、衆生に応じ願いに応じて、その衆生を救いたいという願を起こし、願によって浄土を建立するというはたらきなのです。

このように、曇鸞は、二十九種の荘厳があるけれども、清浄功徳と大義門功徳、不虚作住持功徳、そして、菩薩の正修行、この四つがかなめであるということを注意しておられるのです。

願心荘厳の源　嘆仏偈――五念門の源流――

「この三種の成就は、願心をして荘厳せり」とあるように、二十九種荘厳で示されるのは、如来の大悲の願心の荘厳であるということです。そして、荘厳とは象徴、形を超えたものを形を通して表す、言葉を超えたものを言葉を通して明らかにすることです。それが如来の浄土の相であるのですが、願心荘厳について、そのもととなる『大無量寿経』において注意すべき点を二つほど挙げておきます。

ひとつは「嘆仏偈」あるいは「讃仏偈」とも言われる偈文です。法蔵菩薩が師の世自在王仏にお遇いになって、「私はすべての衆生を救う浄土を建立したいと思います。どのようにして、その浄土を建立したらいいのか、それを教えていただきたい」と願われたのです。すると、世自在王仏は、「それはお前のうえに起こった願いであるならば、汝自身それを明らかにせよ」とおっしゃいます。ところが、それに対して、法蔵菩薩は「その願いは私のうえに起こった願いですが、それは私を超えています。どうか願いが成就する道を教えていただきたい」と教えを請われていかれたのです。そのような法蔵菩薩と世自在王仏との出遇いにおいて、師の徳を讃嘆されたのが「嘆仏偈」です。

この「嘆仏偈」に『浄土論』の五念門の源流が示されていると、私は領解しています。まず師の世自在王仏の周りを右に三度回って五体投地して師を拝むという、身業における礼拝から始まり、「光顔巍巍威神無極（光顔巍巍として、威神極まりましまさず）」（『聖典』一一頁）と、口業をもって師のお徳を讃嘆されます。そして、師のような仏になりたい、師のように浄土を成就したいという心で願いを表されたのが作願です。その内容をさらに詳しく説くというのが観察にあたります。最後は「仮令身止　諸苦毒中　我行精進　忍終不悔（たとい、身をもろもろの苦毒の中に止るとも、我が行、精進にして　忍びて終に悔いじ）」（『聖典』一三頁）と言われます。無間地獄のなかに止まることになろうとも、一切の衆生を救うという願いは放棄しません、というのは明らかに回向です。このように、『浄土論』における五念門、礼拝・讃嘆・作願・観察・回向の原型を、「嘆仏偈」に見て取ることができるのです。

五念門は、『浄土論』では、浄土を願生する行者の道として、念仏の道を説かれました。そして、願生の行者が五念門を修することによって、仏の願心を正しく領解したとき、その善男子・善女人が菩薩と呼ばれる者になるのです。

その菩薩について、親鸞聖人は『入出二門偈』において、願生の行者の行として説かれた五念門は、実は法蔵菩薩の行であると明らかにしていかれます。我われにさき立って、法蔵菩薩が五念門を修せられたのであり、それによって得られた功徳を我われに回向してくださると、聖人はおっしゃっていくのです。そのことについて、先輩方は、法蔵菩薩が五念門を修せられたと言うけれども、それはどこに説いてあるかと言えば、『大経』の勝行段であるとおっしゃっています。勝行段とは、その前の勝因段において、衆生を救う願いを四十八で示され、さらに三つの誓いで重ねて約束されたわけですが、法蔵菩薩がその願いを実現するために永劫の修行を始められる一段になります。その永劫の修行のところに法蔵菩薩の五念門行があり、永劫の修行とは法蔵菩薩における五念門の行を表す、と言ってきたわけです。先輩方はそのようにおっしゃっておられますが、私は、この五念門のもとは「嘆仏偈」に表されていると領解しています。

その「嘆仏偈」に、こういう偈文があります。

国如泥洹　而無等双　我当哀愍　度脱一切（国泥洹のごとくして、等双なけん。我当に哀愍して、一切を度脱せん）（『聖典』一二頁）

これがサンスクリット本ですと、次のようになっています。

わたくしの国土は、高貴にして、至高、最良のものである。
わたくしはむしろこの世においてこの造られたものの中にとどまろう。
永遠の平安（ニルヴァーナ）という境地の楽しみは較べるものがないけれども、
しかし（わたくしの国土では）、それもまた存在しないものとして（わたくしはこの国土を）清浄ならしめるであろう。
（中村元ほか訳『浄土三部経』上、岩波書店、一九九一年、二九頁）

「泥洹」とは涅槃ですから、私の国土は涅槃の世界のごとくにして、「而無等双」、ならぶものがない、私は一切の衆生が苦しみ悩めることを放棄することがない、どこまでもそれを救いたい、ということです。

そこで、サンスクリット本には「この世において」とありますから、我われが住んでいるこの迷いの世界である娑婆世界にとどまると誓っているのです。高貴にして、至高、最良なる世界が永遠なる平安としての涅槃の境地です。それが仏の世界ですけれども、そこからあえてこの娑婆世界にどこまでもとどまり、この娑婆世界に浄土を明らかにしていきたい、という偈文です。これは、まさに大悲の願心を表す言葉です。その願心が「嘆仏偈」の最後にいたって、「仮令身止　諸苦毒中　我行精進　忍終不悔」と、もろもろの衆生の苦しみのただ中に身を置いて衆生を救うと言われます。「諸苦毒中」とは、サンスクリット本に「無間地獄」「阿鼻地獄」となっていますから、そのなかに身を置いて浄土を明らかにする、ということでしょう。これこそ、浄土を建立された大悲の願心にほかなりません。

往観偈と聞法偈の軸

もうひとつ、『大経』下巻に「往観偈」という偈文が注意されます。これは、この世界で釈尊の教えを聞いて、我われが生死を超えた阿弥陀の浄土に生まれて往くだけではなく、十方の諸仏の世界から無数の菩薩が阿弥陀の浄土に集まって、阿弥陀の浄土のすぐれていることを目のあたりにして、みずからもまた阿弥陀の浄土のような世界を成就したいと願い、菩薩の行を行じていくことを説いた偈文です。その「往観偈」にも、「嘆仏偈」と同じ趣旨の偈文が出てくるのです。

「東方偈」、あるいは「往観偈」とも呼ばれますが、私どもが読んでいる正依の『大経』あるいは『平等覚経』ではひとつづきの偈文になっています。そのあとに成立した『如来会』、さらにそのあとに成立し

たと言われるサンスクリット本では、二つに分かれています。どこで分かれているかと言いますと、

若人無善本　不得聞此経　清浄有戒者　乃獲聞正法　曽更見世尊　則能信此事（もし人、善本なければ、この経を聞くことを得ず。清浄に戒を有てる者、いまし正法を聞くことを獲。むかし、さらに世尊を見たてまつるもの、すなわち能くこの事を信ぜん）（『聖典』四九頁）

というところです。内容を言いますと、この教えを聞くことはよくよくのご縁である、深い宿縁がなければこの教えを聞くことができない、そして、この教えを聞くことができた者はどのような苦難に満ちた人生であろうとも、それを超えて聞法精進すべきである、というものです。これを「聞法偈」という言い方もございます。

この「往覲偈」と「聞法偈」には、それぞれに軸になる言葉があります。前半の「往覲偈」の軸になる言葉は、

其仏本願力　聞名欲往生　皆悉到彼国　自致不退転（その仏の本願の力、名を聞きて往生せんと欲えば、みなことごとくかの国に到りて、自ずから不退転に致る）（『聖典』四九頁）

という言葉です。これが「往覲偈」の軸、かなめです。仏の本願力によって阿弥陀の御名を聞いて浄土に生まれることを願う者は、必ず退転しない、迷いに帰らない身となる、ということです。「聞名不退」を明らかにするのが「往覲偈」の前半部分です。

それに対して、後半の「聞法偈」の軸は、

如来智慧海　深広無涯底　二乗非所測　唯仏独明了（如来の智慧海は、深広にして涯底なし。二乗の測るところにあらず。唯仏のみ独り明らかに了りたまえり）（『聖典』五〇頁）

という偈文です。仏法を聞くという、その法は「如来智慧海　深広無涯底」とあるように、如来の智慧は広くして底なきものであり、「二乗」、声聞あるいは菩薩という方でもそれを知ることができず、いかなる智慧をも超えたものが如来の智慧である、ということです。善導は、それを「弥陀の智願海」（『往生礼讃』、『聖典』一七四頁）と言い換えられました。如来の智慧の願いの世界、如来の深い智慧、それは本願であるけれども、とてつもなく広くして深く、どんなものであってもそれを知ることができないので、その教えをどこまでも聞いていけ、と説かれるのです。これが後半の部分です。

そういう内容を持った「往観偈」ですが、次のところが注意されます。

覚了一切法　猶如夢幻響　満足諸妙願　必成如是刹　知法如電影　究竟菩薩道　具諸功徳本　受決当作仏　通達諸法性　一切空無我　専求浄仏土　必成如是刹（一切の法は、猶し夢・幻・響のごとしと覚了すれども、もろもろの妙願を満足して、必ずかくのごときの刹を成ぜん。法は電影のごとくなりと知れども、菩薩の道を究竟し、もろもろの功徳の本を具して、受決して当に作仏すべし。諸法の性は、一切空無我なりと通達すれども、専ら浄仏土を求めて、必ずかくのごときの刹を成ぜん）

（『聖典』四八〜四九頁）

「一切の法は、猶し夢・幻・響のごとしと覚了すれども」、「法は電影のごとくなりと知れども」、「諸法の性は、一切空無我なりと通達すれども」ということで、一切のあらゆる存在、事物は、夢や幻やこだま、雷や影のようなものであることはよくよく承知しているけれども、清らかな国土を建立し、菩薩の道を成就していくために善根功徳を身につけて、ということです。五つのたとえであらわされるような、あらゆる存在はすべて空無我であると知りながらも、どこまでも浄土を建立していくのである、と言われるのです。一切は空無我ですから、一切の形を超えています。それこそ、「心行処滅言語道断」（『大智度論』、『大正蔵』一二五、七一頁）ですから、一切が絶え果て、人間の心も言葉も滅した世界です。さきの「嘆仏偈」の言葉であれば、永遠なる平和な世界が私の世界であるけれども、それはないものとして、私は娑婆世界にとどまる、すべて空無我であると知りながら、そこにとどまらないで浄土を建立していくところに大事な問題があるのです。

空無我とは絶対の世界、真実そのもの、「真如」と言われる世界です。そこに立ちながら、そこにとどまらないで、どこまでも浄土としてはたらく、土を浄めるのです。土とは我われの住んでいる娑婆世界、五濁無仏の世界です。その娑婆世界をどこまでも浄めるのです。土を浄めるとは、穢土をつくり出していく人間の深い我執の心を砕いていくということです。我執とは、それこそ阿頼耶識として言われる世界です。阿頼耶識として深く掘り下げられた世界ですけれども、我についての深い執着を照らし、砕き転じていくのです。そういうはたらきとして現れるのが如来の浄土である、ということです。ですから、如来の浄土とは、我執によってどこまでも生死流転を重ねていく凡夫に対して、大悲の願心を象徴するものなのです。

大悲の願心を明らかにする問いと願心の成就を明らかにする問い

こういうことが『無量寿経』に説かれ、法蔵菩薩は涅槃の世界にありながら、涅槃の世界をないものとして娑婆世界にとどまり、浄土を建立していく、と説かれます。それを受けて、天親は『浄土論』で、国土十七種、仏八種、菩薩四種の三厳二十九種荘厳を順序正しく整然と配置して説かれて、その全体が願心の荘厳である、とおっしゃられるのです。

そのことを曇鸞は大事にされ、『浄土論註』では一つひとつの荘厳について、如来の浄土とはどういう世界なのかということを上巻と下巻にわたって説いていかれます。

上巻では、如来の浄土をどのように説明していかれるのかと言いますと、一つひとつの荘厳について、「仏、本、何が故ぞ、此の荘厳功徳を起したまえるや」と問いかけていかれます。たとえば清浄功徳、「観彼世界相　勝過三界道」で言いますと、これは『教行信証』では引用されていませんが、

此の清浄は是れ総相なり。仏本此の荘厳清浄功徳を起こしたもう所以は、三界は是れ虚偽の相、是れ輪転の相、是れ無窮の相にして、蚇蠖の循環するが如く、蚕繭の自ら縛る如くなり、哀れなるかな衆生此の三界顚倒の不浄に締るを見そなわして、衆生を不虚偽の処に不輪転の処に不無窮の処に置いて畢竟安楽の大清浄処を得しめんと欲めす。是の故に此の清浄荘厳功徳を起こしたもうなり。

（『真聖全』一、二八五頁）

と述べられます。阿弥陀はどういうおこころでこのような浄土を建立したいと願われたのであろうか、そこには大悲の願心があります。「真実功徳相」の註釈で言いましたら、「法性に依り二諦に順ずる」（『聖典』一七〇頁）ということです。真実そのものが二諦として、ただ絶対なるものとしてとどまるのではなくて、人間世界のうえに現れたもうということです。色もない形もない、絶対そのものである仏は、なぜこのような荘厳という形を表されたのかと尋ねていく、大悲の願心を明らかにする問いです。

それに対して、下巻は、その浄土に往生したらどうなるのかという問いです。最初に「これいかんが不思議なるや」と言い、最後に「いずくんぞ思議すべきや」と、一つひとつについて曇鸞は説いていくのです。さきほどと同じく、清浄功徳で言いますと、

「荘厳清浄功徳成就」とは、「偈」に「観彼世界相　勝過三界道故」と言えり。これいかんが不思議なるや。凡夫人、煩悩成就せるありて、またかの浄土に生まるることを得んに、三界の繋業畢竟じて牽かず。すなわちこれ煩悩を断ぜずして涅槃分を得。いずくんぞ思議すべきや、と。（『聖典』三一四頁）

となります。浄土に生まれた者にはこのような徳が与えられる、それは我われの思議を超えている、というようにです。ですから、上巻は大悲の願心、本願の意を明らかにして、下巻はその本願が我われのうえに成就して、浄土に生まれることができる。浄土に生まれる往生人のうえに与えられる功徳を明らかにしていかれるのです。そこには、因は果として等流し相続しはたらいてくださるはたらきが説かれるのです。つまり、浄土はどこまでも大悲の願心の世界であり、その大悲の願心を離れて浄土が実体的にあるわけではありません。その願心に触れたときに、我われは浄土を願わずにはおれない、浄土を尋ねていこうと思うのです。

仏によって開かれた眼を通して見る世界

『浄土論』では、国土荘厳の十七種について示されたのち、次のように説かれています。

略して、かの阿弥陀仏国土の十七種の荘厳功徳成就を説きて、如来の自身利益大功徳力成就と利益他功徳成就とを示現するがゆえなり。かの無量寿仏国土の荘厳、第一義諦　妙境界の相の十六句と及び一句、次第に説きつ。知るべし。（『聖典』一四〇頁）

清浄功徳から始まり十七番目の一切所求満足功徳まで、一つひとつについて、本願が成就したらどのようになるのかを説き、その結びとして、浄土とは第一義諦なる妙境相である、と結ばれていくのです。

ひとつ注意しておきたいのは、「妙境界の相の十六句と及び一句」をどのように読んでいくのか、ということです。『浄土論』では、「十六句」は第一清浄功徳から第十六大義門功徳までを指して、「一句」は第十七一切所求満足功徳を示していると見るべきです。なぜなら、『浄土論』は三種荘厳について、自利利他の次第で表し、仏荘厳では最後に不虚作住持功徳を説き、菩薩荘厳でも最後に示法如仏功徳が示されます。つまり、特に利他の面をもっともよく表しているものを最後に掲げるという配慮がなされている、と見られるからです。したがって、国土十七種荘厳においても、「如来の自身利益大功徳力成就と利益他功徳成就とを示現する」と述べられているように、最後の一切所求満足功徳は、浄土における如来の自利利他の成就を集約して表すものとして配置されたと言うべきで、「十六句と及び一句」という表現はそれを表していると見るのが妥当でしょう。

それに対して、曇鸞は次のように註釈しています。

「第一義諦」とは、仏の因縁法なり。此の諦は是れ境の義なり、是の故に荘厳等の十六句を称して「妙境界相」と為す。此の義は入法句の文に至りて当に更に解釈すべし。「及び一句次第」とは、謂わく器浄等を観ずるなり。物別の十七句は、観行の次第なり。（『真聖全』一、三二六～三二七頁）

ここで明確に示されているわけではありませんが、「物別の十七句」と押さえられるということは、「十六句と及び一句」が第一清浄功徳と第二量功徳から第十七一切所求満足功徳とを区別するものと言えます。それは、清浄功徳を総相と決定した曇鸞の領解にもとづくもので、「此の義は入法句の文に至りて当に更に解釈すべし」とあるように、その後、浄入願心章において「入一法句」「清浄句」の註釈へと展開されていくことは注意しておくべきです。

さて、「第一義諦は仏の因縁法なり」とあり、この「第一義諦」の「諦」は「satya」（サトヤ）と言われ、真理という意味です。このうえなきもっとも勝れた真理ということで、「勝義諦」とも言います。それに対する言葉が「世俗諦」ですが、「世俗」は「saṃvṛti」（サンヴリティ）という言葉で、「遷流」「流れる」という意味もありますが、「覆障」、覆い隠されるという意味があります。真実なるものが覆い隠されてある世界が世俗ということで、その世俗を超えた、絶対なるものを第一義諦、勝義諦と言い、そこに仏の因縁法が説かれるのです。

因縁法とは、すべてのものは因縁によって生じていることですから、因縁ということを離れて、ものが実体的にあるわけではありません。関係、縁ということを抜きにして、そのものが実体的にあるわけではなく、無自性であると言います。自性とは実体ということですから、すべて縁を離れて実体があるわけではないのです。しかし、人間は、自性、実体があるものとして決めつけ、それに執着するのです。執着することによって、迷いを繰り返していくのですが、その迷いを超えしめる空無我と言われる世界が仏因縁法による第一義諦です。それは真如、法性と言われる「妙境界の相」の世界で、妙なる境界として我われのうえに現れるのです。妙なる境界とは、我われの認識の対象になるということです。我われの心の眼が開かれるならば、開かれた信心の智慧によって見出すことのできる世界です。仏によって与えられ、仏によって開かれた眼を通して見る世界、智慧の眼を通して知ることのできる世界ということです。

親鸞聖人は、『正像末和讃』で「智慧の念仏」「信心の智慧」（『聖典』五〇三頁）ということをおっしゃっています。念仏は如来の智慧のはたらきであり、念仏によって開かれる信心、いただく信心は「信心の智慧」と言うべきものなのです。その信心の智慧によって、浄土こそが真実なる世界として見えてくるのでしょう。浄土が真実なる世界として見えるということは、同時に、我われの生きている世界が真実ならざる世界、不実の世界である、と見えてくるということです。浄土が真実なる世界として見えてくる眼は、我われの生きている世界を不実として見出してくる眼でもあります。そういう眼、信心の智慧をいただくのだと思います。

無為自然の世界

浄土は第一義諦なる妙境界相であり、色もない形もない無自性空なる世界が境界として我われのうえに現れはたらきたもう世界であることに関連して、『大経』の経説のうえで補足しておきたいと思います。

親鸞聖人は、無上涅槃、一切の煩悩の寂滅する世界、大涅槃をさとる境界が浄土であると領解されますが、『大経』下巻に「無為自然」ということで説いてある箇所がございます。

無為自然にして泥洹の道に次し。汝等、宜しくおのおの精進して心の所願を求むべし。疑惑し中悔して自ら過咎を為して、かの辺地七宝の宮殿に生じて、五百歳の中にもろもろの厄を受くるを得ることなかれ。弥勒、仏に白して言さく、「仏の重誨を受けて専精に修学し、教えのごとく奉行して敢て疑いあらじ」と。（『聖典』六五頁）

「無為自然」は「業道自然」という言葉に対しますが、「自然」は必然という意味で、「業道」とは人間の迷いです。『大経』下巻の悲化段において、迷いの因果の必然性が五悪・五痛・五焼として説かれます。五つの悪によって五つの苦しみを受けるのですが、今生において五つの苦しみを受け、来生においても五つの苦しみを受ける、因果の道理はまことに厳然であると、詳しく説かれていくのです。本当に人間の傷ましい迷いの相がよくここまで克明に詳しく説かれたものだと思いますが、それは業道の自然として説かれます。

それに対して、「無為自然」とは、「為」は「はたらき」ですから、はたらきを超えている、あるがままの世界を「無為自然」と表します。その「無為自然」が生死流転輪廻の世界に現れることを「願力自然」と言います。一切のはからいを超えた絶対なるものが生死流転の迷いの世界、地獄一定の世界にはたらきたもう願力自然である、ということです。

『大経』では、仏の世界はまさに「無為自然」として大涅槃の境界であると説かれます。この世においては、男女の差別、あるいは、賢い者、愚かな者、いろいろな相対的な差別がありますが、浄土に生まれた者はすべて「自然虚無の身、無極の体」(『聖典』三九頁)を受けて、一切そこには差別がないと説かれます。このうえなき身を浄土においてすべて平等に得るような仏にならしめたいという仏の大悲の世界です。

その無為自然の世界が「泥洹の道に次し」と説かれます。これをどう解釈するのか、という問題です。「次」という字を書いて「ちかい」と読みます。「泥洹」は涅槃ですから、「泥洹の道に次し」とはどういうことなのか。「次」は「そこに達する」「そこにいる」「そこに安住する」という意味があります。ですから、浄土という世界が泥洹の道に次いということは、涅槃に到達し涅槃に安住する世界である、という解釈があります。また、そうではなく、「無為泥洹」はどこまでも無漏無為を表すという領解もあります。煩悩が一切ない、一切のはたらきを超えた無漏無為の世界、妙境界としてある、ということです。

つまり、浄土は無漏無為の世界であるのか、あるいは、無漏であることにはかわりがないけれども、無為だとは言えない、という議論があるわけです。それは、どこまでも煩悩の娑婆世界、生死流転の世界にはたらくのであるから、無為とは言えない、有為である、ということです。無漏無為であるままに、有為としてはたらくところに大悲の願心がある。それを「次し」ということで表されたのだ、という解釈です。私は、どちらかというと、このように領解してまいりました。無漏無為であるまま、一切の煩悩の汚れのない、一切のはたらきを超えた絶対なるものが、絶対なることを失うことなくして、その世俗のうえにはたらいてくださる世界が阿弥陀の浄土である、ということです。それは、形を超えて、しかも超えたままに形となって象徴的に表され、そして、煩悩のほかにない我われのこの身のうえに願心を発起してくださるのが如来の浄土のはたらきである、とおっしゃっていると思います。そのことが、『浄土論註』においては、浄入願心章で詳しく展開しているのです。

浄入願心章の展開

「浄入願心」の「浄」は、国土・仏・菩薩の三種荘厳、如来の浄土を表して、その浄土が願心、大悲の願心に入るというのですから、より積極的に言えば、如来の浄土とは大悲の願心によって荘厳された世界ということでしょう。荘厳とは、秩序正しく整然と配置されたという意味ですが、曽我先生がおっしゃるように象徴であり回向表現ということ、形を超えたものが形として象徴するということです。大悲の願心の象徴としての浄土であることが、「広略相入」という二諦の論理で弁証していかれます。「広」は三種荘厳、「略」は略するという意味でなく、大悲の願心が起こってくる根源なるものです。この関係が「相入」することが、荘厳、象徴、回向表現と言ってよいと思います。根源なるものである「略」は、形として象徴的に公開された形あるものである「広」を通して、形を超えたものにおさめていくということです。おさめていくということは、我われがそこに帰入していくという意味を持ちます。
まずは『浄土論』の浄入願心の文です。

また向に観察荘厳仏土功徳成就と荘厳仏功徳成就と荘厳菩薩功徳成就を説きつ。この三種の成就は、願心をして荘厳せりと、知るべし。略説して一法句に入るがゆえに。一法句とは、いわく清浄句なり。清浄句とは、いわく真実の智慧無為法身なるがゆえに。この清浄に二種あり。知るべし。なんらか二種。一つには器世間清浄、二つには衆生世間清浄なり。器世間清浄とは、向に説きつるがごときの十七種の荘厳仏土功徳成就、これを器世間清浄と名づく。衆生世間清浄とは、向に説きつるがごとき八種の荘厳仏功徳成就と四種の荘厳菩薩功徳成就、これを衆生世間清浄と名づく。かくのごとく一法句に二種の清浄を摂すと、知るべし。（『聖典』一四二頁）

この文を註釈した『論註』の箇所は、「証巻」の還相回向を明らかにしていく、第二十二願の成就を証明される引文として大事な意味を持つものです。

「浄入願心」とは「また、さきに観察荘厳仏土功徳成就、荘厳仏功徳成就、荘厳菩薩功徳成就を説きつ。この三種の成就は願心の荘厳したまえるなりと、知るべし」（論）といえり。「知るべし」とは、この三種の荘厳成就は、もと四十八願等の清浄の願心の荘厳せるところなるによって、因浄なるがゆえに果浄なり。因なくして他の因のあるにはあらずと知るべしとなり。「略して入一法句を説くがゆえに」（論）とのたまえり。上の国土の荘厳十七句と、如来の荘厳八句と、菩薩の荘厳四句とを「広」とす。入一法句は、「略」とす。何がゆえぞ広略相入を示現するとならば、諸仏菩薩に二種の法身あり。一つには法性法身、二つには方便法身なり。法性法身に由って方便法身を生ず。方便法身に由って法性法身を出だす。この二つの法身は、異にして分かつべからず。一にして同じかるべからず。このゆえに広略相入して、綜ぬるに法の名をもってす。菩薩もし広略相入を知らざれば、すなわち自利利他にあたわず。「一法句とは、いわく清浄句なり。清浄句は、いわく真実の智慧無為法身なるがゆえに」（論）とのたまえり。この三句は展転して相入る。何の義に依ってか、これを名づけて法とする、清浄をもってのゆえに。何の義に依ってか、名づけて清浄とする、真実の智慧無為法身をもってのゆえなり。真実の智慧は実相の智慧なり。実相は無相なるがゆえに、真智は無知なり。無為法身は法性身なり。法性寂滅なるがゆえに、法身は無相なり。無相のゆえによく相ならざることなし。このゆえに相好荘厳すなわち法身なり。無知のゆえによく知らざることなし。このゆえに一切種智すなわち真実の智慧なり。真実をもってして智慧に目《なづ》くることは、智慧は作にあらず非作にあらざることを明かすなり。無為をもってして法身を樹つることは、法身は色にあらず非色にあらざることを明かすなり。非にあらざれば、あに非のよく是なるにあらざらんや。けだし非なき、これを是と曰うなり。自ずから是にして、また是にあらざることを待つことなきなり。是にあらず非にあらず、百非の喩えざるところなり。このゆえに清浄句と言えり。清浄句とは、いわく真実の智慧無為法身なり。

（『聖典』二八九～二九〇頁）

三厳二十九種荘厳たる「広」は、仏身で言えば方便法身にあたり、その根底、依止である「略」は法性法身になります。そこに一貫するものは法身という法で、「この二つの法身は、異にして分かつべからず。一にして同じかるべからず」とありますように、不一不異の関係です。そして、「因浄なるがゆえに果浄なり。因なくして他の因のあるにはあらずと知るべしとなり」ということですから、因果において等流せるもの、あるいは、流れ出る真理の因果と言った方がよいかと思います。そういう密接な不可分離な関係で押さえられています。

そこで、問題になるのが「入一法句」ということです。三厳二十九種荘厳としての浄土の根源が「一法句」と表され、そして「清浄句」、さらにその関係が問題となることです。それによって表されるものが「真実の智慧無為法身」と押さえられています。

「法句」については、原始経典に有名な『法句経』と呼ばれる経典があります。「ダンマパダ」のことですが、中村元先生は「真理のことば」と訳しておられます。「法句」という言葉は、原始経典以来の言葉ですが、それに「一」という言葉が付け加えられているので、山口益先生は「eka-dharma-pada」（エカ・ダルマ・パダ）という梵語に還元されました。その「eka」（エカ）は「一」を意味します。「真如」「本物の」「あるがままの真相」「さとりそのもの」などと表す場合、「一真如」「一如」「一実」などと表します。大乗の経論によく見られ、「一」という言葉を付けることは特殊なことでなく、「真如」「法性」「涅槃」を「不二」という否定形で表さずに、「一諦」「一涅槃」などの語によって肯定的に表示する用例が見られることを指摘しておられます（『世親の浄土論』法藏館、一九六六年、一五五～一五八頁趣意）。

そういたしますと、問題は「句」ということです。仏教では「名句文」という言葉があり、「名」は事物の名称を指し、「句」は「諸行無常」などの成句文章、「文」は文字という個々の音節を指します。ここで言う「一法句」の「句」は「pada」（パダ）という原語で、「言葉」というだけではなく、「依事」「依処」という意味があります。つまり「一法句」とは「真理のことば」ということの意味も考えられますが、それ以上に、依りどころとしての真如、涅槃という領解が適切でしょう。

そして「依処」は、根拠ということですが、「依事」という場合、「事」とは事実です。つまり、我われの世界は世間的な形をとって我われのうえにはたらいているのですが、その世間的なはたらきの根拠そのもの、形を通しながら形を超えたものを明らかにする、ということです。我われを呼び覚まし、我われのうえに真に立つべき場所を開いてくださる形を超えた根拠という意味です。そのような大涅槃、真如法性、色もない形もない自然そのものの世界は無為自然の世界です。さらに言えば、色や形に執われていく我われの執着心を超えたものが一法句なのです。

この「一法句」が、さらに「清浄句」と表されます。「清浄句」の内容として、「器世間清浄」と「衆生世間清浄」の二種世間清浄が『浄土論』では説かれています。「器世間」は、「器」ですから環境、あらゆる者が生きている環境が国土であり、その清浄なるものが浄土です。「国土」と言いましても、我われの世界は娑婆世界、穢土ですが、それが清浄なる世界として成就し完成される浄土です。そして、「衆生世間清浄」の「衆生」とは、文字通り我われのことです。それが清浄であるということは、仏・菩薩ということで表します。そういう二種世間清浄という内容をもって説かれる「清浄句」とはどういうことなのか、ということです。

「一法句」は、絶対的なるものが相対の世界に、それ自身が自己否定的に現れ出ようとするところを端的に表し、そのはたらきを表すものが「清浄句」ということです。その作用、はたらきは、どこまでも、我われの不浄なるもの、真実ならざるものにはたらくのです。その不実の内容は、『浄土論註』では顚倒、虚偽だと教えられていました。真理に背くものであり、そういう不実なる世界をどこまでも浄化するというはたらきとして作用するのが清浄句ということです。

「清浄」、あるいは「浄土」というのは、ただ浄らかな世界、一切の煩悩の汚れのない世界ということに終わらないのです。それは、清浄化する、浄化するということです。「浄土」の本来の意味は、どこまでも土を浄めるということで、「土」の形容詞として、「浄らかな世界」ということだけを意味しません。無限に、不断に、穢土である衆生世間を浄化してくださるはたらきそのものです。

それは、「かの無量寿仏国土の荘厳、第一義諦　妙境界の相の十六句と及び一句」と示されたように、この上なきもっともすぐれた真理、「第一義諦」が、如来からたまわった信心の智慧において認識される「妙境界相」として、我われが如来を憶念し浄土を願生するという我われの宗教心の境界を開かせてくる世界です。

それは、勝義諦に対して言うならば世俗諦です。この世間のうえにはたらく真理ということで表されます。つまり第一義諦が、絶対の無ということで表されるのに対して、世俗諦は「無の有」として表されます。

「無の有」という言葉は、別な言葉では「真空妙有」です。すべてのものが空ぜられ、「空」は絶対の否定、「ゼロ」という意味を持ちます。すべての根源が「真空」と表されるのに対して、「無の有」としての世俗諦、妙境界相の世界は、普通は「妙有」という言葉で表されます。しかし、「有」と言えば、なおそこに実体的な物が考えられがちです。物があると言いますと、すぐ我われは実体的に考えようとします。それが如来と言い、浄土と言いましても、それを対象的、実体的に捉えて、知的に理解しようとします。それが我われの心、分別のはたらきです。

我われは、如来の浄土までも実体的に捉えないとおさまらず、実体的に理解しなければ信ずることができない、というところに立っているのです。しかし、真実はそうではなく、「妙有」とは、対象化して捉えるものを否定的に超えているのです。それは、まさに真空そのもののはたらきです。一般には「妙有」と表されますが、山口先生は、仏教の本来の思想のうえで言うならば必ずしも的確な表現とは言えず、むしろ「妙有」でなく「妙用」と言わなくてはならない、と随分と強調されました。その指摘によって、「真空妙用」という表現に深い感銘を持って、それが真実だということを大事にされたのが鈴木大拙先生（一八七〇～一九六六）でした。鈴木先生は、真空妙用こそが仏教の真理であるということを思想的に究明され、それをいたるところで説いていかれました。

真空妙用は、無著・天親による唯識の思想において明らかにされたもので、龍樹の中観においては、勝義諦、智慧の完成に中心が置かれました。どこまでも究極のものにすべてが収まり、すべてのものが否定し尽くされて、絶対そのもの、真空そのものになる、という向上的な方向が智慧の完成という方向です。そこに、龍樹の中観思想の特質があります。それに対して、唯識の場合には、そこからさらに向下してきます。絶対否定的に超え尽くした真空の世界から帰ってくるのです。智慧の完成から慈悲の現行、大悲のはたらきとして帰るところに、唯識の思想の特色があると言うべきです。

曇鸞がそういう唯識思想を学んだということは、少し考えにくいと思います。唯識思想にどこまでふれることができたかは不明ですが、この方向を説いたのが羅什の弟子の僧肇の寂用論、あるいは体用論と言われる思想です。「寂」とは「般若」のことで、『般若無知論』という書名によって知られるように、「無知」と表されます。一切の知を絶したもので、我われが一般に使う「無知」とは少し異なります。ものが分からない、愚かなこと、世間知らずで何も分からないことを「無知」と言いますが、それだけでなく、この場合、すべての知を絶している、相対的な知識を超えている、ということです。それに対して、「用」とは方便であり、「無知の知」ということです。「無知の知」としてはたらく、「寂」はその「用」のうえにこそある、というのが僧肇の思想です。それは、龍樹の思想をさらに具体的に展開したもので、「中国般若学」とも言われています。その僧肇の寂用論を通して、曇鸞は、向上的な方向が向下的な方向に、智慧の完成が慈悲の現行へと転ずるという大乗仏教の論理を確証し、それにもとづいて浄土の意味を明らかにしていったと考えるべきだと思います。

第三節　総相としての清浄功徳

国土十七種、仏八種、菩薩四種の荘厳功徳は、順序正しく配置された三種であり、それぞれに自利利他の成就ということが大切にされています。

国土荘厳　第一～第十六……自利
　　　　　第十七……利他
仏荘厳　　第一～第七　……自利
　　　　　第八　……利他
菩薩荘厳　第一～第三　……自利
　　　　　第四　……利他

このように、三種それぞれで最後に利他を配置する構成になっていますが、曇鸞は、第一の清浄功徳を

「総相」と位置づけました。浄土の本質的、総体的な意味を明らかにされたものであるとして、「第一事」という表現がされているのです。

彼の世界の相を観ずるに三界の道に勝過せり。

此より已下は是れ第四の観察門なり。此の門の中に分けて二の別と為す。一には器世間荘厳成就を観察す。二には衆生世間荘厳成就を観察す。此の句より已下「願生彼阿弥陀仏国」に至るまでは、是れ器世間荘厳成就を観ずるなり。器世間を観ずる中に、復分けて十七の別と為す、文に至って当に目《なづ》くべし。此の二句は即ち是れ第一の事なり、名づけて観察荘厳清浄功徳成就と為す。此の清浄は是れ総相なり。仏本此の荘厳清浄功徳を起したもう所以は、三界は是れ虚偽の相、是れ輪転の相、是れ無窮の相にして、蚇蠖の循環するが如く、蚕繭の自ら縛る如くなり、哀れなるかな衆生此の三界顚倒の不浄に締るを見そなわして、衆生を不虚偽の処に不輪転の処に不無窮の処に置いて畢竟安楽の大清浄処を得しめんと欲めす。是の故に此の清浄荘厳功徳を起こしたもうなり。成就とは、言うこころは此の清浄は破壊すべからず汚染すべからず。三界は是れ汚染の相なり、是れ破壊の相の如くにはあらざるなり。

(『真聖全』一、二八五頁)

ここにあるように、「仏本此の荘厳清浄功徳を起したもう所以は」という問いを掲げて説かれるのです。これは、三厳二十九種荘厳の一つひとつについて、同じように丁寧に確かめていかれます。これが上巻であるのに対し、下巻では、

「荘厳清浄功徳成就」とは、「偈」に「観彼世界相　勝過三界道故」と言えり。これいかんが不思議なるや。凡夫人、煩悩成就せるありて、またかの浄土に生まるることを得んに、三界の繫業畢竟じて牽

かず。すなわちこれ煩悩を断ぜずして涅槃分を得。いずくんぞ思議すべきや、と。（『聖典』三一四頁）

と述べられます。「これいかんが不思議なるや」「いずくんぞ思議すべきや」という定型句で、一つひとつの荘厳について詳しく尋ねて、浄土を建立された如来の大悲の願心が、衆生のうえに願生の信心として成就した徳を明らかにされます。

つまり、上巻は、なぜ仏はこのような荘厳功徳を起こされたのかを明らかにしていくのですが、「一法句」「清浄句」の領解を踏まえて言うならば、根源なる「依処」としての真如法性が、「依事」という世間のうえにはたらく、その発動するところ、根源なる大悲の発動を尋ねていった、ということでしょう。

それに対して、大悲の本願が如来の浄土のはたらきを通して、我われのうえに回向され成就した事実を明らかにするのが下巻です。『浄土論註』上巻は、『大経』上巻の「如来浄土の因果」としての阿弥陀の本願を明らかにされたもの、『浄土論註』下巻は『大経』下巻の「衆生往生の因果」としての本願成就の功徳を明らかにされたもの、という対応関係を窺うことができます。

「真仏土巻」における『浄土論』帰敬偈の引用

『教行信証』「真仏土巻」に、『浄土論』が次のように引用されています。

『浄土論』に曰わく、世尊、我一心に尽十方の無碍光如来に帰命したてまつりて、安楽国に生まれんと願ず。かの世界の相を観ずるに、三界の道に勝過せり。究竟して虚空のごとし、広大にして辺際なし、とのたまえり。（『聖典』三一三～三一四頁）

「願生偈」冒頭は「世尊我一心　帰命尽十方　無碍光如来　願生安楽国」の帰敬偈、さらに「我依修多

羅　真実功徳相　説願偈総持　与仏教相応」という造論の意趣の文については「乃至」と明記せずに省略して、「観彼世界相　勝過三界道　究竟如虚空　広大無辺際」という清浄功徳と量功徳までを引かれています。

では、なぜ、「願生偈」冒頭の「世尊我一心」という天親の宗教心、願生心の表明から引用されたのでしょうか。この「帰敬偈」は、釈迦・弥陀二尊の勅命に随って、如来に帰依し浄土を願生するという、まさに天親のうえに成就された本願のまことを表されたもので、なぜ、真仏土を明らかにする証文として、「帰敬偈」から引かれたのか、ということです。浄土を明らかにするのであれば、「かの世界の相を観ずるに」から引かれていいはずです。

それは、浄土はどこまでも我われを離れて浄土があるのではなく、「願生」の浄土ということでしょう。つまり、我われのうえに回向成就された願生心に開けてくる世界としてある、ということです。浄土は客観的に考えられるものではなく、どこまでも願生心の内景として、願生心において見出されていく世界である、ということを明確に押さえておられるのでしょう。

そして、この文に続いて、『浄土論註』の清浄功徳の釈が引かれるのですが、上巻ではなくて下巻の文を引いておられます。

『註論』に曰わく、「荘厳清浄功徳成就」とは、「偈」に「観彼世界相　勝過三界道故」と言えり。これいかんが不思議なるや。凡夫人、煩悩成就せるありて、またかの浄土に生まるることを得んに、三界の繋業畢竟じて牽かず。すなわちこれ煩悩を断ぜずして涅槃分を得。いずくんぞ思議すべきや、と。

（『聖典』三一四頁）

浄土真宗の救いはこれに尽きるのであり、浄土真宗とは「横超の直道」であると言われます。横さまに生死の流れを超えていくのが浄土真宗の教えです。横さまに生死の流れを超えていくとは、煩悩を断じ得ないままに救われていくことです。煩悩を断じて、という断惑証理の聖道の教えとは違います。断惑証理の道は、末法濁世を生きる凡夫にとって不可能であり、観念の教えというほかはない。末法五濁の世に生きる凡夫にとって救いの道は、横さまに煩悩を断じ得ない深い悲しみのなかに涅槃の徳をいただいていくことです。そのもとが『浄土論註』下巻の清浄功徳の釈なのです。

そして、そのはたらきを起こさしめる根源なる大悲は一体いかなるものであるのか。「仏、本、なにゆえにこの荘厳功徳を起したまえるや」と言われるように、なぜ浄土が必要なのかという問題です。つまり、なぜ私どもにとって浄土はなくてはならない世界として、如来によって明らかにされ建立されたのか、という問題なのです。

なくてはならない世界として

上巻の清浄功徳釈に「仏本此の荘厳清浄功徳を起したまう所以は、三界は是れ虚偽の相、是れ輪転の相、是れ無窮の相にして、蚇蠖の循環するが如く、蚕繭の自ら縛る如くなり、哀れなるかな衆生此の三界顛倒の不浄に締るを見そなわして」とあります。これが如来の大悲の眼、如来の大悲の智見において発見された、不実の衆生の現実です。虚偽、輪転、無窮にして終わりなきものをたとえて、尺取り虫が同じ所を回っているようなものであり、蚕が自身の体から出た糸で自分をがんじがらめに縛っているようなものである、と教えます。『浄土論註』のたとえは、多く『大智度論』や『涅槃経』によりますが、見事なたとえを引きながら曇鸞は説明していかれます。

そこに「哀れなるかな」とおっしゃっていますが、これは仏の大悲を表す言葉です。我われも感情的には「哀れなるかな」と、なんとも情けないと自分でも思います。それは単に自分の心のなかで思うくらいのことで、真にそれを傷み、悲しむということにはなかなかならないで、たいていは愚痴に終わってしまいます。そこに、虚偽、輪転、無窮と言われる傷ましい我われの生きざまがあると言わなくてはならず、だからこそ、大悲のなかから「欲しめす」ということが出てくるのです。仏はどのようにおぼしめされたのかは次の通りです。

哀れなるかな衆生此の三界顛倒の不浄に締るを見そなわして、衆生を不虚偽の処に不輪転の処に不無窮の処に置いて畢竟安楽の大清浄処を得しめんと欲めす。是の故に此の清浄荘厳功徳を起こしたもうなり。成就とは、言うこころは此の清浄は破壊すべからず汚染すべからず。三界は是れ汚染の相なり、是れ破壊の相の如くにはあらざるなり。（『真聖全』一、二八五頁）

これは、大悲から出てくる願で、「欲」というのは「願」です。『摂大乗論』に十波羅蜜の説明がしてあり、そこに「願波羅蜜」（『大正蔵』三一、二二七頁）があります。さとりにいたる智慧の完成としての六波羅蜜は、布施・持戒・忍辱・精進・禅定・智慧です。主として龍樹の中観、般若の教えに説かれる道ですが、『華厳経』をはじめとする後の大乗の教えになりますと、十波羅蜜に展開するのです。それは、六波羅蜜に、方便・願・力・智の四波羅蜜が加わるのです。六波羅蜜は智慧の完成であり、そこから展開する十波羅蜜は智慧の完成による大悲のはたらきです。ですから、真実と方便と言ってもいいわけです。

『摂大乗論』では、願波羅蜜について、願とは「清浄意欲」（『大正蔵』三一、二二八頁）とあります。清浄なる意欲であって、我われの迷いにおける貪愛、恩愛の欲とは違います。我われの欲は、自分の心を満足する、幸せを得たいと願い、あれがあればこれがあれば、ということで、我われの欲は動いています。そのかぎりにおいて、蚇蠖循環、蚕繭自縛ということになっていくのです。それに対して清浄意欲は、欲のほかない我われのなかに、どこまでも真実に生きたいという願いを呼び覚ましていくような、根源的な如来の清浄意欲、あるいは、菩薩の清浄意欲です。欲のほかに何も持ち合わせない我われのなかに、如来の誓願不思議によって、清浄願往生心が発起してくるのです。ですから、善導は「二河譬」に示された宗教心の獲得について、「衆生貪瞋煩悩中能生清浄願往生心」(『観経疏』、『真聖全』一、五四〇頁)という言葉で表されたのです。それが、まさに「世尊我一心　帰命尽十方　無碍光如来　願生安楽国」という天親の帰敬偈のこころでもあります。

如来は虚偽、輪転、無窮のところにある我われをして、不虚偽、不輪転、不無窮のところ、究竟清浄なるところに置かしめるのです。「置かしめる」とは、安住せしめる、そこに安らかに立たしめたい、ということで、如来の清浄意欲としての願心がはたらくのです。

その後、「成就とは」とあります。如来の願心が表され、さらにそれを受けて「成就とは」と言われるのです。まず大悲によって智見された衆生の現実、そして、それを救わんとする如来の願心、さらに、その願心の成就を押さえながら明らかにされていく、と言っていいでしょう。

我われが真に安立せしめられる清浄なる浄土とは、「破壊すべからず汚染すべからず。三界は是れ汚染の相なり、是れ破壊の相の如くにはあらざるなり」と言って、三界のごときにあらずと示されています。三界を勝過する、欲界、色界、無色界の三界をはるかに超え、迷いを断ち切るのです。

三界を超えた安楽とはなにか

三界につきまして、曇鸞は「勝過三界道」の釈で、次のように述べられます。

此の三界はけだし是れ生死の凡夫流転の闇宅なり。復苦楽小しき殊に修短暫く異なりと雖も統て之を観ずるに有漏にあらざることなし。倚伏し相い乗じて循環際無し、雑生触受し四倒長く拘わる。且くの因且くの果虚偽相い襲う。安楽は是れ菩薩の慈悲正観の由より生ずるなり、如来の神力本願の所建なり。胎・卵・湿の生、茲れに縁って高く揖め業繫の長き維此れに従って永く断つ。続括の権、勧めを待たずして弓を彎く、労謙善譲普賢に斉しくして徳を同じくす。三界に勝過して是れ近き言を抑う。

（『真聖全』一、二八六頁）

「此の三界はけだし是れ生死の凡夫流転の闇宅なり」とありますが、八番問答では、「千歳の暗室」です。無始時来、あるいは久遠劫来、闇を闇と気づくことなく生き続けているのです。「無明長夜の燈炬なり」（『正像末和讃』、『聖典』五〇三頁）という言葉もありますが、「無明長夜」とは、本当に凄い言葉で、物を見る、自分を見る、真実を見る眼が失われた、真っ暗闇な人生ということです。現代はあまりにも明る過ぎて、逆にものが見えなくなっていく時代かもしれませんが、そこでどういう光に遇えばその闇を見出すことができるのかが、今、問われている時代なのだと思います。

そして、「苦楽小しき殊に修短暫く異なりと雖も」とあります。我われの人生は、苦楽相対の世界です。「歓楽極まりて哀情多し」という言葉もありますが、楽しいことが我われにとって苦しみになるということです。苦楽相対、苦しいときもあれば楽しいときもあるという、いろいろなことがあり、「修短暫く異なり」、命が長い短いということがあるけれども、仏の大悲の智見をもってすれば、それはすべて有漏雑毒なのです。それは「倚伏し相い乗じて」、禍いと幸せとが相互に循環して終わりなく、「雑生触受し四倒長く拘わる」、さまざまな生を享けて、無常の世界を常住と思い、苦の世界を楽ととらわれ、無我の法を我と考え、不浄の世界を清浄と見ていく、という四顛倒に拘束されているのです。そして、「且くの因且くの果虚偽相い襲う」ですから、いかなる因も、いかなる果も、虚偽ならざるものはなにひとつとしてない。それが、仏の大悲の智見によって見出された「欲界内存在」としての衆生のあり方です。仏は、そういう不実の世界、流転の闇宅に生き続け、無明長夜としか言いようのない我われを、「畢竟安楽の大清浄処」に安立せしめたいとおっしゃってくださるのです。

それでは、畢竟清浄処としての浄土、三界を超えた安楽浄土の安楽とはなにか。また、苦楽禍福相乗ずる我われの世界において明らかにされなければならない安楽とはなにか、ということです。

曇鸞は、その世界を「安楽は是れ菩薩の慈悲正観の由より生ずるなり」と言っています。「正観」とは、慈悲によって起こる正しい智慧、大悲の智慧です。真実の智慧による智見の、「由」とは因ですから、それを因として起こる果としての浄土について、「如来の神力本願の所建なり」という不可思議なる住持力です。流転している我われを根源から支え、その神力によって建立された世界が浄土であるというわけです。そして、胎・卵・湿・化の四生である、生きとし生きるもののすべては、大悲の智慧の眼によって見出された衆生のあり方、それはまさに如来において、「哀れなるかな」と仰せられ、教えられるほかにないあり方です。そのものを、不虚偽、不輪転、不無窮なる畢竟安楽の大清浄処なる世界に安立せしめたいと願われるのです。その本願のはたらきが安楽浄土である、ということです。

それでも、「久遠劫よりいままで流転せる苦悩の旧里はすてがたく」と言われるような、業を抱えて生きるほかはない我われですが、この穢土に縛りつけている業繋の長き綱も、浄土に生まれれば永遠に断つ、とおっしゃってくださっているのです。「業繋の長き維此れに従って永く断つ」とは、三界を勝過する、出離生死、生死流転を超えるということです。

しかし、『浄土論註』の解説はそこで終わらず、「続括の権、勧めを待たずして弓を彎く、労謙善譲普賢に斉しくして徳を同じくす」と続くのです。「労謙善譲」とは、苦労を自ら引き受け、その功徳は人に譲る、というのです。生きとし生きるものすべて、平等に摂めとられていく、そこにおいて業繋が長く断ち切られていく世界が往相の究極としての浄土で、そこからさらに展開するのが還相です。そのようなはたらきが「続括の権、勧めを待たずして弓を彎く」と表されています。張りつめた弓から矢が放たれて飛んでいく、それは「勧めを待たずして」ですから、頼まれて命ぜられてということではない。自然に、もっと言えば、必然にして計らいなく、しかも、そうせずにはおれなくして弓をひくのです。その内容が「労謙善譲普賢に斉しくして徳を同じくす」と言われます。

三界を超え、迷いを超え、しかも「勝過」ですから、絶対的に超えていき、一切の業繋が断ち切られていくのですが、それに終わらないのです。そこに往けば、自然に必然にこの迷いの世界に還って来る、ということです。往相の果遂、往相がそのまま還相のところまで突き抜けていくのです。往相が還相のはたらきを生み出し、還相のはたらきを成り立たしめるような世界こそは浄土である、ということです。

第四節　智慧の完成から慈悲のはたらきを起こしてくる世界

法性法身と方便法身

繰り返しますが、清浄功徳は、欲界・色界・無色界という迷いの境界である三界を絶対否定的に超えた世界として、迷いを勝過するもの、と示されています。その場合に、三界を絶対否定的に超えるということは、ただ超越したということでなく、往相の果てに涅槃にいたるのです。そこは還相のはたらきが自然に生まれてくるところであることを注意します。往相の究極が同時に還相のはたらきの起こってくる根源の世界であるということをもって、「勝過」ということの意味を曇鸞は明らかにされたのです。浄土とは、ただ迷いの世界に生きる私どもにとって、帰るべき究極の帰着点にとどまらないのです。むしろ、それは還相のはたらきの起こってくる根源ということです。つまり、智慧の完成においてさらにそこから慈悲のはたらきを起こしてくる根源なる世界が、清浄功徳として表される浄土の世界である、ということです。

そのことを浄入願心章の二種法身論のうえから尋ねていこうと思います。

「浄入願心」とは「また、さきに観察荘厳仏土功徳成就、荘厳仏功徳成就、荘厳菩薩功徳成就を説きつ。この三種の成就は願心の荘厳したまえるなりと、知るべし」（論）といえり。「知るべし」とは、この三種の荘厳成就は、もと四十八願等の清浄の願心の荘厳せるところなるによって、因浄なるがゆえに果浄なり。因なくして他の因のあるにはあらずと知るべしとなり。「略して入一法句を説くがゆえに」（論）とのたまえり。上の国土の荘厳十七句と、如来の荘厳八句と、菩薩の荘厳四句とを「広」

とす。入一法句は、「略」とす。何がゆえぞ広略相入を示現するとならば、諸仏菩薩に二種の法身あり。一つには法性法身、二つには方便法身なり。法性法身に由って方便法身を生ず。方便法身に由って法性法身を出だす。この二つの法身は、異にして分かつべからず。一にして同じかるべからず。

（『聖典』二八九～二九〇頁）

三種の荘厳はすべて一法句に摂まり、「略」なる一法句は「広」なる三種荘厳として開かれてくる、ということを説かれます。その根拠、理由として二種法身が説かれ、法性法身と方便法身、「法身」と「方便」という言葉で、「真実智慧無為法身」と言われる如来の法身のはたらきが表されています。しかも、二種の法身の関係を「法性法身に由って方便法身を生ず。方便法身に由って法性法身を出だす」と、「生ず」と「出だす」という言葉の使い分けがしてあるのは大事なことです。

法性法身とは、「真如法性」と熟語されるように、色もない形もない、さとりそのものであり、我われの知性によって対象化して理解することを否定して、人間の心のはたらきや言葉がすべて超えられた世界です。

仏をいかなるものとして考えるのかという仏身論は、仏教史上、さまざまな展開を遂げていくわけですが、法身と色身の二身説がその原初と言われます。法身は、法性、真理そのものとされ、真理の自在なはたらきの根拠、依止を、人格的に象徴した言葉として語られます。さとりそのものと言うべきものですが、そのさとりが「身」として表されるところには、はたらきがそこに示されていると思われます。色や形を超えたもの、「心行処滅言語道断」とも言われる一切の言葉が絶え果てたところ、あるいは、一切の心のはたらきが止滅するところ、それが法性法身です。

そういう言葉も心も超えた絶対のさとりそのものが、「方便」として我われのうえにはたらいてくださるのが方便法身ということです。「方便」は「upāya」（ウパーヤ）で、「upā」（ウパー）は「近づく」ということですから、形を超えたものが形として象徴的に表され、我われのところにまで近づいてくださるのです。法性法身は真如そのものですが、その真如が「如来」されるのです。さとりそのものが、形を通し、言葉を通し、あるいは、言葉となって、私のところに来てくださるのです。そのはたらきが方便という意味です。哲学的な言葉であれば、絶対的に超越的なものが、同時に我われのなかに内在的に来たってくださるということです。宿業の身の根源にまではたらいてくださり、そして、宿業の身においてうなずくことのできるはたらきとして、私のところにまで来てくださるのです。

法性法身と方便法身という二種法身は、曇鸞によって初めて用いられた名目ですが、その大本は、釈尊が正覚を開き如来となられたということです。さとりを開かれたということは、さとりの世界に到達されたということ、智慧を完成されたということです。如来十号の「善逝」は「善く逝く」ということですが、「如に去る」を表す「如去」（tathāgata：タターガタ）という言葉でも言われます。よくさとりの境界に達する者ということです。そのさとりの世界は言葉では表しえないので、古い原始経典に依れば、欲に惑わされている者に対しては、言葉を超え思いを超えたさとりを説くことはできないから沈黙を守るほかないと、釈尊はお考えになられました。ところが、インドの神である梵天は、多くの人のなかにはあなたの教えを理解できる者もいるはずだから、あなたは説かれるべきである、とお願いされました。そういう梵天の求めに応じて、釈尊は言葉を超えた高貴なる沈黙の世界から言葉をもって真理を説かれた、というわけです。それが「如来」、如（さとり）から来たれる者（tathā-āgata：タター・アーガタ）として出現された、というものです。

如来のさとりは言葉を超えた深い沈黙をもって説かれます。そこには、言葉、戯論や分別に対する不信が込められています。ところが、その沈黙の世界から「如来」されることにおいて、言葉として、教えとして、我われのところに来たりたもうのです。そういうことが方便というはたらきのなかに込められているのです。

ですから、釈尊のさとりそのものが法身であり、それを目に見える形で、釈尊という存在そのもの、あるいは、釈尊という人格を通して明らかにされたものが色身です。それが仏身論の原型、二身説です。そこから、菩薩思想に見られる「願」と「行」によって成就された仏身論が展開してまいります。法身と色身の間に、「報身」「等流身」「受用身」などと呼ばれる中枢的な仏身を見出し、三身説によって明らかにしたのが唯識ですが、曇鸞の二種法身説は、唯識の三身説が理論的体系的に整備される以前の思想であることは承知しておかれるべきです。

曇鸞は、法身が色身として現れ、如が如来としてはたらくところを「方便法身」という語で表したのです。方便法身は三身論では報身に対応しますが、それはさらに釈尊に代表される応化身、変化身として顕現するものであり、その徳と力を内包するものと言うべきでしょう。「方便」ということは、曇鸞の教学において非常に大事な意味を持っている言葉です。それは大乗仏教の基本の論理によりますが、ことに曇鸞の場合、僧肇の寂用論がその論理の根底にあることが注意されます。絶対なる般若そのものが、ただ絶対的なものとして単独的に存在するのでなく、「無知」なるものが「無知の知」としてはたらく、あるいは、「無相」なるものが「無相の相」としてはたらく、あるいは、生滅を超えた「無生」なるものが「無生の生」としてはたらく。そういうところに絶対なるものをはたらきとして明らかにしたのが曇鸞教学です。

「方便」についての独自な解釈

「方便」について、曇鸞は独自な解釈を施しており、『浄土論』において、大乗の菩薩道における階梯、ことに巧方便回向の成就していく態を、智慧・慈悲・方便の三種の菩提門として表すのですが、曇鸞は次のような解説をしています。まず、『浄土論』の文章です。

菩薩かくのごとく善く回向成就を知りて、すなわち能く三種の菩提門相違の法を遠離すべし。なんらか三種。一つには智恵門に依って自楽を求めず、我が心、自身に貪着することを遠離するがゆえに。二つには慈悲門に依って一切衆生の苦を抜く、無安衆生心を遠離するがゆえに。三つには方便門に依って一切衆生を憐愍して、心、自身を供養し恭敬する心を遠離せるがゆえに。これを三種の菩提門相違の法を遠離すと名づく。（『聖典』一四三頁）

これに対して曇鸞は、まず、「智慧」について、

進むを知りて退くを守るを智と曰う。空無我を知るを慧と曰う。智に依るがゆえに自楽を求めず、慧に依るがゆえに我心、自身に貪着するを遠離せり。（『聖典』二九三頁）

と註釈しています。そして、「慈悲」については、

苦を抜くを慈と曰う。楽を与うるを悲と曰う。慈に依るがゆえに一切衆生の苦を抜く。悲に依るがゆえに無安衆生心を遠離せり。（『聖典』二九三頁）

となります。一般に「抜苦与楽」と言われ、「抜苦」が「悲」、「与楽」が「慈」という場合もあり、曇鸞の註釈は『大智度論』に拠ったものと考えられており、「慈」は「抜苦」、「悲」は「与楽」とされています。そして、「方便」について、

正直を方と曰う。外己を便と曰う。正直に依るがゆえに、一切衆生を憐愍する心を生ず。外己に依るがゆえに自身を供養し恭敬する心を遠離せり。（『聖典』二九四頁）

とあります。「正直を方と曰う」の「正直」とは、真っ直ぐであり真実であるということです。「外己を便と曰う」の「外己」は、他をさきにして己を外にする、ということで、これは『浄土論註』独自な解釈です。「方便」のもとの意味は「近づく」ということですから、「正直」とか「己を外にする」という意味は原語にありません。ところが、中国の仏教者である曇鸞は、そういう意味を見出したのです。

ひとつ思いますのは、「外己を便と曰う」という己を外にするという解釈ですが、それは仏の本願です。仏の本願は「もし衆生が生まれなかったならば、私は仏にならない」というのが本願のおこころです。衆生の救いをさきとし、衆生の救いをもって自らの成仏とするところに、仏の大悲があるわけでしょう。ですから、方便とは己を外にすることと曇鸞は語っていますが、それを仏の本願に返したならば、衆生の救いをもって自らの成仏とするところに、まさしく方便法身と言われる如来の真実が表されていると領解できると思います。

法性法身と方便法身については、「法性法身に由って方便法身を生ず。方便法身に由って法性法身を出だす」とあり、「生ず」と「出だす」の関係が問題になります。「法性法身に由って方便法身を生ず」とは、方便法身としての阿弥陀は、真如そのものである法性法身が、大悲を契機として等流してきたものである

ことを表します。それに対して、「方便法身に由って法性法身を出だす」とは、その方便法身である阿弥陀によってのみ、法性法身は真に顕し出されることを表しているのです。

絶対なる真実のさとりは、方便法身という形になって、あるいは、言葉となって私のうえに現れたまうのです。方便法身を抜きにして法性法身を知ることはできないのであり、法性法身は方便法身のうえに全現しているのです。方便法身を通さずして法性法身に直接しようとするならば、それは観念に堕するということです。方便ということは、我われにとって具体的には形ということです。ことに、言葉、名号として、我われのうえに呼びかけ、我われを呼び覚ますはたらきとして不断にはたらいてくださる如来です。それが方便法身です。

広略相入ということも、ことに方便法身のはたらきにおいて顕し出される大悲の本願の等流を示しており、「相入」という言葉には、ことにそのはたらきが不断に行われているはたらきそのものを表していると領解いたします。

実相身と為物身

二種法身説に関連して、実相身と為物身が注意されます。この二身は、『浄土論註』下巻の起観生信章、五念門の讃嘆門の釈に示されており、『教行信証』では「信巻」に引用されています。

『論の註』に曰わく、「かの如来の名を称し、かの如来の光明智相のごとく、かの名義のごとく、実のごとく修行し相応せんと欲うがゆえに」といえりと。「称彼如来名」とは、いわく無碍光如来の名を称するなり。「如彼如来光明智相」とは、仏の光明はこれ智慧の相なり。この光明、十方世界を照らすに障碍あることなし。よく十方衆生の無明の黒闇を除く。日月珠光のただ室穴の中の闇を破するがごときにはあらざるなり。「如彼名義欲如実修行相応」とは、かの無碍光如来の名号よく衆生の一切の無明を破す、よく衆生の一切の志願を満てたまう。しかるに称名憶念あれども、無明なお存して所願を満てざるはいかんとならば、実のごとく修行せざると、名義と相応せざるに由るがゆえなり。いかんが不如実修行と名義不相応とする。いわく如来はこれ実相の身なり、これ物の為の身なりと知らざるなり。また三種の不相応あり。一つには信心淳からず、存せるがごとし、亡ぜるがごときのゆえに。二つには信心一ならず、決定なきがゆえに。三つには信心相続せず、余念間つるがゆえに。この三句展転して相成ず。信心淳からざるをもってのゆえに決定なし、決定なきがゆえに念相続せず、また念相続せざるがゆえに決定の信を得ず、決定の信を得ざるがゆえに心淳からざるべし。これと相違せるを「如実修行相応」と名づく。このゆえに論主建めに「我一心」と言えり、と。

（『聖典』二一三〜二一四頁）

浄土往生の行として説かれた五念門について、『浄土論』と『浄土論註』で展開が見られることは、よくご承知のことと思います。『浄土論』では、五念門の中心は作願門、観察門にあり、心を静めて仏の世界を深く観察する止観行です。

いかなるか作願する。心に常に作願したまえりき。一心に専念して、畢竟じて安楽国土に往生して、実のごとく奢摩他を修行せんと欲うがゆえに。いかんが観察する。智恵をして観察したまえりき。正念に彼を観ずることは、実のごとく毘婆舎那を修行せんと欲うがゆえなり。

（『聖典』一三八頁）

ここでは、奢摩他・毘婆舎那の実践による智慧の完成が重要視されるのです。そういう智慧の成就、智慧を身につけていくことが五念門のはたらきとして説かれています。

ところが、曇鸞になりますと、止観にさき立つ讃嘆門に重点が置かれます。讃嘆とは名号の讃嘆で、念仏申すことのはたらきとして、自ら具わっていくのが止観であると、止観を念仏申すことのなかに含めていくのです。念仏申すことにおいて、自ら止観の智慧が開けていくところに絶対的な意味を見出していったのが曇鸞です。それは、別の言い方をすると、菩薩の道から凡夫の道へという転換を見出していった、ということです。

「かの無碍光如来の名号よく衆生の一切の無明を破す、よく衆生の一切の志願を満てたまう」という破闇満願の徳用として示される如来の名号ですが、「しかるに称名憶念あれども、無明なお存して所願を満てざるはいかんとならば、実のごとく修行せざると、名義と相応せざるに由るがゆえなり」と自問自答されます。そこでは、称名念仏が如実の修行とならずに、また、如来の名義に相応していないからであり、その意味について、如来が実相身と為物身であることを領解しておらず、我われの心が淳一相続しないことを明らかにされます。「帰命尽十方無碍光如来」の名義という名のはたらき、あるいは、名号における内面的意義をあらわすのが実相・為物の二身である、ということでしょう。「帰命尽十方無碍光如来」という如来の名号は、二種法身で言いますと方便法身です。碍りだらけの人生のなかで碍りを超えていく光となり、道となってはたらいてくださる方便法身が如来の名号ですが、その如来の名号に実相身、為物身ということがあるというわけです。

実相身とは、さとりそのもの、真如実相のことで智慧を表します。それに対する為物身の「物」というのは、生物と言うように、いのちあるもの、生きとし生きるものですから、生きとし生きるものにはたらく身です。これは智慧から発する慈悲を表します。如来の御名には、実相・為物という如来の徳とそのはたらきが具わっており、それを我われに与えてくださるのです。そして、破闇満願とあるように、称名念仏において一切根本の無明の闇が破られ、我われの生死を超えて生きたいという内なる願いを満足してくださるのです。それが名号による如来の智慧と慈悲のはたらきであり、実相身・為物身なる方便法身のはたらきです。

要するに、曇鸞は真実なるもののはたらきを「法性法身に由って方便法身を生ず。方便法身に由って法性法身を出だす」と語り、その方便法身について、さらに、実相・為物という智慧と慈悲のはたらきとして表され、それがしかも、名号において表されている、ということです。言葉を超えたものが言葉を持ち、それ自体を表すのです。曽我先生がおっしゃるように、「南無阿弥陀仏」とは、言葉にまでなってはたらいてくださる如来であるということです。その名号のところに如来の具体的なはたらきがある、とおっしゃるわけだと思います。法性法身が方便法身となる、あるいは、方便法身について実相・為物として表される如来の智慧と慈悲がはたらいてくださり、そのはたらきが我われにとっては、無明の闇が破られ、生死を超えて浄土に生まれたいという願いが明らかになり成就していく、とおっしゃるわけです。

そういう如来のはたらきについて、人格的なはたらき、あるいは、全存在を挙げてのはたらきを、「挙体的表現」と言えないだろうかと思います。つまり、如来が存在全体をもって我われのうえに呼びかけ、はたらいておってくださる姿です。「挙体的表現」という言葉を用いますのは、『歎異抄』の「聖人のつねのおおせ」が思われるからです。「たすけんとおぼしめしたちける本願のかたじけなさよ」とありますように、親鸞聖人は如来のご恩徳を宿業の身においていただかれました。「そくばくの業をもちける身」、

「親鸞一人がためなりけり」のご苦労であるといただいていかれました。その「たすけんとおぼしめしたちける」というお言葉に感ずるもの、響いてくるものを、私は「挙体的表現」、体全体を挙げてのはたらき、呼びかけと言えないだろうかと思います。

如来浄土の本質

国土荘厳の第三番目に性功徳があります。「願生偈」で言いますと、

正道大慈悲　出世善根生（正道の大慈悲は、出世の善根より生ず）（『聖典』一三五頁）

です。性功徳とは、如来浄土の本質的な意義を明らかにしたもので、「性」は、本質、法性、本性ということです。これは、『摂大乗論』の十八円浄で言うと、因円浄に対応します。真諦訳の『摂大乗論釈』によりますと、

出出世善法功能所生（出出世の善法の功能より生ずる所）（『大正蔵』三一、二六三頁）

とあります。この文が性功徳に対応するわけですが、『浄土論』で言う「出世の善根」、あるいは、『摂大乗論』の「出出世の善法」とはなにか、ということが問題です。「出世」、つまり世間を超出する、世間を超えるということはどういうことでしょうか。

真諦訳『摂大乗論釈』には詳しい註釈が施されています。

論に曰わく　出出世の善法の功能の生ずる所、

釈に曰わく　二乗の善を出世と名け、八地より已上乃至仏地を出出世と名く。出世の法は世法の対治と為り、出出世の法は出世の法の対治と為る。功能は四縁を以て相と為す。出出世の善法の功能より

此の浄土を生起するが故に、集諦を以て因と為さず。此の句は因の円浄を明かす。何をか出出世の善法と為すや。無分別智と無分別後智との生ずる所の善根を出出世の善法と名く。

（『大正蔵』三一、二六三頁）

二乗の善を出世と名づけて、八地以上の菩薩の善が出出世の善ということです。二乗によってさとられる出世の法は、世間を対治していく。対治するというのは世間の過ちを照らし、それを破るということです。二乗の道を求める人びとによって得られる出世の智慧は、世間の迷妄、あるいは相対的な善を対治していくものです。けれども、それをさらに超えた八地以上の菩薩、あるいは仏における出出世の智慧は、二乗によってさとられる出世の法を対治するものである、ということです。そのようなはたらきをもたらす出出世の善法とは、一切の分別が完全に滅せられた究極のさとりである「根本無分別智」と、その根本なる無分別智から、さらに世間を清浄にする「後得清浄世間智」としてはたらく大悲である、ということです。ですから、世間を超えながら、超えたというものもまた破り超えるものということでしょう。破り超えるということは、超えたところにとどまらないで、むしろ超えたというところにとどまることを拒絶して、世間を浄化するという大悲のはたらきとして現れてくるのです。それは「後得」と言われるように、根本無分別智の自らなるはたらきです。菩薩あるいは仏において、無分別智なる涅槃のさとりの境界にとどまることをあえて拒絶するという意志がそこには含まれています。涅槃に住しないで生死輪廻の世界に生きる、「故意受生」とも表されるのは、それを示しています。意志的なものとしてはたらき、自然であって、しかもそうせずにはおれない必然性を持ってはたらいてくる意味が「後得清浄世間智」なのです。

これを『浄土論註』の言葉で確かめてまいりますと、国土十七種功徳の十二番目の主功徳、「正覚阿弥

陀　法王善住持」の釈が注意されます。浄土の主である阿弥陀の徳を讃嘆されたところで、浄土は正覚の阿弥陀法王によって善く住持されている阿弥陀のはたらきを、浄土を住持するはたらきとして説かれているのです。

> 「荘厳主功徳成就」は、「偈」に「正覚阿弥陀　法王善住持」のゆえにと言えり。これいかんが不思議なるや。正覚の阿弥陀、不可思議にまします。かの安楽浄土は正覚阿弥陀の善力のために住持せられたり。いかんが思議することを得べきや。「住」は不異不滅に名づく、「持」は不散不失に名づく。不朽薬をもって種子に塗りて、水に在くに蘭れず、火に在くに燋がれず、因縁を得てすなわち生ずるがごとし。何をもってのゆえに。不朽薬の力なるがゆえなり。もし人ひとたび安楽浄土に生ずれば、後の時に意「三界に生まれて衆生を教化せん」と願じて、浄土の命を捨てて願に随いて生を得て、三界雑生の火の中に生まるといえども、無上菩提の種子畢竟じて朽ちず。何をもってのゆえに。正覚阿弥陀の善く住持を径るをもってのゆえにと。
> （『聖典』二八二頁）

阿弥陀が浄土を住持され、そして、浄土に往生した浄土の菩薩をも住持し、それを根底から支えられるのです。つまり、ひとたび安楽浄土に生まれた者が、再び三界に生まれて衆生を救おうと願い、浄土の命を捨てるのです。浄土の命を捨てて迷いの世界に還ってくるのですが、煩悩の悪にまみれて生死流転を繰り返すことは決してなく、浄土の命を捨てて三界に還ってきても、三界雑生の火のなかに埋没することにならないのは、阿弥陀の住持力がはたらいてくださるから、ということです。

仏の世界に生まれた者が仏の世界にとどまることを拒絶し、浄土の命を捨てて迷いの世界に還るのは、大悲のおこころを深く表された解釈です。根本無分別智が後得清浄世間智としてはたらく、ということですが、それは自然のはたらきであるけれども、浄土の命を捨ててと表されるような深い決意が含まれているのです。曇鸞は、それが大乗の精神である、あるいは、大乗の魂はそこにあると言っているのでしょう。浄土を願うのは、ただ娑婆世界を離れて極楽に往生して、というのではなく、どこまでも「普共諸衆生」とあるように、普く諸の衆生と共に、という願いのなかに生きることが浄土を願生して生きることだと、曇鸞はおっしゃっているのです。

世間を超えながら世間にはたらく大悲のはたらき

正道の大慈悲なる世界が阿弥陀の浄土であるけれども、それは出世の善根より生じたものであり、どこまでも世間を超えながら世間にはたらく大悲のはたらきとして浄土は建立されたものであるということの意味を、曇鸞は性功徳の釈を通して確かめていかれます。『教行信証』では「真仏土巻」に引用されています。

また云わく、「正道の大慈悲は出世の善根より生ず」(論)とのたまえり。この二句は「荘厳性功徳成就」と名づく。乃至　性はこれ本の義なり。言うこころはこれ浄土は、法性に随順して、法本に乖かず、事、『華厳経』の宝王如来の性起の義に同じ。また言うこころは、積習して性を成ず。法蔵菩薩を指す。もろもろの波羅蜜を集めて、積習して成ぜるところなり。また性と言うは、これ聖種性なり。序めに法蔵菩薩、世自在王仏の所にして無生忍を悟る。そのときの位を聖種性と名づく。この性の中にして四十八の大願を発して、この土を修起したまえり。すなわち安楽浄土と曰う。これ、かの因の所得なり。果の中に因を説く。かるがゆえに名づけて性とす。また性と言うは、これ必然の義なり、不改の義なり。海の性一味にして、衆流入るもの必ず一味となって、海の味、彼に随いて改まらざるがごとしとなり。また人身の性不浄なるがゆえに、種種の妙好色香美味、身に入りぬれば、みな不浄となるがごとし。安楽浄土は、もろもろの往生の者、不浄の色なし、不浄の心なし、畢竟じてみな清浄平等無為法身を得しむ。安楽国土清浄の性成就したまえるをもってのゆえなり。「正道の大道大慈悲は、出世の善根より生ず」というは、平等の大道なり。平等の道を名づけて正道とする所以は、平等はこれ諸法の体相なり。諸法平等なるをもってのゆえに発心等し。発心等しきがゆえに道等し。道等しきがゆえに大慈悲等し。大慈悲はこれ仏道の正因なるがゆえに、「正道大慈悲」と言えり。慈悲に三縁あり。一つには衆生縁、これ小悲なり。二つには法縁、これ中悲なり。三つには無縁、これ大悲なり。大悲はすなわちこれ出世の善なり。安楽浄土はこの大悲より生ぜるがゆえなればなり。かるがゆえにこの大悲を謂いて浄土の根とす。ゆえに出世善根生と曰うなり、と。

（『聖典』三一四〜三一五頁）

ここで、曇鸞は「性」の意味を「性はこれ本の義なり」と示して、「浄土は、法性に随順して、法本に乖かず」と表されています。真如法性そのもののはたらきは、色もない形もない、あらゆる迷いを超えた真如そのものが、その本質を失うことなく、濃い中味を薄めてはたらくということもなく、現れたもうはたらきを言い、『華厳経』の宝王如来性起品において説かれる「性起」と同じ意味であるというのです。別な言葉であれば、性起とは法性の等流ということです。等流は、流れ込んでくる、我われのなかに徹してくださるという意味ですから、我われの厚い我執の壁を破って、私の骨髄のところまで、宿業の身の深いところに入り込んでくださるはたらきを表します。

ですから、性起とは如来が出現されたことの意味を尋ねていくことであり、その最初は釈尊です。釈尊は菩提樹下において、内観の法によってさとりをお開きになられました。すべては縁起であると知って、生老病死の苦悩のもとである執着から解脱されました。それは、さとりの世界に至ってさとりの智慧を完成され、仏陀がこの世に出現されたということです。仏陀はさとりの内容を人びとに説いても理解してもらえないという思いから、沈黙の座を守られました。これは別な言葉であれば、自らそのさとりの境地を独り楽しむ「自受用三昧」ということです。言葉を超えたものを人びとへ伝えることができないところに仏陀の深い沈黙があったわけです。

それに対するのが、梵天の勧請です。神々が仏陀にそのさとられた法を説いてほしい、そのさとられた世界はどれほど深いものであろうとも、仏陀がお説きくだされば領解する者は必ずいるはずだから、どうかお説きくださいと、人類を代表して梵天が勧請するわけです。そこで、仏陀は沈黙の座を立って、初転法輪、法輪を転ずる、説法に踏み切られました。これは「自受用三昧」に対して、「他受用」と言われます。他を受け入れ教化する、自利から利他へ、智慧の完成から慈悲への展開、ということです。

最初の説法は、かつて修行をともにされた五人の比丘に対してです。そのとき、五比丘は向こうからくる仏陀の姿を見て、あれは我われとともに修行しながら、修行に敗れた敗残者である、と言いました。しかし、仏陀は、五人の比丘の前に立って、「ガウタマと呼んではならない、私は如来である」とおっしゃって、縁起の法を諄々と説いていかれるのです。

「如来と呼べ」という宣言から初転法輪は始まるのですが、この「如来」とはどういうことなのか。さとりにゆける者、さとりに到達せる者、という意味があるとともに、もうひとつ、さとりの座を立って、そこから来たれる者、という意味があるということです。

ですから、性起とは、さとりの世界そのものから現れ来たる、言葉を超えた沈黙の世界から、言葉をもって現れたもうという深いところで明らかにされていることなのです。釈尊のお姿を通して、仏弟子たちは釈尊のいのちを憶念していったわけですし、釈尊の言葉の背景にある釈尊のさとりの世界を憶念していったのです。

そこに出遇ったのが、法蔵菩薩と名告ってはたらきたもう阿弥陀のお姿です。それが、「また言うところは、積習して性を成ず。法蔵菩薩を指す。もろもろの波羅蜜を集めて、積習して成ぜるところなり」ということでしょう。さらに、「また性と言うは、これ聖種性なり」と押さえて、『大経』上巻に説かれた勝因段によって述べていくのです。

「積習」とは、文字通り積み重ねるということ、衆生を救わんという願いを起こして、六波羅蜜を初めとする万善万行を修せられたのですから、「修起」ともいうのです。修起によって、安楽浄土が建立されたのです。

ものの道理、本質的な意味、本性としての自然のはたらきが「性起」ということで、理性と言ってもいいでしょう。しかし、絶対なるもの、真実なるものは、ただ絶対真実として超越的にあるわけではなく、どこまでも相対の世界にはたらくのです。自然の道理について、法然上人が「ほのおはそらにのぼり、水はくだりさまにながる」（『法然上人行状絵図』二十一巻〈井川定慶編『法然上人伝全集』法然上人伝全集刊行会、一九六七年、一一三頁〉）とおっしゃっています。これが性起ということです。絶対なるもの、真実なるものは、俗世の世界、迷いの世界にはたらき、浄化し、それを転ずるという、はたらきとして絶対であるということです。

それに対して、法蔵菩薩による積集は修起です。具体的には、法蔵菩薩の発願、修行によって明らかにされています。修起とは、願が自らの行、はたらきとして、我われのうえに現れてくださることです。願と行というのではなく、願が行として展開するのです。願と行がふたつではなく、願が真実であればおのずから行となり、それはおのずから生活になっていく、ということでしょう。法蔵の発願は、そのまま願の実現に向けての行として展開していくのです。願の根底は大悲ですから、大悲の本願がはたらくのです。しかも、願とは『摂大乗論』の十波羅蜜で言う「清浄意欲」ですから、如来の深い意志、衆生を救わなければおかないという意志です。そういう大悲のはたらきによって成就されていく世界が浄土です。

そのような安楽浄土を建立した法蔵菩薩を、曇鸞は「聖種性」と押さえています。「聖種性」とは、十地のさとりを開く種子、素質のことで、八地以上の菩薩の位を聖種性と名づけます。八地以上の菩薩というのは、報生三昧を得た者と言われます。報生三昧とは「無功用」ということです。『浄土論註』の不虚作住持功徳の言葉であれば、「作心」です。計らう心、努力する心ということが問題にされ、八地以上の菩薩になりますと、計らう心、努力する心が一切超えられ捨てられていくのです。ただあるがままに、何をするにせよ、すべてが仏事を行じていくということになる、という境地を「無功用」と言い、「報生三昧」を表します。そのような自然にはからわれて生きる、あるがままに行じていくはたらきを得た位を聖種性と言います。法蔵菩薩はまさにすべてのはからいを超えられた方で、根本無分別智を得られつつ、そこにおいて分別を尽くしてくださるのです。それが法蔵菩薩のご苦労である、ということをおっしゃるわけでしょう。そのような聖種性という位にあって、四十八願を起こして浄土を修起されたのが安楽浄土であるということです。

最後に、「性」の意味を、「また性と言うは、これ必然の義なり、不改の義なり。海の性一味にして、衆流入るもの必ず一味となって、海の味、彼に随いて改まらざるがごとしとなり」と、海のたとえによって確かめていかれます。どのような者であっても摂取してくださる大悲によって建立された浄土に入るときに、すべての者は一味の味となる。どのような者であろうとも、浄土に往生する者は仏と一体となる。そういうことが「必然不改の義」ということで説かれていきます。

この海のたとえは、『教行信証』で言いますと、「行巻」の重釈要義、「一乗海」の「海」の解釈として出てまいります。

「海」と言うは、久遠よりこのかた、凡聖所修の雑修雑善の川水を転じ、逆謗闡提恒沙無明の海水を転じて、本願大悲智慧真実恒沙万徳の大宝海水と成る、これを海のごときに喩うるなり。良に知りぬ、経に説きて「煩悩の氷解けて功徳の水と成る」と言えるがごとし。已上

願海は二乗雑善の中下の屍骸を宿さず。いかにいわんや、人天の虚仮邪偽の善業、雑毒雑心の屍骸を宿さんや。

（『聖典』一九八頁）

老少男女善悪を選ばず、すべての者がみな平等に仏になるというのが一乗ということです。それは阿弥陀の本願よりほかにない、ということであり、具体的には、みなさまがひとつの世界に生きるのは「同一念仏無別道故」ということのほかにはない、ということです。賢いから、愚かだからということを一切問わない、同一念仏においてみな一味、同じ世界に生きることができる、念仏のみがそれを開いてくださる道であることを明らかにしていかれるのです。

親鸞聖人は、「海」ということを大事にされました。「本願海」「智慧海」、あるいは「願海に転入する」ともおっしゃっています。それは、「煩悩海」「生死海」ということに対応します。煩悩の海のなかに漂い続ける者という、凡夫であることとの悲しみです。その生死罪濁の凡夫を包んでくださる本願海を、親鸞聖人は歓び讃嘆していかれるのです。その海は、どのような屍骸をも宿さない、「不宿屍骸」という言葉で教えてくださいます。どのような逆謗の屍骸も内に包んで、それを浄化してくださるものであり、「煩悩の氷解けて功徳の水と成る」のです。

無有出離之縁の大悲

「正道の大慈悲」について、三縁の慈悲が述べられますが、これは龍樹の『大智度論』に出てきます（『大正蔵』二五、三五〇頁）。第一の「衆生縁」で、人間関係、あるいは、人間と動物、私と他との間における愛というものが衆生縁で、それは「小悲」と言われます。どんなに美しいもの、善なるものであろうとも、そこには限界があり、決して純粋とは言えない。愛憎違順の世界を生きている、愛と憎しみが絡まり合い、刻々として移り変わっていくようなところが我われ衆生のあり方でしょう。

それに対して、第二の「法縁の慈悲」は諸仏、菩薩の慈悲です。人間的な本能的な愛、あるいは倫理的な愛ではなく、そういうものの限界において仏法に依って繋がっていくものが法縁です。衆生縁は個人の思いのところにおいてはたらいていくものですが、法縁は慈悲に催されてはたらいていきます。けれども、この菩薩の慈悲にはなお限界があるというわけですから、「中悲」という位置づけです。そして、すべてのものの差別に即し、差別に応じながら、平等のこころで救いとっていくのが、第三の、仏の「無縁の大悲」です。「無縁」とは、一切空という空無我において本当に行われるもの、ということです。法縁はどこかでやらなくてはならない、というはたらきです。あの人を何とかしてやらなくてはならない、という思いがはたらくということですが、そのかぎり、差別を完全に超えることはできないと言わなければなりません。そういうものを超えて、空無我ということに立って、行ぜずして行ぜられる慈悲が「無縁の大悲」です。

西元宗助（一九〇九～一九九〇）という念仏に立たれた素晴らしい教育者がいらっしゃって、私は現代の妙好人であると思います。西元先生は本当の師を求め、師の教えを聞きながら、一生を生きられた素晴らしい方でした。

その西元先生が、曽我先生と金子先生お二人が同座しておられたときに、「無縁の大悲とはどういうことでしょうか」とお尋ねになったのです。そうしたら、金子先生は『大智度論』などに拠りながら、詳しく説いてくださったそうですが、曽我先生はしばらく腕を組んでおられて、小声で「無縁の大悲、無縁の大悲」と口ずさみながら、「無縁の大悲とは無有出離之縁の者にかけられてある大悲でございます」とお答えになったということです。曽我先生のお言葉で、本当にこの身が深く頷くことができましたと、西元先生はいつも語っておられました。

ご承知のように、「無有出離之縁」という言葉は、善導の三心釈の深心釈に説かれた機の深信に出てくる言葉です。「一者至誠心、二者深心、三者回向発願心」（『聖典』一一二頁）という三心は『観経』に説かれた信心です。まず「一者至誠心」として、真実に生きよと教えられたことから、その教えによって生きようとします。けれども、その教えの通りに内も外もすべてにわたって真実に生きることができない。その深い悲しみのなかから明らかになってくるのが、第二の深心です。そこに、二種深信が説かれてきます。

「二者深心」。「深心」と言うは、すなわちこれ深信の心なり。また二種あり。一つには決定して深く、「自身は現にこれ罪悪生死の凡夫、曠劫より已来、常に没し常に流転して、出離の縁あることなし」と信ず。二つには決定して深く、「かの阿弥陀仏の四十八願は衆生を摂受して、疑いなく慮りなくかの願力に乗じて、定んで往生を得」と信ず。（『聖典』二一五～二一六頁）

「深心」は、私の反省というような底のあるものとは違うのです。我われの反省、懺悔には底があり、無慚無愧としか言いようがないのです。身の事実は慚愧すべきでありながら、慚愧がない。『涅槃経』で言われるように、「「無慙愧」は名づけて「人」とせず、名づけて「畜生」とす」（『聖典』二五七～二五八頁）とありますが、人間であって人間でないというのが我が身の事実です。ですから、「出離の縁あることなし」とは、迷いの世界、地獄の世界から抜け出す道がまったく絶えたる者、「地獄は一定すみかぞかし」というほかない身です。そういう「無有出離之縁」の者にかけられてある仏の大悲を「無縁の大悲」、というのが曽我先生のお答えです。

色もない形もない法性法身、法性そのものが方便法身となって、為物身となって、私のうえにはたらいてくださってある如来。そういう大悲を抜きにして浄土は分からない。大悲を抜きにしてということは、無有出離之縁という宿業の身の事実を抜きにしては如来もなければ浄土もない、ということです。我われは本当に如来に背き、真実に背いて生きる者です。自分のいのちを失い、背いて生きている、そして、宿業を宿業とも知らない、慚愧すべき身であるのに慚愧もできない、無慚無愧としか言えない身です。そういう宿業の身の事実において出遇うのが無縁の大悲であり、無縁の大悲のはたらく姿として如来があり浄土があるのです。そのことをいただくのが真宗における聞法であり、真宗における、いや私における真実だといただきます。

第五章　普共諸衆生の大地

第一節　親鸞聖人の世界観

曽我量深先生の『歎異抄聴記』第二十四講、第三節「親鸞聖人の世界観」は、『歎異抄』第十六条の講義にあたりますが、前節の結びで、「自然」ということを問題にしておられます。

仏法の自然はわが計わざるを自然と云う。現代人の理想主義と違う。それを現代人は何でも理想主義的に解釈して、仏でも本願でも理想、浄土も理想、成程化土は人間の計いで往くから理想の国かも知れぬが、真実報土は唯仏与仏の知見にして究竟如虚空、広大にして辺際なき、全く人間の計いを絶せる唯仏与仏の境涯、無為自然の国である。歴史的には願力自然によって荘厳されたものであるが、併し国土そのものは無為自然である。

（『曽我量深選集』第六巻、弥生書房、一九七一年、三四九頁）

『浄土論』の国土荘厳で言いますと、第二の量功徳「究竟如虚空　広大無辺際」ですから、仏のみ知りたもう世界で、一切のはからいを超えた「無為自然の国」です。無漏無為、一切の煩悩もなく、一切のはたらきをも超えている無為自然の境界、大涅槃の境界にほかなりません。そのことが、『浄土論註』の第三の性功徳において、法蔵菩薩の五劫の思惟、兆載永劫の修行という具体的な本願のはたらきとして表されていきます。それが浄土の論理、道理というものです。曽我先生はそのことを述べられて、「親鸞聖人の世界観」を論じていかれます。

国と歴史は一つである。歴史は国土より生れて来て然も歴史の中に国土を包む。願力自然の歴史は無為自然の国土から生れて然も願力自然の歴史の中に無為自然の国土を包む。されば願力に酬報せる荘厳の国が法性の世界である。法性の世界とて別にあるのではない、如来の本願の国の外にもう一つ法性の世界があるのではないというのが御開山聖人の浄土真宗である。

阿弥陀仏の報土は単なる報土ではなくして法性土という。本願酬報の国を離れて法性土があるのではない。阿弥陀仏国こそ本当の法性土である。報土でないような法性土は人間の理知で以て浮べた観念に過ぎない。真実の具体的な法性土は、阿弥陀如来の本願酬報の国こそは真実の具体的な法性土である。本願酬報の国があるがままの御国である。

（『曽我量深選集』第六巻、三五〇頁）

大涅槃というのは法性、法性法身の国土で法性の世界です。それに対して、願力自然として荘厳される如来の浄土は方便法身の世界です。「法性法身に由って方便法身を生ず。方便法身に由って法性法身を出だす」ということですから、生じた方便法身の上に法性法身は全現し、そこに真空は妙用としてあり、寂なるものは用としてある、ということです。つまり、方便とはまさに法身そのもののはたらきなのです。法性、大涅槃、無為自然、そのすべては、方便のところに顕現し、あるいは全顕するのです。真実が方便としてはたらくことは、法蔵菩薩の願行によって成就されていく世界であり、成就された世界にとどまらず、無限に成就されていく世界、願行によって成就されていく世界です。

そして、如来の報土としての浄土は、すでに完成していることにとどまらないのです。人類のあらんかぎり、迷える者のあらんかぎり、無限にその願行は続けられるのです。今現に如来の願行ははたらいておられ、無限にはたらき続けてくださるのです。ですから、浄土は無限に完成されていくものとしてあるのです。これが曽我先生の教えです。形をもって象徴的に荘厳された世界を離れて、涅槃とか法性という世界があるわけではありません。

曽我先生は、続いて、次のようにおっしゃられます。

三身などというて別々に考える考え方は間違いである。仏教学者はすぐ法身とか報身とか応身とか云うが、そういうのは啓蒙的に区別したのである。三身が別々にある訳ではない。阿弥陀仏のお国は報土であるか法性土であるか、或は自受用土か他受用土か、その何れであるかというようなことをいうが、どちらでもないし又どちらでもある。如来の本願というものは法性を完うじて起された、だから法性平等故に発心等し、発心等しきが故に道等し、道等しきが故に大慈悲等し、かくの如くして弥陀の御国は法性を完うずる世界である。法性の世界といっても、阿弥陀仏の本願酬報以外に考えられる法性は抽象的の世界である。阿弥陀仏の本願酬報の御国こそ真の具体的な法性の世界である。これこそ浄土真宗である。これが御開山聖人の世界観である。本願荘厳即本願象徴、本願を以て象徴したまえる御国、本願を以て、我等の宿業を縁として、そうして我等衆生を摂取し、先ず招喚し目覚まし、名号を以て我々衆生を招喚し目覚まし呼び覚まし、そして大慈悲光明を以て摂取し、かくの如くにして如来は無為自然の国を荘厳したもうたのである。されば荘厳とは無為自然を変形したのではなく、無為自然のままである。だからして阿弥陀仏の浄土は報土である。何故に真実報土というかと云えば、法性を全うじて方便法身を生じたるが故に、方便法身さながら法性法身である。方便法身の外に法性法身があるのではない。阿弥陀仏以外に法性法身があるのではない。

（『曽我量深選集』第六巻、弥生書房、一九七一年、三五〇～三五一頁）

「阿弥陀仏の本願酬報の御国こそ真の具体的な法性の世界である」ということが、曽我先生のおっしゃりたいことであり、法性の世界と言っても、阿弥陀仏の本願酬報以外に考えられる浄土は抽象的な世界、観念の世界、理想郷でしかないということでしょう。そして、曽我先生は、「これすなわち他力にてまします。しかるを、自然ということの別にあるように」という第十六条の言葉を受けて、次のようにもおっしゃっていきます。

本願力自然のほかに無為自然はない、本願力自然こそ無為自然である。然るに本願力自然は方便の自然であって、願力自然のほかにもう一つそれ以上の無為自然があると考え、無為自然は本当の絶対の自然、願力自然は方便の自然と、今でもこんな風に考えている人がある。他宗の人は或は無論そう考えているであろう。そう考えないと自分の宗旨が成立せぬ故に、そう考えるのは勝手であるが、併し浄土真宗の人までがそう考えるのは大なる間違いである。願力自然の上にもう一つ無為自然ありと考えるのは、それは無為自然ではなく有為自然で、人間の計いである。（『曽我量深選集』第六巻、三五二頁）

これは、『浄土論註』の「入一法句」「清浄句」「真実無為法身」「法性法身によって方便法身を生じ、方便法身によって法性法身を出だす」というところを押さえたうえで、先生はおっしゃっておられます。我われのうえに荘厳象徴された浄土を抜きにして涅槃はありえません。真実なる涅槃は、浄土として我われのうえに現れるということをおっしゃっておられるのです。

第二節　真空妙有、純粋感情と純粋感覚

曽我先生は、同じことをもうひとつ別のかたちでおっしゃっています。

「八万の法蔵を知るというとも」という知は単なる知の世界でありましょう。「たとい一文不知の尼入道なりというとも、後世を知る」というのは感の世界であります。後世を感知するを以て智者とすと言われるのでありまして、この感知に対して、人間の理知は盲智であり迷知というものであります。真智ということは感知することであって、この感ずるということに感覚と感情というものがあるのであります。

この感覚は純粋なる感覚であり、またこの感情は純粋なる感情であります。この純粋感情を真空と言い、純粋感覚を妙有と言うのであります。すなわち真空と妙有ということであります。感情が不純粋であるときに我々は真空を誤って真空は無だという。本当の無我の世界において、即ち純粋感情を以て真空を感ずるものでありまして、真空というのは何も無いということではなく、本当に身も心も満たされている。あらゆるものがそこに顕現し満足されているのであって、そこに私の一点のはからいも要らない、そういう境地、そういう世界を真空というのであります。

（『曽我量深講義集　第四巻　教行信証内観』弥生書房、一九七九年、二一九～二二〇頁）

蓮如上人の『御文』五帖目第二通の「それ、八万の法蔵をしるというとも、後世をしらざる人を愚者とす」（『聖典』八三三頁）ですが、人間には理性と知性、対象をはっきり認識し判断する知のはたらきがあり、

それが絶対化されてきたのが近代です。けれども、それはごく表面的なものであって、理性、道徳的な良心というものの根底に本能という世界がある。これが先生の思想の根底で、阿頼耶識という深層の意識を深く問われたことにもとづいていると思います。感覚と感情を、このように問題にされていかれるのです。一文不知の尼入道であると我が身を知り、そして、後世を知る。後世とは、かぎりあるこの人生だけでなく、永遠のいのちという世界です。無量寿の世界を明らかにし、その世界に立って、かぎりある人生を最後生として生きることが、蓮如上人が「後生の一大事」ということで説かれた事柄であり、深いいのちの根源を見る深い感性です。

「この感覚は純粋なる感覚であり、またこの感情は純粋なる感情であります。この純粋感情を真空と言い、純粋感覚を妙有と言う」ということは、純粋感情において知られるのが真空の世界であり、純粋感覚において見出されるのが妙有の世界であると思います。

『浄土論』の「浄入願心章」に説かれた「入一法句」、色もない形もない法性の無為自然のさとりの世界こそがまさに真空です。その世界は純粋感情において知られる領域です。それに対して、荘厳象徴である二十九種の荘厳は純粋感覚の世界です。色も形もない真理そのものである法性、あるいは無為自然という言葉をもって表しえない世界は、純粋感情において知られる世界であり、さまざまな荘厳、形を通して知られる世界は純粋感覚において知られる領域である、というのです。ですから、空とは何もないということではなく、本当に身も心も満たされていることであって、真空というのは我われの純粋感情なのだとおっしゃるわけです。

真空というものはつまり我々の純粋感情であります。一般に純粋なるものは無我の智慧、仏の智慧という風に、仏の一切智とか或は平等性智、平等のさとりを智と云いますが、何か智というと直に理知的のもののように考えられていますが、そうではなくして、純粋平等感情のところに諸法平等の真理、真空の道理――真空を理とすれば妙有は事――があるのであります。無分別の智慧ということは、智慧というよりもむしろ感情、純粋感情というべきものであろうと思われます。その感情が不純粋であるときに無明というのでありまして、無明は不純粋感情であります。智慧が純粋感情であるに対して、無明は不純粋感情であります。不純とは何か、それは感情の理知化であります。

（『曽我量深講義集　第四巻　教行信証内観』弥生書房、一九七九年、二二〇～二二一頁）

純粋感情は、無分別そのもの、一切の計らいのない世界です。そこに、計らいが入ってくるのです。計らいが入るということは、純粋なるものが不純になることです。不純にするものが人間の理知分別なのです。ですから、人間の理知分別は、純粋感情がなくなったと言いましょうか、純なる感情がなくなったところではたらくものです。現代人は賢くなったけれども、それと同時に、内なる純なる感情を失ってしまったと言わなければなりません。人間性が失われ、人間が人間でなくなってきた、非人間化してきた、別な言葉であれば、無恥ということでしょう。『涅槃経』に「「無慙愧」は名づけて「人」とせず」（『聖典』二五七～二五八頁）とあります。慚愧心がまったくない、無恥厚顔があたりまえのようになった状況を、我われはどこまで真正面に見ながら、それを外なる状況として見るのでなく、そのなかにどっぷりと浸かっていて、浸かっていることすらも無感覚になっている自分をどのように問うていくのかが問題でしょう。

ここで、曽我先生は「不純とは何か、それは感情の理知化であります」とおっしゃいます。理知化とは、別の言葉であれば、分別化ということです。分別、計らいということは、賢いということに置き換えられます。現代人は賢くなり過ぎたのです。賢くなることにおいて、人間の愚かさが見えなくなりました。もっと言えば、賢くなること自体が愚である、ということが分からなくなるのが現在です。その愚かさを仏教は教えるのです。その愚かさにどのようにして帰るのか。親鸞聖人のお言葉であれば「愚禿」の世界ですし、蓮如上人の言葉であれば「一文不知の尼入道」(『聖典』八三三頁)の世界です。その大地に我われはどのように帰るのか。帰るとは人間がいかに愚かであるかを知ることです。

第三節　大乗としての浄土

私は、曽我先生と金子先生に真宗学を学び、そして山口先生から仏教学を学びました。山口先生が昭和三十七年(一九六二)に安居で天親の『無量寿経優婆提舎願生偈』を講ぜられ、のちに『世親の浄土論』と改題され出版されました。その後、それは専門の学者に対する講本であるから、一般的にもっと分かりやすく書いてほしいという依頼を受けられて、『大乗としての浄土』という本を出されました。実は『大乗としての浄土』というのは、私が付けた名です。先生から「こういう本を書いたがどういう題を付ければいいか考えているのだが、君はどう思うか」と言われましたので、「大乗としての浄土」と申し上げました。「それはいい題だ」と言って付けられたのです。その書物の最後に、先生はこのようにおっしゃっています。

世上多くの場合、「涅槃に到り、解脱を得る」ということに仏教の純粋性があり、安楽浄土に往生するということは、いかにも仏教の純粋性を低俗化した単なる方便説であるかの如くいおうとするものがある。そういう考え方を歴史的に基礎づけるものは、阿含仏教の教義の中に、優婆塞、優婆夷（upāsaka,upāsikā）という在家信者の宗教として、施論戒論生天論が与えられていることであるとせられる。それは、釈尊によって、布施を行ない五戒を保つ者は善趣なる天上に生を受け、順次生に解脱を得るであろうと教えられたもので、この生天思想は、釈尊当時には有力な民間信仰であり、釈尊によってそれが在家信者のために承認せられ、仏滅後、法身観の発達とともに、弥勒信仰や弥陀信仰として浄土教化したものであるという。

この思想は、少なくともそれの起源という点からいって、浄土教をもって純正な仏教の解脱のための方便説となすものである。そして、こういう思想は、永く仏教史上にも行なわれて、浄土往生をもって涅槃を証するための方便説と考えられたのであった。鳩摩羅什が、東晋の世にあって、重要な大乗経論を訳出した頃の時代にも、浄土教をもって方便説として貶する思想が相当有力に行なわれたという。唐朝に善導大師が在世した頃にも、摂論家が浄土往生をもって別時意趣なる方便説となし、善導はそれに対決したのであるといわれる。現在の仏教学者の中にも、「世にいう浄土往生思想」は、キリスト教の昇天思想と同類のもので、仏教としては第二義的な思想でしかないと強弁せられる節がないでもない。そういう学者は、浄土思想が、本来「世にいう浄土思想」の如きものであったかどうかを学問的に推究せずして、かりそめに、「世にいう浄土思想」などと、曖昧な言葉を弄せられるのでないかと思う。それはしばらく別として、そういう考え方の起源ははなはだ古く、また長い歴史をもつのである。

それに対して、近来、真宗教学界では、親鸞聖人の言葉をもち出して、浄土往生は、そういう方便説ではなく、親鸞の念仏は智慧の念仏であり、信心の智慧であって、涅槃を証得する般若の智慧と等同であることを弁験することになっている。しかし、その場合でも、「安楽浄土への往生」は、どちらかといえばいつも小声で語られて、その智慧の念仏によって証得されるところは、「必ず滅度に至らしむ」という点であり、安楽浄土を一如平等の世界であると言い切ってしまわれるような場合がないでもない。時あっては、「念仏とは真如に帰命することである」というような言葉も用いられる。いわゆる近代人と称せられる人々の間では、浄土往生ということをなるべく言わないようにする傾向があるようであり、「安楽浄土」を語る場合でも、それを観念的に考えるのが一般の仕方のようである。

「大乗としての浄土」は、それらの浄土観において見られるいずれでもないことを、一応解明することができたのではないかと思う。

（『大乗としての浄土――空・唯識から念仏へ――』大法輪閣、二〇〇七年、一二二〜一二四頁）

「摂論家」というのは、無著の『摂大乗論』を信奉する学派で、釈尊の説法について四つの方法があることを主張しています。そのひとつに別時意説というものがあって、懈怠な者に対して、一円の貯金がやがて百円にも千円にも増えていくことと同じように、念仏することがやがてはいつのときか浄土の往生に繋がっていくであろうと説かれたものである、という考え方です。天親の『浄土論』はまさしくそれを批判し、道綽とことに善導はそうではないと明確に答えていきました。聖道門による念仏批判は、「念仏するならば、いかに懈怠な者であっても救われたいという願いはあると考えていいかもしれないけれども、念仏などはおよそ行のなかには入らない。だから、これは無行である。願いだけがあって行のない者が仏になるということはまったくありえないことである」というものです。それに対して、善導は、「念仏はそうではなくて、願と行が具足するものである。そのもとは如来の願行にある。念仏は如来の本願の行である」と答えていったわけです。

山口先生は、「そういう歴史のうえにおいても、浄土教思想を方便とみる考えがあったけれども、現代の仏教学者や知識人にも同じ考え方が見られる」と指摘されていたわけです。ここで、先生が言おうとされていることは、天親が示し、曇鸞がそれを大乗の二諦の論理にもとづいて解明した「浄入願心章」の問題です。それが善導をくぐって親鸞においては、真実報土への往生ということで明らかにしているのです。それが曽我先生においては、「真実報土を抜きに法性土があるわけではない。もし真実報土を抜きにして考える法性土があるならば、それは人間の理知分別で考えられたことでしかない」と言われているわけです。大乗仏教の学問によってそれを明らかにしようとされたのが山口先生のお仕事であったと、私は思っています。

証大涅槃道は往生浄土を通して我われのうえにはたらく

現代における真宗の教えは、だんだん賢い人の教えになってきて、愚かな者の教えでなくなってきている、ということが私の個人的な実感です。最近ことに、親鸞は法然まで伝統されてきた往生浄土の教えを深く内観して、それをさらに証大涅槃道としてより積極的に能動的に展開した、ということを強調する向きになっているように感じます。その方が現代人に受け入れられる、現代人向けの説き方になっています。

確かに真実を求めて生きる人は大涅槃におさまる。おさまるとは、一切の煩悩の寂滅した世界で、究極のさとりであるに違いありませんが、大涅槃は同時にそこで終わらないのです。ことに大乗の場合には、大涅槃を証した者がそこにとどまらないで、むしろ大涅槃を拒絶してそこから生死界に還る、と教えます。大涅槃をさとることは仏になること、仏になるとはどういうことなのかと言えば、『大無量寿経』では普賢の菩薩行を行ずる者となると説かれます。つまり、証大涅槃ということは涅槃にとどまらないのが大乗の涅槃です。普賢行を行ずることは、往相の究極としての成仏が実現し、それがさらに還相回向の行として展開することです。

しかし、親鸞は最晩年、証大涅槃を積極的に説いていったと語られる方が、「成仏」ということを問題にされない。あるいは、還相ということを我われの背後のみに見て、往相の彼岸に開けてくる還相は不問に付すことで終わっているように思います。そして、真宗は大乗至極の真宗だと語っておられるのですが、それでは不充分だと思います。「大乗至極」という言葉は、曇鸞の『浄土論註』上巻の冒頭に、「『無量寿経優婆提舎』は、けだし上衍の極致」（『聖典』一六八頁、傍点編者）とあります、大乗仏教の至極として浄土の教えを明らかにしたものであることにもとづき、親鸞聖人は『末燈鈔』第一通に「浄土真宗は大乗のなかの至極なり」（『聖典』六〇一頁）と言い切っておられるのです。曇鸞が言おうとしたことは、証大涅槃道は往生浄土を通して我われのうえにはたらくということです。涅槃は仏陀によって説かれた仏教におけるさとりの究極ですけれども、これはある意味において個人的であると思います。ところが、往生浄土となると、ただ個人的ではなく、『浄土論』で説かれているように「普共諸衆生」の問題です。「普く諸の衆生と共に」と言われるように、衆生としての我において問われるのが浄土です。それは単なる涅槃ではありません。なぜ、浄土を願わなければならないのか。帰るべき世界としての浄土を願うのは、すべての衆生と共なる世界を真に明らかにし、成就したいという宗教心に依ります。そういう意味においても、浄土は、曽我先生が言われるような純粋感情、念仏によってたまわっていく純粋感情が「普共諸衆生」ということでしょう。

大乗仏教とは、ただ証大涅槃で終わるようなことではないと思います。往生浄土の道よりも証大涅槃の方が積極的と言われますが、そうではなく、むしろ往生浄土の方がより積極的だと私は思います。なぜかというと、さきほども言いましたように、涅槃というのは一人ひとりです。さとりそのものは普遍の法であっても、その涅槃のさとりは一人です。ところが、浄土は一人ではなく「普共諸衆生」の世界です。国土というのはすべてを支え、すべてを生かすもの、そういう国土を願って生きるのです。それが「普共諸衆生」の大地です。

第四節　還相回向の課題

深い宗教感情によってのみ頷ける世界

往相の彼岸に開けてくる還相につきまして、ひとつ注意しておきたいのは、『唯信鈔文意』の来迎の釈です。

「来迎」というは、「来」は、浄土へきたらしむという。これすなわち若不生者のちかいをあらわす御のりなり。穢土をすてて、真実報土にきたらしむとなり。すなわち他力をあらわす御ことなり。また「来」は、かえるという。かえるというは、願海にいりぬるによりて、かならず大涅槃にいたるを、法性のみやこへかえるともうすなり。法性のみやこというは、法身ともうす如来の、さとりを自然にひらくときを、みやこへかえるというなり。これを、真如実相を証すともまうす。無為法身ともいう。滅度にいたるともいう。法性の常楽を証すとももうすなり。このさとりをうれば、すなわち大慈大悲きわまりて、生死海にかえりいりて、普賢の徳に帰せしむともうす。この利益におもむくを、「来」という。これを法性のみやこへかえるともうすなり。「迎」というは、むかえたまうという、まつというこころなり。
（『聖典』五四九頁）

「来迎」に関しては、一般的には平安時代の臨終来迎信仰をイメージされることが多いと思います。源信僧都（九四二～一〇一七）にしても法然上人にしても、その来迎は臨終です。命終わるとき仏がお迎えに来てくださるということで、来迎仏を大事にされました。自分で念仏に励んでいくかぎり、本当に安心が得られないまま、この身が弱っていくわけでしょう。ですから、命終わるときに仏がお迎えに来てくださるということが経典に説かれるのです。『大無量寿経』下巻の三輩段に説かれている大事なことであり、我われはそれを期待していくのです。

しかし、「来たり迎える」ということは臨終にかぎらないのです。『観経』によりましたら、常に来迎したまうと説かれます。定善十三観の第十二・普観に「無量寿仏、化身無数なり。観世音・大勢至と、常にこの行人の所に来至す」（『聖典』一一一頁）とありますように、常に阿弥陀は無数の化身、観音、勢至とともに、常に念仏の人の前に来たりたもうのです。親鸞聖人は「常来迎」という表現を使われてはいませんが、意味から言えば、如来が常に南無阿弥陀仏となって来たりたもう、あるいは、無数の化身となって我われのうえに来たりたもう、ということです。変化身ですから、犬などの姿をとってさまざまな形で常に私のところに来たりたもう、ということがあるのです。これが念仏の教えの立場です。我われにはただ見えないだけで、目が開けるならば、子仏・孫仏ということもあって、いろいろなところで仏がはたらいてくださるなかに生かされていることがあります。

ですから、『唯信鈔文意』の来迎の釈はとても大切で、まことに独自な解釈と言わなければなりません。こちらに阿弥陀如来が来てくださるだけでなく、我われが「穢土をすてて、真実報土にきたらしむ」ことであり、「法性のみやこへかえる」のです。つまり、浄土から阿弥陀如来がこの身に来てくださるというのは宗教的事実です。しかし、それだけではなく、我われをして浄土へ帰らしめたもうことなのだと言われます。それはなにかと言えば、「若不生者のちかい」であり「他力をあらわす御こと」であるということです。

しかし、そこからさらに、この娑婆世界に還ると言っておられます。ただ浄土に帰るだけでなく、浄土から娑婆世界に還ってくるのが大乗です。はじめの方だけであれば、法性のみやこに帰ることで終わります。しかし、親鸞聖人は、そこからさらに浄土からこの娑婆世界に還ってくるとおっしゃっています。「大慈大悲きわまりて、生死海にかえりいりて、普賢の徳に帰せしむ」のが還相です。「願海にいりぬるによりて、かならず大涅槃にいたるを、法性のみやこへかえるともうすなり」というのは往相です。同じ「かえる」という語があっても、往相と還相の違いがあります。それをあまり問題にしないで、証大涅槃道だと言われるでしょう。

私は、それは中途半端だと思うのです。我われが浄土に往生していく、生まれていくということは、死に往く人生、死をもって終わる人生がそのまま仏の世界に生まれ変わっていく人生となる、という深い意味を持った尊い人生に転ずるということです。かぎりある命で終わっていく者が無量寿の世界を生きる者となっていく。それは理知分別では分かりません。深い宗教感情によってのみ頷ける世界です。そういう宗教的な祈り、宗教的な欲求において、我われのかぎりある生、死をもって終わりとする人生が、永遠、無量寿の世界に転じて化生する、まさに生まれ変わっていくのです。ですから、「往生」ということは非常に積極的な言葉です。死んでいくことだけであれば、それは「往死」であって「往生」ではない。往生ということは、本当に生まれ変わっていく、有限なる者が無限なる者に生まれ変わっていくわけで、それが成仏ということでしょう。

平等一相、大乗一味の世界

さきに「真仏土巻」に引用された『浄土論』『浄土論註』について窺っていました。帰敬偈、清浄功徳、性功徳とありましたが、それに続いて大義門功徳が置かれています。「願生偈」で言いますと、国土十七種荘厳の十六番目です。

大乗善根界　等無譏嫌名　女人及根欠　二乗種不生（大乗善根の界、等しくして譏嫌の名なし、女人および根欠、二乗の種、生ぜず）（『聖典』一三六頁）

「大義門」とは、大乗菩薩道の完成される世界で、今日においては差別的表現として「浄土には女人と根欠と二乗の種は生じない」と説かれていますが、そこに、当時のインドの社会的・思想的状況が表されていることは否定できないと思います。二乗・女人・根欠の体がないだけでなく、その名、概念もないということが問題にされているところです。この箇所の問答につきましては、「真仏土巻」には引用されていません。

問うて曰わく。名は以て事を召く、事有れば及ち名有り。安楽国には既に二乗・女人・根欠の事無し。亦何ぞ須く復此の三の名無しと言うべけんや。答えて曰わく。軟心の菩薩甚だ勇猛ならざるを譏りて声聞と言うが如し。人の諂曲なると、或は復儜弱なるを譏りて女人と言うが如し。又眼明なりと雖も事を識らざるを譏りて盲人と言うが如し。又耳聴なりと雖も義を聴て解らざるを譏りて聾人と言うが如し。又舌語ると雖も訥口蹇乏なるを譏りて瘂人と言うが如し。是の如き等の根有りて具足せりと雖も譏嫌の名有り。是の故に須く乃至名無しと言うべきこと明らかなり。浄土には是の如き等の与奪の名無し。（『真聖全』一、二九七頁）

意志の弱い菩薩で勇猛ならざる者を譏り嫌って声聞というように、あるいは、こびへつらって弱々しい者を譏り嫌う、あるいは、眼があっても真実を真実と見ることができない者を譏り嫌う、耳が聞こえても正しく理解できない者を譏り嫌う、言葉を話せても言葉が粗末で吃音の者を譏り嫌う。そのような譏り嫌う名や概念すらも存在しないのが浄土であることを明らかにされています。古代インドの社会的状況、それは現代においても問題であるわけですが、社会的に軽視され否定された存在が、浄土では平等一相に摂めとられる大乗一味の世界であることを論証されているのです。

このように、『浄土論』では「女人及根欠　二乗種不生」と説かれていますが、大乗の経論に照らしてみると納得できない、と問いを出してくるのです。

問うて曰わく、「法蔵菩薩の本願力および龍樹菩薩の所讃を尋ぬるに、みなかの国に声聞衆多なるをもって奇とするに似たり、これ何の義あるや。」答えて曰わく、「声聞は実際をもって証とす。計るに更によく仏道の根芽を生ずべからず。しかるを仏、本願の不可思議の神力をもって、摂して彼に生ぜしむるに、必ず当にまた神力をもってそれをして無上道心を生ぜしむべし。譬えば鴆鳥水に入れば、魚蚌ことごとく死す。犀牛これに触るれば、死する者みな活えるがごとし。かくのごとき生ずべからずして生ぜしむ、所以に奇とすべし。しかるに五不思議の中に、仏法最も不可思議なり。仏よく声聞をしてまた無上道心を生ぜしめたまう。真に不可思議の至りなり。」（『聖典』三一五頁）

『大経』の四十八願には浄土において声聞が無数であると説かれ、あるいは、龍樹の『十住論』や『大智度論』にも声聞が無数であると言われ、大乗の経論には声聞が浄土にはいないとは言わないのです。それと矛盾するではないか、という問いを受けて、そうではないことを弁証していくのですが、曇鸞はことに「声聞」を問題にしているのです。

四十八願の第十四願である声聞無数の願は、

たとい我、仏を得んに、国の中の声聞、能く計量ありて、下、三千大千世界の声聞・縁覚、百千劫において、ことごとく共に計校して、その数を知るに至らば、正覚を取らじ。（『聖典』一七頁）

とあります。浄土では教えを聞く仏弟子が無数であることが本来の意味です。本来の意味としては仏弟子ということですが、現実のありようとしては、自己のさとりに執着し、そこにとどまる者ということで、「声聞」と言われます。大義門功徳においても、そのような二乗、声聞は浄土には存在しないと言われているのです。

曇鸞が問題にするのは、声聞は「実際」をさとってそこにとどまる、ということです。そもそも、「実際」とは真実のさとりの極限ということで、「涅槃」の別名とされるものです。しかし、ここでは輪廻を

超えた涅槃にとどまり、「仏道の根芽を生ず」ることがない、その声聞のありさまを問題にしています。名義摂対章に、

もし智慧なくして衆生のためにする時んば、すなわち顚倒に堕せん。もし方便なくして法性を観ずる時んば、すなわち実際を証せん。（『聖典』二九五頁）

とあるような「実際」、いわゆる観念的な灰身滅智のさとりを意味します。身が灰になって一切の人間の知のはたらきが滅するように、涅槃を無になることと考えるのです。そうではなく、涅槃とは無量の徳をいただくことであって、仏道の願いに立って生きることです。ところが、声聞は灰身滅智、何もかもが無になることをさとりと思って、さらにそこから「仏道の根芽を生ず」るということがない、と指摘しているのです。

「仏道の根芽」とは、大乗の仏道における自利利他を願い求めていく心であり、善巧摂化章に、

この無上菩提心は、すなわちこれ願作仏心なり。願作仏心は、すなわちこれ度衆生心なり。度衆生心は、すなわちこれ衆生を摂取して有仏の国土に生ぜしむる心なり。（『聖典』二九二頁）

と説かれているような、浄土の大菩提心を意味するものです。それによって、大乗の涅槃はとどまるべき世界ではなく、涅槃をさとることによって、それを捨てて生死に還るべき世界であることを力説します。

往相は、金子先生の言葉で言いますと、「すべての人の救われる法によって、我が身が救われていく」ということですが、それに対して、還相は「すべての人の救いをもって我が救いとする」ということでしょう。それが大乗のこころ、精神ですが、そのような志願を生じないのが声聞です。しかし、浄土に生じたならば、そこに仏の神力がはたらいてくださって、その者に無上道心を起こさしめてくださるのです。

それは、まさに仏法不思議というほかはないのだと曇鸞は説いています。

そういうことで、二乗・女人・根欠という、この世においては救われない者として非難され、否定された人びとも、仏の神力においてすべて平等に救われていく者であり、そのような世界こそ大乗の浄土であることを明らかにしていきます。そのことが『浄土論註』上巻では綿密に弁証されました。下巻では端的に、

> 往生を願う者、本はすなわち三三の品なれども、今は一二の殊なし。また淄澠 食陵の反 の一味なるがごとし。いずくんぞ思議すべきや。（『聖典』二八二頁）

と示されました。「本はすなわち三三の品」という区別はあるけれども、浄土においては「今は一二の殊なし」ということで、平等一如ということで、浄土の徳を説いています。

親鸞聖人はこれを非常に大事にされ、「曇鸞和讃」にもそのことが語られています。

> 如来清浄本願の
> 無生の生なりければ
> 本則三三の品なれど
> 一二もかわることぞなき （『聖典』四九三頁）

これがさきほどの大義門功徳の釈によったものであることは改めて言うまでもありませんが、『教行信証』「証巻」以外にも『浄土三経往生文類』に引用されていることだけ申し上げておきます。

輪廻を超えた者が輪廻を生きる者となる

国土十七種荘厳の大義門功徳に続くのが、一切所求満足功徳です。

衆生所願楽　一切能満足（衆生の願楽するところ、一切よく満足す）
（『聖典』一三六頁）

国土荘厳十七種の第十六までは自利、最後の第十七番目では利他の面が表されていることは、以前にも申し上げたことと思います。浄土に生まれた者はその願いがすべて満足するとありますが、その願いとは何かを曇鸞は、下巻の観察体相章で次のように述べています。

此れ云何が不思議なるや、彼の国の人天、若し他方世界の無量の仏刹に往きて諸仏・菩薩を供養せんと欲願せん、及び所須の供養の具願に称わざること無けん。又彼の寿命を捨てて余国に向かいて生じて修短自在ならんと欲わん、願に随いて皆得。未だ自在の位に階わずして自在の用に同じからん、いずくんぞ思議すべきや。
（『真聖全』一、三二六頁）

この文は、四十八願の第十五願、眷属長寿の願によっています。

たとい我、仏を得んに、国の中の人天、寿命能く限量なけん。その本願、修短自在ならんをば除く。もし爾らずんば、正覚を取らじ。
（『聖典』一七頁）

諸仏菩薩に供養し、利他教化、衆生を救うということは普賢行です。普賢行とは、諸仏の世界に遊び、諸仏を供養し、一切衆生を開化する大慈大悲の極まりです。ですから、大乗の菩薩は諸仏菩薩を敬う、広く言えば、すべての者を諸仏菩薩として敬い、すべての者を救うために「彼の寿命を捨てて」いくのです。「彼の寿命を捨てて」とは、涅槃にとどまることを拒否して娑婆世界に踏み止まることで、これが大乗です。大乗の教えは、どんなに厳しいかということですが、そういうことをあまり深く尋ねないで、大乗至極の教えということだけ言っていたのでは真宗になりません。輪廻を超えた者が輪廻を生きる者となる、生死流転を超えさせていただいて生死流転の人生を生きる者となる、それが大乗の語る仏道です。迷いを超えることにおいて、迷いのなかに生き続けるのです。迷いから離れるのは終わりがありますが、迷いを離れたところで迷いのなかに生き続けるのです。その終わりのない仏道を生き続けるのが大乗の教えというものです。

「所須の供養の具」とありますが、「具」と言えば「道具」、品物を考えますが、それだけでしょうか。たとえば、口でほめ讃えることも供養であり、聞法することが供養となるということもあります。そして、浄土では諸仏を供養する具がすべて具わるだけでなく、それがさらに開化衆生に展開するのです。それが「彼の寿命を捨てて余国に向かいて」ということでしょう。浄土の命を捨て娑婆世界に生じて衆生を救うことにおいて、しかも自在であるということです。しかも、それを「未だ自在の位に階わずして自在の用に同じからん」と言っています。

ここに大事な問題が含まれていると思います。「自在の位」とは、八地已上の菩薩の徳を表しますが、たとえ八地に至らない八地以前の未証浄心の菩薩が「自在の位に階わず」とも、自在のはたらきと同じはたらきをさせていただくのです。ですから、ここは不虚作住持功徳に対応します。未証浄心の菩薩、未だ根本無分別智を得ない者、あるいは、自力の作心、自力の計らいの心が離れ難い者も、仏の本願力に出遇うならば、そこに浄心を得て、八地已上、九地、十地の菩薩と畢竟じて同じはたらきを得るということを問題にしているのです。

また、「彼の寿命を捨てて」は、国土荘厳の第十二、主功徳「正覚阿弥陀　法王善住持」の釈に「浄土の命を捨てて願に随いて生を得て、三界雑生の火の中に生まる」（『聖典』二八二頁）とあることに対応しますから、浄土に生まれた者がふたたび三界にあって衆生を教化せんと願い、そして、浄土の命を捨てて三界雑生の世界、煩悩の渦巻く三界のなかにあってはたらくのです。浄土の命を捨てるけれども、浄土の命そのものは決してなくなるわけではありません。無上菩提の種子は、それによって朽ちることはなく、その願いが尽きることもない。それは、なぜかと言えば、阿弥陀の住持のはたらきによる、という説明をしていきます。「三界雑生の火の中」の「雑生」は、さまざまな業によって自他ともに生死流転のなかにある者です。その火のなかにある衆生を教化するのが、大乗の説く無上涅槃です。そのような大涅槃、無上涅槃としての浄土を明らかにすることが、曇鸞の課題であったと思います。

「われらとしてのわれ」

親鸞は浄土が涅槃界であることを思想的に明らかにした、という受け止めが今日の真宗学の主流になっているように感じますが、私はそうではないと思います。やはり、浄土というところに、衆生としての課題があると思います。親鸞聖人の言葉遣いによりますと、「われらとしてのわれ」という問題でしょう。つまり、なぜ浄土を願わなくてはならないのか、ということであり、「われら」という、関係性としての「ら」の世界を失い、衆生性としての大地を失って生きている、ということです。失うどころではなく、むしろ破壊していくことでさえあります。

『末燈鈔』第十二通は、真実報土と方便化土の往生を問題として教えてくださるところですが、そのお手紙は、この身はいまはとしきわまりてそうらえば、さだめてさきだちて往生しそうらわんずれば、浄土にてかならずかならずまちまいらせそうろうべし。あなかしこ、あなかしこ。（『聖典』六〇七頁）

と結ばれています。『教行信証』では、確かに真仏土とは無量光明土であるとし、『涅槃経』などによって涅槃の境界だと強調しています。そのことが親鸞の究極だと言われるのですが、今の御消息をどういただけばよいのでしょうか。

そのような言葉は、そこに一か所見えるぐらいである、あるいは、『歎異抄』第九条では、「娑婆の縁つきて、ちからなくしておわるときに、かの土へはまいるべきなり」（『聖典』六三〇頁）と言われるが、そこに見えるのは法然までの往生思想が残っているのであって、そこに語られている未来往生と親鸞の往生理解は違う、と言われるのです。果たしてそうなのかと、私は思います。

浄土とは、今申し上げましたように、一足先に往って、みなさんが来られるのを待っております、と言える世界でしょう。それが『阿弥陀経』では、「諸上善人　倶会一処（諸上善人と倶に一処に会する）」（『聖典』一二九頁）と表されるお浄土です。それは、色もない形もない涅槃、あるいは、空、ゼロに帰る、本性に帰る、などということとは違います。死においてなお浄土で出遇う、という深い宗教的感情を通さなくてはならないと思います。それを無視してしまったら、非常に冷たく、理知的な世界に終わって、愚者の道としての浄土教ではなくなっていくと思います。

ですから、「これは『教行信証』と違う。親鸞はそういうことを言っていない」ということではなく、むしろ、涅槃の世界は浄土として願われていくところに深い意味があるのです。そこに「われらとしてのわれ」をいただく、衆生としての大地をいただく、その大地というものが、国土、大地としての浄土なのです。

曇鸞は、浄土を明らかにするのに、それは大乗の世界であり、往相だけでなく、往相が自然に還相に転じていく徳が与えられる世界だと言い、親鸞聖人もそれをさらに回向成就として明らかにされました。回向成就せしめたもうのは如来であり、その往相と還相の力用が我われに回向され、そこに開けていく人生としての浄土があります。浄土に生まれることによって、「われらとしてのわれ」という、本当の衆生性としての大地性が成就していくのでしょう。そういう世界として求められ願われていくのが浄土である、ということです。

浄土教の教えの伝統のなかで基本的に言われてきたのは、往生浄土ということです。浄土に生まれていく、別な言い方をすれば「出離生死」、生死の迷いを超えていくということでしょう。生死の迷いと言いますが、私どもはいろいろな迷いを持っていますから一概には言えませんが、関係存在としての衆生の大地性、現実にあるのは愛憎違順と言われるなかに生き続けるわけで、そこを超えた世界として浄土があるのでしょう。そして、そこからさらに還来穢国するのが浄土の経典だけでなく、大乗の説く教えです。生死に住せず涅槃にも住しないのが無住処涅槃です。そういう菩薩の道として説かれるものを凡夫の道として教えられたのが浄土の教えです。

ところが、その還来穢国が分からない、信じられない、浄土に生まれ、そこから還って来る、ということがいただけないのです。還相とは、むしろ我われの周囲、背後にはたらいてくださるのです。我われが教えを聞き念仏していく背後に、阿弥陀が釈尊となり、七高僧となり、無数の念仏者となり、三世十方にわたって諸仏を生み出してきた還相のはたらきに出遇って、我われの往生浄土の道が開けていくのでしょう。

曽我先生のお言葉に、「往相と還相とは対面交通する」ということがありますが、往相は還相のはたらきのおかげによって成り立ち、往相の証は周りの人に還相の徳を、はたらきを拝むことができるかできないかということにある、とも教えてくださいました。

たとえば、親が浄土にいて待っていてくれる、という思いは、そんな馬鹿なことはない、と否定できないのではないでしょうか。やっぱり待ってくださっている人がある、待っていてくれる親に本当に応えられるような一生を生きたい、という願いもあるでしょう。けれども、もうひとつ、ここに還ってくださっていることを分からないということで終わっていくのか。それはやはり願いの深さだと思います。

浄土を求めて生きるその願いの深さは、親鸞聖人で言えば「菩提心」です。願作仏心・度衆生心という浄土の大菩提心は、大乗の菩薩であれば、それは自ら起こすものでしょうが、我われ凡夫にとっては、それは起こさしめられていく願い、与えられていく願いです。

その浄土の菩提心について、くどいようですが、「われらとしてのわれ」ということを思います。『歎異抄』もそれを受けています。親鸞聖人があれほどなぜ「われら」ということを大事に語っていったのか、ということがあると思います。成仏に終わらないで浄土から還るとはどういうかたちで還るのか、ということです。我われのイメージでは、さき立った人が浄土で待っていてくれるというけれども、それはその人が生きておられたときのイメージを手掛かりとして思うことです。

この世にかえる菩薩

長尾雅人先生の「The Bodhisattva Returns to this World」（この世にかえる菩薩）という英文の論文がございます（Nagao, Gadjin. 1991. *Mādhyamika and Yogācāra: A Study of Mahāyāna Philosophies*. New York: State University of New York Press.）。この論文を通して教えていただきましたが、弥勒あるいは無著の書いたものと言われる『大乗荘厳経論』に菩薩のはたらきとして「故意受生」（『大正蔵』三一、五九三頁）という言葉があります。また、「大悲闡提」という言葉で大悲に生きる菩薩のはたらきを教えている経論もあります。「大悲闡提」は、大悲あるがゆえに闡提となるということで、闡提とは善根が断ち切られた救われざる者です。「故意受生」は、わざと、あえて迷いの生を受けるということで、『華厳経』で言えば「代受苦」（『大正蔵』九、四八九頁）という言葉もあります。仏は自ら苦しめる者に代わってそれを引き受けてくださるのです。このように、大乗の経論は、いろいろな言葉や思想でもって大悲ということを明らかにしてあります。そのなかで、『菩薩地』という書に、これも差別用語として問題になりますが、「犬やチャンダーラを救うために菩薩は犬やチャンダーラになる」ということが出てきます。『大乗起信論』でも、菩薩は菩薩のかたちをとらない、菩薩は親や敵や畜生といったさまざまなかたちをとっていくということを説いていきますが、今の『菩薩地』の言葉は非常に強烈です。「caṇḍāla」（チャンダーラ）という言葉は差別表現として問題になりますが、大事なのはそのように言わしめている根源のものです。そういう深い悲願にふれることが、ひとつ大事なことではないでしょうか。そこにどこまで直接していけるか。それを深く聞き取りしっかりと受け止め、どれほどその根源なるものに出遇って生きるか、ということです。そうではなく、言葉だけ取り上げますと、浄土往生の問題のように、親鸞は一方で浄土に往って待っていると語り、一方では浄土から還ってくると言っているが、そこはどういうことなのか、という議論が出てきます。それは理知分別のなす業で、いよいよ迷いを重ねるだけだと思います。

変化身ですから一定しない、猫になったり犬になったりするかもしれません。それは私の思いを超えており、どういうかたちで還るのかは分かりません。イメージでは、かたちとして還ってくるということがあります。言葉や姿を通して、そこに出遇いが開かれます。言葉を聞き取れば、言葉のなかに姿が見えてくることもあるでしょう。もっと広い眼を持つことができれば、さまざまな人生のできごとを通して、仏の声も姿も見ることができるでしょう。どれだけ声や姿を超えた、声なき声、相なき相を見ることのできる深い眼をいただいているか、と思います。これは一人ひとりの問題ですが、そこにさまざまな変化身をとってはたらいてくださる仏に出遇っていくのではないでしょうか。

犬やチャンダーラを救うために犬やチャンダーラになる、と言わしめているもの、これは鈴木大拙先生が生涯に亘って言い続けられたことですが、仏教の根源にあるのは悲願であり、仏教における究極のさとりはその悲願に生きることではないか、と最後まで問い続けられたのです。そういうものが人生の根底にあるのではありませんか。その深いこころが浄土を求めしめるのであり、さらに、浄土に生まれても成仏から一歩退いて、あえて一生補処にとどまり、普賢の大悲の行を行ずることになるのでしょう。

現代は往相だけが強調されて、還相という変化身として還ってくることが現代の人間の知性、分別を中心とする合理的解釈では受け取れなくなっている、と言われます。しかし、それが大事なのではないですか。なぜ浄土を願わなくてはならないのか、成仏した者がなぜ還ってくるのかを明らかにしたのが曇鸞の『浄土論註』です。そのことが本当に明らかにされてはじめて、「大乗至極」が語れるのであって、そのことを明らかにできないかぎり、大乗至極と言っても、言葉だけが空転していくと私は思い続けています。なぜ浄土を願生していくのかについて曽我先生は、大乗仏教は成仏するために浄土に往生するのである、と言われますが、もうひとつ、大乗の教えはさらに菩薩になるためと言われるのです。それが大乗の凄さ、慈悲の願いの深さであり、迷える衆生の闇の深さのところにはたらくものをどこまでいただいて生きるかということを思います。

第五節　不虚作住持功徳

三種荘厳の軸

国土十七種荘厳に続いて、仏八種荘厳と菩薩四種荘厳がありますが、仏荘厳の結び、第八番目「不虚作住持功徳」が三種荘厳の軸になるのです。

観仏本願力　遇無空過者　能令速満足　功徳大宝海（仏の本願力を観ずるに、遇うて空しく過ぐる者なし、能く速やかに功徳の大宝海を満足せしむ）（『聖典』一三七頁）

彼の仏の本願力を観じ、仏の本願力に遇うならば、空しく過ぐることを超えていく。「空過」という人間にとって一番傷ましいできごと、空過し流転を重ねているあり方を超えて、如来の徳をこの身にいただいて生きる者となることを説かれたのが第八番目の不虚作住持功徳です。

「空過」の内容として、天親自身が、

すなわちかの仏を見たてまつれば、未証浄心の菩薩畢竟じて平等法身を得証して、浄心の菩薩と上地のもろもろの菩薩と畢竟じて同じく寂滅平等を得しむるがゆえなり。

（『聖典』一四一頁）

と註釈を施しています。未証浄心の菩薩も不虚作住持力である仏の本願力に出遇うならば、浄心、あるいは上地の菩薩と畢竟して等しい徳が与えられると説かれます。

「浄心」とは真実の信心、計らいなき心と言っていいもので、この心を未だ得ることのできない未証浄心の者です。唯識思想のうえからは、初地、または二地から七地までのあり方と言われ、唯識の法相、実践道から言えば一応の規定がなされますが、初地に入らない者も含むと考えていいと思います。親鸞聖人は『入出二門偈』におきまして、不虚作住持功徳の文を、

かの如来の本願力を観ずるに、凡愚遇うて空しく過ぐる者なし。

一心に専念すれば速やかに、真実功徳の大宝海を満足せしむ。

（『聖典』四六一頁）

と、「凡愚」という言葉を加えて讃嘆されています。『浄土論』で「未証浄心の菩薩」と規定されますが、一生造悪の凡愚なる者である「凡愚」も仏の本願力に遇うならば、空過を超えていくと領解できるでしょう。浄心という無分別心、計らいなき心を得た者は八地、九地の菩薩、上地は十地の菩薩と言われますが、それは「浄心の菩薩と上地のもろもろの菩薩と畢竟じて同じ」ということです。

浄心・上地の菩薩に与えられる徳として、『浄土論』で説かれるのは柔らかな心、執われなき心である「柔軟心」です。唯識の論書では、身も心も軽く安らかである、「身心軽安」とも説かれます。そういう柔軟心は一切の執着から開放された心のありようです。そのあり方を「無功用」と言います。功用、はたらき、計らい、あるいは努力する心、そういうものの一切が捨てられた心です。そして、計らいを超え、柔軟心を得た者に与えられるはたらきが「普賢の行」として説かれます。すべての者を平等に敬い、すべて

の悩める者の心を開いていくのです。そのようなはたらきが、初地にも入らないすべての凡愚の者にも与えられるということです。

作心せざるにはあらざるなり

ここで曇鸞は、非常に大事な註釈をなされています。未だ計らいを捨てることができない者、つまり、仏の教えを学び、仏の道を生きる者であるかぎり、すべての人びとに救いの道を伝え、すべての人びとの幸せを念じ、救いを求めて生きることがあるけれども、なお、「作心」の執われを離れることができないと言っています。

「未証浄心の菩薩」とは、初地已上七地以還のもろもろの菩薩なり。この菩薩、またよく身を現ずること、もしは百、もしは千、もしは万、もしは億、もしは百千万億、無仏の国土にして仏事を施作す。かならず心を作して三昧に入りて、いましよく作心せざるにあらず。作心をもってのゆえに、名づけて「未証浄心」とす。（『聖典』二八五頁）

未証浄心の者も、無仏の世界にあって仏事を作すのです。「仏事」とは自利利他という仏の仕事で、自らの救いを求め、人びとの救いを願って生きるのです。しかし、仏の仕事をしていきたいと願っても、「作心」という、精進する心、自力により努力する心を離れることができない。しかし、無仏の世にあって仏事を作すのに、「作心せざるにあらず」とありますように、作心、努力、精進することを頭から否定しているわけではありません。むしろ、その作心が大切であると言っているのでしょう。

真実のはたらきは、人間の努力する心すら超えたところで、はじめてなされていくことです。自分が良いことをしているとか、あのようにしなければという自我心が捨てられたところで行われることでしょう。自我心による執われがあるかぎり、どんな良いことをしても良いことにならないという問題に直面するのではありませんか。

それを超えしめるところに、仏の本願力があります。そして、仏の本願力がはたらいてくださるときには、人に仏法を伝えていきたい、ともに仏道を歩んでいきたいと願って努力していくでしょう。けれども、その努力には限界があります。すべての人びとともに救われていこうとする、その願いに対して自分はあまりにも無能である、という自力の限界です。すべての人びとどころでない、ひとりすらも救いえないという、自力の限界に直面するほかはありません。

そのなかで、「七地沈空」と言われますが、努力しても無駄であると願いを放棄していく、利他の願いに生きることに疲れ果てていき、自己のさとりに安住し停滞するという状況に陥り、自分ひとりの幸せを喜ぶことにとどまっていくのです。そういう危機から抜け出すことができないことを、大乗菩薩道では「七地沈空」と表します。

不虚作住持功徳の註釈では、次のような問答によって示されています。

問うて曰わく、『十地経』を案ずるに、菩薩の進趣階級、ようやく無量の功勲あり。多くの劫数を径。しこうして後、いましこれを得。いかんぞ阿弥陀仏を見たてまつる時、畢竟じて上地のもろもろの菩薩と身等しく法等しきや。答えて曰わく、畢竟とは、未だすなわち等しというにはあらずとなり、と。畢竟じてこの等しきことを失せざるがゆえに、等しと言うならくのみ、と。問うて曰わく、もしすなわち等しからずは、また何ぞ菩薩と言うことを得ん。ただ初地に登れば、もってようやく増進して、自然に当に仏と等しかるべし。何ぞ仮に上地の菩薩と等しと言うや。答えて曰わく、菩薩七地の中にして大寂滅を得れば、上に諸仏の求むべきを見ず、下に衆生の度すべきを見ず。仏道を捨てて実際を証せんとす。その時にもし十方諸仏の神力加勧を得ずは、すなわち滅度して二乗と異なけん。菩薩もし安楽に往生して阿弥陀仏を見たてまつるに、すなわちこの難なけん。このゆえに須らく畢竟平等と言うべし。

（『聖典』二八六頁）

「七地沈空」で表される個人的な観念のさとりについて、「上に諸仏の求むべきを見ず、下に衆生の度すべきを見ず。仏道を捨てて実際を証せんとす」とあります。これは、大義門功徳で「声聞は実際をもって証とす。計るに更によく仏道の根芽を生ずべからず」とあることと同じ問題です。そういう観念の想いを破ってくださるのは、ひとえに仏の本願力によるほかはないのです。「十方諸仏の神力加勧」とあるように、諸仏・善知識、よき師、よき友の教えを通していただかれるのでしょう。つまり、「七地沈空」の自己を叱責してくださる諸仏・善知識の勧めに遇うことが我われの求道において決定的な意義を持つことを指摘しているのです。

仏荘厳から展開する菩薩荘厳

不虚作住持功徳に説かれた未証浄心の菩薩も、仏の本願力に出遇うならば、浄心・上地の菩薩と畢竟じて同じであり、そのような菩薩は第二十二願に乗じて還来穢国し衆生を教化する、そのような菩薩のはたらきとして、四種の菩薩荘厳が説かれます。国土荘厳、仏荘厳については、一つひとつの功徳にそれを表す名が付けられてありましたが、仏荘厳から展開する菩薩荘厳については、名が付けられていなくて、菩薩の荘厳功徳成就を観察すとは、かの菩薩を観ずるに四種の正修行功徳成就あり。

（『聖典』一四一頁）

と説かれるのみです。

菩薩は浄土における如来の眷属であり、如来の教えによって生き、如来のはたらきをお手伝いさせていただく者です。仏の本願力に出遇うことによって、一切の自力心を捨てしめられ、如来の真実を身にいただいて浄土の行を生きるのです。菩薩四種荘厳は仏荘厳におさまる、という言い方もできますが、それよりもむしろ、仏の本願力のはたらきとして必然的に展開するもの、というほうがふさわしいと思います。仏の本願力は空過を超えしめること、生死流転を超えしめる力です。そして、その仏の本願力は菩薩の本願力としてさらに展開するのです。四種の正修行について、

真如はこれ諸法の正体なり。体、如にして行ずれば、すなわちこれ不行なり。不行にして行ずるを、如実修行と名づく。体はただ一如にして、義をして分かちて四とす。このゆえに四行、一をもって正しくこれを統ぬ。

（『聖典』二八八頁）

と註釈してあるように、般若の智慧にもとづく如実修行を「不行の行」と言い、行ずるという意識や、努力なくして「作心」が超えられ、自然のはたらきとして行われていくものです。それが真実にかなう、真実そのもののはたらきとして、如実修行と言われるものなのです。ですから、「不行にして行ずる」とは、如来の本願力に乗じ、如来の本願力に随って、本願力のままに行ぜられる仏事を行じていくことです。その四種の功徳につきまして、便宜上その内容によって、四種功徳の名が挙げられてまいりました。

最初が天親の註釈で言えば、

一つには一仏土にして身動揺せずして、十方に遍じて種種に応化して、実のごとく修行して常に仏事を作す。偈に「安楽国清浄　常転無垢輪　化仏菩薩日　如須弥住持」と言えるがゆえに。もろもろの衆生の淤泥花を開くがゆえに。

（『聖典』一四一～一四二頁）

とありますから、浄土を動かずしていたるところに趣く、「不動応化」と呼ばれます。どこまでも浄土を動かないで、しかもいたるところにはたらく菩薩のはたらきが、不行にして行ずることです。如実修行ということを絶対的に言えば「不動応化」であり、その内容をさらに詳しく明らかにしたものが、そのあとの三種の正修行となります。

応化とは人びとの求め、願に応じ、どんな者をも救う願いによって、さまざまな形を現じてはたらくことです。

二つには、かの応化身、一切の時に前ならず後ならず、一心一念に大光明を放ちて、ことごとく能く遍く十方世界に至りて衆生を教化す。種種に方便し修行して、所作に一切衆生の苦を滅除するがゆえに。偈に「無垢荘厳光　一念及一時　普照諸仏会　利益諸群生」と言えるがゆえに。

（『聖典』一四二頁）

一時に遍くいたる「一時偏至」と呼ばれ、続いて、

三つには、彼れ一切世界において余なく諸仏の会を照らす。大衆余なく広大無量にして、諸仏如来の功徳を供養し恭敬し讃嘆す。偈に「雨天楽花衣　妙香等供養　讃諸仏功徳　無有分別心」と言えるがゆえに。

（『聖典』一四二頁）

ということですから、余すところなく仏を供養する、「無余供養」と表されています。

これらはすべて仏の世界におけるはたらきですが、阿弥陀の浄土にあり、しかも諸仏の世界に行って諸仏を供養する。そして一切の衆生のところに趣いて衆生を教化することは、仏法のある世界、有仏の世界でのことです。

それに対して、第四番目の正修行は、

四つには、彼れ十方一切世界の無三宝の処において、仏法僧宝の功徳の大海を住持し荘厳して、遍く示して如実の修行を解らしむ。偈に「何等世界無　仏法功徳宝　我願皆往生　示仏法如仏」と言えるがゆえに。（『聖典』一四二頁）

と、遍く帰依すべき三宝を示すということで、一般に「遍示三宝」と呼ばれています。仏法の行われている世界ではなく、まったく仏法の行われていない無仏の世界においてなされる菩薩のはたらきであり、曇鸞は言及していませんが、像法、さらには末法という世界でもあると領解します。浄土に生まれた菩薩が仏のお仕事の手伝いをさせていただくのは、浄土から無仏の世界に還って、そこに帰依すべき三宝を明らかに示していくことであり、還相のはたらきを語っているのです。

このように見てきますと、国土・仏・菩薩の三種荘厳、その内容が二十九種で示されていますが、国土荘厳の最初、総相と言われる「清浄功徳」に、如来の浄土は往相の究極であり、自然必然に還相のはたらきが与えられる領域であることと示されてありました。そして、仏荘厳の結びの「不虚作住持功徳」においても、未証浄心の菩薩が浄心・上地の菩薩となり、第二十二願に誓われたように、一生補処の菩薩となり、普賢の行を行ずる者になると説かれます。阿弥陀如来の本願力のはたらきを表す菩薩荘厳においても、有仏の世界において仏事を作す者が、さらに無仏の世界にはたらいて、三宝を明らかにする大悲の行を行じていくことで表されていました。
つまり、三種荘厳をもって表される如来の浄土を明らかにする場合に、曇鸞は往相と還相という視点に立脚して、その功徳を解明していることが窺われます。浄土は往相の究極であり、そのままが還相のはたらきとして展開するのです。その根源となる世界、大乗菩薩道のはたらきを成就していく宗教的世界が大涅槃界としての浄土であり、このことが『大無量寿経』に明らかにされた浄土です。以上のことが天親が『浄土論』において明らかにされた浄土であると、曇鸞は『浄土論』の註釈を通して表そうとしておられるのです。

仏の名号によって開かれる如来浄土の徳

曇鸞は、如来の浄土について重要な解釈を施しています。『浄土論註』上巻のはじめに説かれた題号釈です。『浄土論』の詳しい題号は「無量寿経を優婆提舎せる願生偈」ですが、曇鸞はこの題号について解釈する場合に、「無量寿」について、

この『無量寿経優婆提舎』は、けだし上衍の極致、不退の風航なるものなり。「無量寿」はこれ安楽浄土の如来の別号なり。釈迦牟尼仏、王舎城および舎衛国にましまして、大衆の中にして、無量寿仏の荘厳功徳を説きたまう。すなわち、仏の名号をもって経の体とす。（『聖典』一六八頁）

と言われています。三種荘厳と言うけれども、その如来の浄土の徳は、仏の名号によって我われのうえに開かれ、我われのうえに与えられてくるものである、と指摘しています。

曇鸞は、そこで「経の体」、『無量寿経』の体と言いますが、「体」とはどういう意味なのでしょうか。

親鸞聖人も『教行信証』「教巻」におきまして、「大無量寿経　真実の教　浄土真宗」（『聖典』一五〇頁）と言って、

ここをもって、如来の本願を説きて、経の宗致とす。すなわち、仏の名号をもって、経の体とするなり。（『聖典』一五二頁）

とおっしゃっています。これは、曇鸞から始まる浄土真宗の『大経』観です。浄土の祖師たちが『大無量寿経』をいただかれるときに、それは本願を明らかにされたものであり、本願は名号をもって我われのうえに表されると領受されてきました。

「体」について、稲葉秀賢先生は、仏の意の全体をもっとも具体的な形をもって表されたもの、と教えてくださいました。金子大榮先生は、「宗」とは「むね」、「宗」とは「こころ」である。それに対して「体」とは「身」である。だから、本願の名号を宗体とする『大無量寿経』の教えをいただいていく我われからすれば、念仏をこの身に行じて、本願の意を我が願いとして生きる。そのように、経典の宗体がその経典の教えによって生きるものの宗体となってくる。経典の宗体、経典の中心、要の宗体、念仏をこの身に行じながら仏の願いをこの身にいただいていく。そのようにならざるをえないのだと教えてくださいました。

親鸞聖人が仰いだ宗体論の依りどころとなったのが、今の曇鸞の『無量寿経』の経題釈です。これは曇鸞の卓見であり、その後の浄土教の展開において決定的な意味を持っています。如来の浄土と言うけれども、仏の名号を離れてはありえないし、仏の名号において浄土の荘厳功徳が我われのうえに表され、この身にいただいていけるのです。

第六章　曇鸞の人間観と願生論

第一節　「信巻」の構造と八番問答

中国において、像法を証明することとして、四四六年に廃仏事件、つまり仏教というものを禁止する、仏教を信じてはならないということが、北魏の太武帝の名において行われます。それは、「三武一宗の法難」の最初で、それ以後、何回か廃仏事件が行われ、そのつど仏教が復興するということが繰り返されます。仏教の普及によって仏教教団がますます拡大していくのです。拡大はするものの、仏教教団の内部が乱れて堕落していくことが、次第に像法から、さらに末法へという危機感になっていきます。

曇鸞が在世した四七六年から五四二年頃は、この廃仏事件が行われてから三、四十年ほど経って、盛んに仏教復興運動が行われていた時代となります。そして、道綽が玄中寺において、曇鸞讃仰の碑文を縁として、浄土教に帰した時代がまさに末法の時代です。そういう時代を生きた人びとにおいて、像法の世を生きる、あるいは、さらに末法の世を生きるという深い危機感があって、曇鸞もまたそこに立っておられたことは、注意していいと思います。

『浄土論註』冒頭の「五濁の世、無仏の時」という言葉、正法が隠没してしまった像法、それは五濁の濁りがいよいよ激しく深くなっていく時であり、依るべき仏のましまさぬ時である、そういう時を生きる衆生とはいかなるものであるのか。それを問題にしているのが、『浄土論註』上巻の終わりの八番問答です。曇鸞は、八番の問答を通して、浄土の教えを聞き、浄土の教えによって救われていかなければならない衆生とはいかなる衆生であるのかを深く問うているのです。

八番問答は『教行信証』「信巻」に引かれています。正定聚の機としての「真の仏弟子」を明らかにされた「信巻」の後半の部分で、正定聚の機とは、第十八願に誓われた「至心信楽欲生我国」という如来の本願を我が身にいただいて、浄土に往生すべき身、仏となるべき身として生きる者です。親鸞聖人は、真の仏弟子のところで、第十八願および成就文に説かれた「唯除」を問題にしていかれます。すべての者を選びなく平等に救う第十八願ですが、五逆と謗法とは救いえないとされるわけです。そのことを問題にしていかれた親鸞聖人は、それだけでなく、『涅槃経』に言う「闡提」を併せて論じておられます。難治、難化の三病人、仏をもってしても教化し難い重病人ということです。それについて、『涅槃経』の阿闍世の回心を説かれた「梵行品」を引用し、曇鸞と善導の文によって、「唯除」の意味を確かめていかれます。回心懺悔を抜きにして救いはありえない、救われざる者という我が身についての痛み悲しみを通して、そこにはたらいてくださる無縁の大悲に救われるほかないことが「唯除」ということです。

「信巻」では、真の仏弟子における悲喜交流を述べられたあと、難治の機ということで『涅槃経』の「現病品」、それから「梵行品」を引用し、阿闍世の回心による救いを明らかにされ、

ここをもって、今大聖の真説に拠るに、難化の三機・難治の三病は、大悲の弘誓を憑み、利他の信海に帰すれば、これを矜哀して治す、これを憐憫して療したまう。たとえば醍醐の妙薬の一切の病を療

するがごとし。濁世の庶類・穢悪の群生、金剛不壊の真心を求念すべし。本願醍醐の妙薬を執持すべきなりと。知るべし。（『聖典』二七一～二七二頁）

と結ばれます。そして、あらためて、

それ諸大乗に拠るに、難化の機を説けり。今『大経』には「唯除五逆誹謗正法」と言い、あるいは「唯除造無間悪業誹謗正法及諸聖人」（如来会）と言えり。『観経』には五逆の往生を明かして謗法を説かず。『涅槃経』には、難治の機と病とを説けり。これらの真教、いかんが思量せんや。（『聖典』二七二頁）

とあります。難治、難化の三病について、大悲の弘誓を憑み利他の信海に帰するよりほかに救われざる者であると言って、『大経』には「唯除く」と言い、『観経』には五逆の者を救う、『涅槃経』には難治の機は救い難いと言って、経典の説き方にも違いがあり、それをどう領解すべきかを問うわけです。

その結論としては、曇鸞と善導の文により明らかにされ、善導の『法事讃』の文、「謗法・闡提、回心すればみな往く」（『聖典』二七七頁）を引かれています。さらに、五逆について、仏教一般における五逆と、大乗における五逆について補説し確認していかれるのが「信巻」の結びの構造です。

第二節　八番問答を読む

第一問答はなぜカットされたのか

八番問答の一番目の問答は、「願生偈」の結びの回向門に、「我作論説偈　願見弥陀仏　普共諸衆生　往

生安楽国」とあるのを受けて、

問うて曰わく。天親菩薩廻向の章の中に「普共諸衆生往生安楽国」と言えるは、此れは何等の衆生を共と指したもうや。（『真聖全』一、三〇七頁）

という問いから始まりますが、親鸞聖人は、なぜかカットしておられます。その答えとして、『大経』の第十八願成就文と『観経』の下下品の文を引用しておられます。

答えて曰わく。王舎城所説の『無量寿経』を案ずるに「仏阿難に告げたまわく。十方恒河沙の諸仏如来、皆共に無量寿仏の威神功徳不可思議なるを称嘆したもう。諸有の衆生、其れ名号を聞きて信心歓喜せんこと乃至一念せん、至心廻向したまえり、彼の国に生まれんと願ぜば、即ち往生を得、不退転に住せんと。唯五逆と誹謗正法を除く」と。此れを案じて言わく、一切外道凡夫人、皆往生を得ん。又『観無量寿経』の如く九品の往生有り。「下下品の生とは、或は衆生有りて不善業たる五逆・十悪を作り、諸の不善を具せん。此の如きの愚人悪業を以ての故に、悪道に堕て多劫を逕歴して苦を受けること窮り無かるべし。此の如きの愚人命終の時に臨みて、善知識種種に安慰して為に妙法を説き、教えて念仏せしむるに遇わん。彼の人苦に逼られて念仏に遑あらず。善友告げて言わく。汝若し念ずるに能わずば無量寿仏と称すべし。是の如き心を至して声をして絶えざらしめて、十念を具足して南無無量寿仏と称せん。仏の名を称する故に、念念の中に於いて八十億劫の生死の罪を除く。命終の後に、金蓮華を見るに日輪のごとくして其の人の前に住せん。一念の頃の如きに即ち極楽世界に往生を得ん。蓮華の中にして十二大劫を満てて蓮華まさに開けん当に此を以て五逆の罪を償うべきなり、観世音・大勢至、大悲の音声を以て其が為に広く諸法実相の罪を除滅する法を説かん。聞き已りて歓喜して時に応じて則ち菩提の心を発せん。是を下品下生の者と名く。」此の経を以て証するに、明らかに知りぬ、下品の凡夫但正法を誹謗せざれば、仏を信ずる因縁をして皆往生を得しむ。

（『真聖全』一、三〇七～三〇八頁）

第十八願文には「十方衆生」と呼びかけてありましたが、それを受けた第十八願成就文においては「諸有の衆生」と説かれます。親鸞聖人は、「大経和讃」第八首で、

至心信楽欲生と
十方諸有をすすめてぞ
不思議の誓願あらわして
真実報土の因とする

（『聖典』四八四頁）

と詠われ、そのなかにある「諸有」に「諸有衆生というは二十五有の衆生なり」（『定親全』二、和讃篇、三七頁）と左訓され、苦しみ悩める者という意味で、より具体的に押さえられています。宗祖のご和讃では、第十八願については「諸有の衆生」と言い、第十九願、第二十願では「十方衆生」と言って区別しておられることも注意されていいでしょう。「衆生」とは、第十八願成就文に示された「諸有の衆生」、一切の迷える衆生、『観経』で言えば「一生造悪の下下品の衆生」であるということです。その「諸有の衆生」の救いを約束された第十八願、そして、その成就文においても、「唯除」と除かれ、救われないと言われており、それに対して、『観経』の下下品においては、一生造悪の凡夫であろうとも、すべて摂取すると言われるわけです。

『観経』下下品の文については、注意すべき点があります。ひとつは、「称南無阿弥陀仏」を「称南無無

量寿仏」と言い換えられています。曇鸞自身が菩提流支に遇って、仏教には中国のように無量寿を説くことがあるのかと質問し、菩提流支から厳しく叱られて浄土の教えに帰せられましたが、当時の人びとにとって、無量寿が深い宗教的要求、永遠なる命を生きることが宗教的関心としてありました。そのような背景があって、曇鸞は「南無阿弥陀仏」を「南無無量寿仏」と言い換えられたと言われます。もうひとつは、引文のなかに「当に此を以て五逆の罪を償うべきなり」という註釈を加えておられます。念仏して五逆の深い罪を償えという言葉を挿入しておられます。

『浄土論』に「普共諸衆生　往生安楽国」と言われる「衆生」は、具体的には『観経』の下下品に説かれた一生造悪の凡夫であり、下下品の結びとして、「下品の凡夫、但正法を誹謗せざれば、仏を信ずる因縁をして皆往生を得しむ」とあります。この「仏を信ずる因縁」は、『浄土論註』上巻の他力易行道を説かれるところに、

「易行道」は、いわく、ただ信仏の因縁をもって浄土に生まれんと願ず。仏願力に乗じて、すなわちかの清浄の土に往生を得しむ。仏力住持して、すなわち大乗正定の聚に入る。正定はすなわちこれ阿毘跋致なり。（『聖典』一六八頁）

とある「信仏の因縁」です。「仏力住持」ですから如来の本願住持力です。その住持力を信ずるところに、儜弱怯劣の凡夫もすべて浄土に往生していく道が開けるということが、曇鸞が押さえる他力の意味です。

この「信仏の因縁」が上巻の冒頭と結びに説かれており、他力易行道は信仏の因縁によってすべての者が浄土に往生を遂げていくことを明らかにするのが『浄土論註』の根本課題である、と指摘されているのです。

唯除と誹謗正法の関係

宗祖は八番問答を「信巻」に引かれるときに第一問答をカットされて、『大経』『観経』『涅槃経』との説き方の違いを問題にして、「これらの真教、いかんが思量せんや」と問いを立てて、「報えて道わく、『論の註』に曰わく」（『聖典』二七二頁）と、第二問答からあとを引用されています。

問うて曰わく、『無量寿経』に言わく、「往生を願ぜん者みな往生を得しむ。唯五逆と誹謗正法とを除く」と。『観無量寿経』に、「五逆・十悪もろもろの不善を具せるもの、また往生を得」と言えり。この二経云何が会せんや。答えて曰わく、一経には二種の重罪を具するをもってなり。一つには五逆、二つには誹謗正法なり。この二種の罪をもってのゆえに、このゆえに往生を得ず。一経はただ、十悪・五逆等の罪を作ると言うて、「正法を誹謗す」と言わず。正法を謗せざるをもってのゆえに、このゆえに生を得しむ、と。（『聖典』二七二頁）

親鸞聖人が問題にされるにさき立って、曇鸞がここで問題にしているわけで、第十八願成就文、因願の第十八願もそうですが、成就文でもなお「唯除五逆　誹謗正法」とあります。それに対して、『観経』の下下品においては、五逆の者は十念念仏によって救われると言われているのは矛盾しているではないか、ということです。さらに曇鸞は、『大経』では五逆と謗法の複数の重罪を挙げられますが、『観経』は五逆だけの単罪だから、『観経』に説かれるように五逆の者は逆謗の重罪に対すれば罪は軽いから救われる、と一応答えています。しかし、複数、単数で領解することには問題があるわけで、第三問答以下でそれを論じていきます。

次に第三問答では、

問うて曰わく、たとい一人は五逆罪を具して正法を誹謗せざれば、『経』に得生を許す。また一人ありて、ただ正法を誹謗して五逆もろもろの罪なきもの、往生を願ぜば、生を得るやいなや。

（『聖典』二七二〜二七三頁）

と続きます。罪が二つか一つかという量的なことで問題にするならば、謗法だけの者であれば救われるのかと、その意味を説き明かしていきます。その答えとして、「ただ正法を誹謗せしめて、さらに余の罪なしといえども、必ず生を得じ」（『聖典』二七三頁）と言い、その理由を仏陀の経言によって答えていきます。

何をもってこれを言わば、『経』（大品般若経信毀品意）に言わく、「五逆の罪人、阿鼻大地獄の中に堕して、具に一劫の重罪を受く。誹謗正法の人は、阿鼻大地獄の中に堕して、この劫もし尽くれば、また転じて他方の阿鼻大地獄の中に至る。かくのごとく展転して、百千の阿鼻大地獄を径。」仏出ずることを得る時節を記したまわず、誹謗正法の罪極重なるをもってのゆえなり。また正法はすなわちこれ仏法なり。この愚痴の人、すでに誹謗を生ず。いずくんぞ仏土に願生するの理あらんや。たといただかの安楽に生まるることを貪して生を願ぜんは、また水にあらざるの氷、煙なきの火を求めんがごとし、あに得る理あらんや。

（『聖典』二七三頁）

ここで「『経』に言わく」とありますが、実際には『大智度論』によって、経典では五逆の者が阿鼻地獄に堕しても、それは一劫にかぎる。しかし謗法の者については地獄を出ることについてまったく説かれていないのは誹謗正法の罪が極重であるから、と答えられています。そもそも謗法の者は浄土を願生する道理などないことを述べられて、さらに第四番問答で、そのことを道理のうえから証明していかれます。

問うて曰わく、何等の相かこれ誹謗正法なるや。答えて曰わく、もし無仏・無仏法・無菩薩・無菩薩法と言わん、かくのごときらの見をもって、もしは心に自ら解り、もしは他に従いて、その心を受けて決定するを、みな「誹謗正法」と名づく、と。（『聖典』二七三頁）

無間地獄にあって永劫に出られない謗法の者とはいかなる存在か。それは自らの思想、邪見によって、仏や仏法も存在しない、菩薩や菩薩の法も存在しない、帰依すべき法はまったくないと説くのが謗法だと説明したうえで、第五問答で次のように展開しています。

問うて曰わく、かくのごときらの計は、ただこれ己が事なり、衆生において何の苦悩あればか、五逆の重罪に踰えんや。答えて曰わく、もし諸仏菩薩、世間・出世間の善道を説きて、衆生を教化する者ましまさずは、あに仁・義・礼・智・信あることを知らんや。かくのごとき世間の一切善法みな断じ、出世間の一切賢聖みな滅しなん。汝ただ五逆罪の重たることを知りて、五逆罪の正法なきより生ずることを知らず。このゆえに謗正法の人はその罪もっとも重なり、と。（『聖典』二七三頁）

謗法は仏法を否定するものであり重罪です。たとえ他に罪がなくても、その者は救われないと言わなければなりません。しかし、謗法は仏法に対する批判、否定、反逆ではあっても、「ただこれ己が事」であって、ただちに他の人を苦しめるとは言えない。それに対して、五逆は人間における倫理の道に背く罪であり、具体的には親を殺す、教団を破壊するようなことであり、それは他の人や社会と深く関わる倫理の問題です。そうであれば、五逆の方がより罪が深いと言わなくてはならないではないか、という問いです。仏法に対する批判は個人の問題であるけれども、五逆は個人の問題というわけにはいかず、人間関係、社会、教団との関わりの問題であって、その方が罪が重いと見るべきではないか、という問題であり、宗教と倫理の関係が問題になっているのです。つまり、謗法とはどこまでも宗教の問題であるのに対して、五逆とは倫理の問題であることを問うているのです。

そこで、曇鸞は儒教倫理である仁・義・礼・智・信を挙げています。五逆はあくまでも善悪という相対的な価値観にもとづくものであって、それ自体は絶対的なものではありません。相対的であるかぎり、善悪と言っても、社会秩序のうえで、あくまでも人間、世間の立場で言われるわけですから、決して絶対的ではないのです。ですから、相対的価値観は、世間を超えた仏道によらないかぎり、その相対性を超えることはできません。普遍の真理の極みである法を釈尊がお説きくださり、また、釈尊の教えに随ってその道を歩まれた。そして、現に歩まれている菩薩によって説かれ、教えられることがなければそういうことも分からないのです。

仏や菩薩によって説かれた普遍の真理によらなければ相対的な倫理も成立しない、ということです。正しい教えが明らかでないからこそ、五逆も起こってくることであって、時代によって変わるような相対的なものを超えた普遍の法によらなければ、五逆の罪の深さも知ることができないのです。ですから、普遍的な根拠を批判し否定するという謗法は、倫理を成り立たしめるものを批判し否定するものですから、その罪ははるかに深い、ということです。

このように、曇鸞は謗法が五逆の根源にあることを指摘していますが、謗法の者の救いについては直接的に問うていません。それは曇鸞の厳しさであり、謗法の者は救われないと言い切っていく。つまり、ただ救われざる者として回心するほかはないということでしょう。

人間の罪業と十念念仏の重さ

第六、第七、第八の問答では、五逆の者はどうして救われるのかを詳細に究明しています。第六番問答で『業道経』とありますが、そのような特定な経典があるわけではなく、業について説く大乗の経典、というほどの意味です。

問うて曰わく、『業道経』に言わく、「業道は称のごとし、重き者先づ牽く」と。『観無量寿経』に言うがごとし。「人ありて五逆・十悪を造り、もろもろの不善を具せらん。悪道に堕して多劫を径歴して無量の苦を受くべし。命終の時に臨みて、善知識教えて南無無量寿仏を称せしむるに遇わん。かくのごとき心を至して声をして絶えざらしめて、十念を具足すれば、すなわち安楽浄土に往生することを得て、すなわち大乗正定の聚に入りて、畢竟じて不退ならん、三塗のもろもろの苦と永く隔つ。」「先ず牽く」の義、理においていかんぞ。また曠劫より已来備にもろもろの行を造れる、有漏の法は三界に繋属せり。ただ十念をもって阿弥陀仏を念じてすなわち三界を出でば、繋業の義、また云何がせんとするや。（『聖典』二七四頁）

曇鸞は、人間の罪業と十念念仏の重さを対比します。人間の罪業は始め無き時から今日にいたるまで永劫の罪を重ねて、未来永劫に苦を受けていくほかはないものです。その罪業の重さと、ただ臨終の時においてよき人から念仏せよと勧められて念仏することと、どちらが重いかと言えば、人間の罪業の方がはるかに重いではないか、という設定です。「重き者先づ牽く」と説く『業道経』によれば、死の間際の十声の念仏よりも、始め無き過去から未来永劫の罪業の方が重いはずである、ということですが、曇鸞は、そこで非常に感銘の深い答えをしていかれます。

答えて曰わく、汝、五逆・十悪・繋業等を重とし、下下品の人の十念をもって軽として、罪のために牽かれて先ず地獄に堕して、三界に繋在すべしと謂わば、今当に義をもって、軽重の義を校量すべし。心に在り、縁に在り、決定に在り、時節の久近・多少に在るにはあらざるなり。（『聖典』二七四頁）

「三在釈」と言われますが、三つの理由、根拠を挙げて解明しております。「在心・在縁・在決定」というかたちで、罪業と称名との対比で、どちらが重いのかと対比しますが、まず「在心」です。

いかんが心に在る、と。かの罪を造る人は、自らが虚妄顚倒の見に依止して生ず。この十念は、善知識、方便安慰して実相の法を聞かしむるに依って生ず。一は実、一は虚なり、あに相比ぶることを得んや。たとえば千歳の闇室に、光もししばらく至ればすなわち明朗なるがごとし。闇あに室にあること千歳にして去らじと言うことを得んや。これを「在心」と名づく。（『聖典』二七四頁）

千年の間暗い闇に閉ざされてあった部屋であろうとも、光が差し込んできたら一瞬で千年の闇を払ってしまうようなものであり、人間の罪業がどれほど重いものであろうとも、如来の大願業力はいかなる罪業も照らし破りたまうのだということを、千歳の暗室のたとえで説いています。

我われの罪業は、根本の真理を知らない「虚妄顚倒の見」、間違った思想、考えによってつくられていくのですが、それに対して、よき人の方便安慰によって教えられる十念念仏の道は、「実相の法」より生じたものです。「実相」は『法華経』の「諸法実相」をすぐに思い起こしますが、『観経』の下下品に「観世音・大勢至、大悲の音声をもって、それがために広く諸法実相・除滅罪の法を説く」（『聖典』一二一頁）とあるような如来の真実です。念仏は、人間の自分勝手な考えによるのでなく、善知識の教えによって実相の法を聞くことによって生じたものであり、質がまったく違うということです。愚かな人間の浅はかな考えによって行われていく罪業と、善知識が説かれる真理を聞くことによって申す念仏とは質がまったく異なるのです。

次の「在縁」は、

いかんが縁に在る、と。かの罪を造る人は、自らが妄想の心に依止し、煩悩虚妄の果報の衆生に依って生ず。この十念は、無上の信心に依止し、阿弥陀如来の方便荘厳・真実清浄・無量功徳の名号に依って生ず。たとえば人ありて毒の箭を被りて中るところ筋を截り骨を破るに、滅除薬の鼓を聞けばすなわち箭出け毒除こるがごとし。『首楞厳経』に言わく、たとえば薬あり、名づけて滅除と曰う。もし闘戦の時にもって鼓に塗るに、鼓の声を聞く者、箭出け毒除こるがごとし。菩薩摩訶薩もまたかくのごとし、首楞厳三昧に住してその名を聞く者、三毒の箭、自然に抜出すと。あに「かの箭深く毒厲しからん、鼓の音声を聞くとも箭を抜き毒を去ることあたわじ」と言うことを得べけんや。これを「在縁」と名づく。

（『聖典』二七四～二七五頁）

とあります。我われが罪を犯していくのは、「自らが妄想の心に依止」することはもちろんですが、「煩悩虚妄の果報の衆生に依って生ず」ると言われます。「煩悩虚妄の果報」とは、煩悩による罪業の結果として今ここにある身ということですが、その「衆生に依って」ですから、我が身だけでなくて、文字通り「衆生」と言われるように、自他の関係、千差万別の業因縁によって生きる人間、それぞれに重い業を抱えて、あるいは業を引きずって生きている者です。親子、兄弟、夫婦という身近な関係、あるいは、もっと広くて深い業縁関係のなかに生き合っていくなかで、邪見がいよいよ深くなり、いよいよ激しくなって、「衆生に依って」、罪業が生じてくるのです。それに対して、十念仏はそうではなく、ふたつの因縁を曇鸞は説いていきます。ひとつは、念仏は「無上の信心」によるのですが、そこで曇鸞は非常に多くの語を使って名号の徳を表しています。

阿弥陀如来の方便荘厳・真実清浄・無量功徳の名号に依って生ず。

（『聖典』二七四頁）

称名、十念の念仏は、善知識が説かれる「実相」、普遍の真実の法を聞くことにおいて念仏が申されるのですが、それは「無上の信心」により、名号のはたらきによるのです。その名号とは「阿弥陀如来の方便荘厳・真実清浄・無量功徳の名号」であり、如来の徳のすべてがそこに込められ、表されているその名号です。「方便荘厳」と表現してありますが、その場合の「方便」は「方便法身」の方便であり、如来の清浄真実の徳のすべてがはたらく相としての名号です。その名号を増上縁として、無上の信心が我われのうえに発起せられて、そして、その無上の信心によって念仏が申されるのです。

『浄土論註』上巻の題号釈では、

「無量寿」はこれ安楽浄土の如来の別号なり。釈迦牟尼仏、王舎城および舎衛国にましまして、大衆の中にして、無量寿仏の荘厳功徳を説きたまう。すなわち、仏の名号をもって経の体とす。

（『聖典』一六八頁）

とありました。今も、名号の意味を表すのに、さきの経題釈と同じことが示されています。如来および浄土の徳がすべて込められ、如来の真実功徳のすべてが表されているものが名号であり、その名号を縁として我われのうえに発起せられた信心は、おのずから称名となっていくのです。

第三の「在決定」は次のように説かれます。

いかんが決定に在ると。かの罪を造る人は、有後心・有間心に依止して生ず。この十念は、無後心・

無間心に依止して生ず。これを「決定」と名づく。（『聖典』二七五頁）

我われが罪業を犯すのは、「有後心・有間心」によるというわけです。「有後心」は「後が有る」、「有間心」は「間が有る」ということで、要するに専念されないことです。人として生きていることを今深く問うことがないことから起こってくる、と言っていいでしょう。あるいは、余裕のある心です。今と時が受け止められない心です。後のある心ですから、すべてをさき送りしていく心、死という問題をもさき送りしていく心で、今生きてあるということが少しも問われないままで生きているのです。ところが、称名念仏は、臨終時に、命果てる時にいたって、ようやく自らの罪業、犯してきた罪の深さを知ることであり、それは「無後心・無間心」である、と言うのです。本当に生死の罪の深さ、身の事実を問わなくてはおれない、真に死に直面する状況にあって申されていくのが念仏である、というかたちで、曇鸞は、罪業と称名念仏の関係、始め無き時から未来永劫に続く我が身の罪業を知る。その臨終時という極限状況における十声の念仏の意味を明らかにしているのです。

人間の罪業の重さははかりしれません。その重き罪業が称名によって救われるということは、我われの考えることのできない問題です。それは今でもなお問われる問題でしょう。今でもというのは、人間が念仏に関わるかぎりにおいて問い続けられる問題という意味ですが、曇鸞は、そういう質の事柄を問うているわけです。人間の顚倒した身勝手な考えから出てくる罪業と、如来の真実から開けてくる念仏とはまったく質が違うということを明らかにしているのです。

救いの成就としての称名念仏

次の第七問答からは、経典に説かれた臨終時における十念念仏の意味について、

問うて曰わく、幾ばくの時をか、名づけて「一念」とするや。
（『聖典』二七五頁）

と吟味していきます。「十念念仏」ですから、その場合の「一念」を問うわけです。

答えて曰わく、百一の生滅を「一刹那」と名づく。六十の刹那を名づけて「一念」とす。この中に「念」と云うは、この時節を取らざるなり。ただ阿弥陀仏を憶念して、もしは総相・もしは別相、所観の縁に随いて、心に他想なくして十念相続するを、名づけて「十念」とすと言うなり。ただし名号を称することも、またかくのごとし。
（『聖典』二七五頁）

『観経』では、称名念仏は臨終における十念念仏として説かれます。その「念」とは「一刹那」ですが、ここで言う「十念」という念は時節を問わず、時間の問題ではありません。

さらに曇鸞は、念仏の意味についてふたつあることを指摘しています。ひとつは「憶念」という意味です。そして、「ただし名号を称することも、またかくのごとし」と憶念がおのずから称名となるのです。しかも、単に十声ということではなく、一刹那、一遍一遍の憶念称名が相続していくのであり、時間や数量の問題ではないということです。ただ今の称名において、すべての罪が消えていくのは私の力ではなく、まったく如来の名号のはたらきによるのです。そのはたらきをこの身にいただいて、念仏していくのであるとし、臨終における称名の意義を説き明かしています。

最後の第八問答では、そのことをさらに次のように結んでいます。

問うて曰わく、心もし他縁せば、これを摂して還らしめて、念の多少を知るべし。ただ多少を知ら

ば、また間なきにあらず。もし心を凝らし想を注めば、また何に依ってか念の多少を記することを得べきや。答えて曰わく、『経』に「十念」と言うは、業事成弁を明かすならくのみと。必ずしも須らく頭数を知るべからざるなり。蟪蛄春秋を識らず、伊虫あに朱陽の節を知らんや、と言うがごとし。知る者これを言うならくのみと。

（『聖典』二七五頁）

短い夏を一生とする蟬は夏を知らない、ただ、人間が蟬は夏に鳴くと言っているだけであって、十念によって往生の業が成就するのは、神通力を持たれる如来において明らかなことであり、その仏のおこころを本当に正しく知ることのできた者のみ言えることであると結んでいます。

曇鸞は、人びとは十声ということにこだわるけれども、十声というのは、「業事成弁」という救いの行、救いのはたらきがそこに成就していることを表しているのです。ですから、念仏の数の多い少ないとか、念仏してどうなるとか、ということではないのです。念仏することによって救われると、向こうに救いを考えるのでなく、念仏が申されるそこにすでに救いが成就していることを、十念念仏と表すと示されます。そのうえで、けれどもなお、十念が気になり、どうしても知りたいのであれば教えるけれども、それはここで書き記すようなこととは違う、と結んでいかれます。

日課七万遍の念仏を申された道綽禅師になりますと、民衆の教化にあたって、念仏の数を数えることが行われています。袋に豆を入れて一声一声念仏しては、それを移し替えるということをなさっております。大事なことは、一声の称名のところに救いが成就している、ということでしょう。念仏してから救われるということとは違うので、念仏申されるそのことが救いの成就であることをおっしゃっていると思います。

この八番問答を通して、曇鸞の人間についての深い洞察と、はたらきたもう如来の名号の法に対する強い確信が語られていました。ただ仏を信ずる因縁、信方便の易行によって、たとえ五逆の者であり謗法の者であろうとも、親鸞聖人の見解を加えれば闡提であろうとも、回心懺悔して救われると言っていることです。それが曇鸞の基本的な人間観であり救済論であると思います。

第三節　願生浄土の実践道

「願生偈」の「我」

曇鸞は、『浄土論註』上巻において、総説分である「願生偈」を註釈するにあたり、「五念配釈」と呼ばれる独自な領解を示しています。

偈の中に分けて五念門と為す、下の長行に釈する所の如し。第一行の四句に相い含んで三念門有り、上の三句は是れ礼拝・讃嘆門なり、下の一句は是れ作願門なり。第二行は論主自ら我れ仏経に依って論を造って仏教と相応す。服する所宗有ることを述ぶ。何が故ぞ云うとならば、此れ優波提舎の名を成ぜん為の故なり。亦是れ上の三門を成じて下の二門を起こす、所以に之に次で説けり。第三行より廿一行尽きるまでは是れ観察門なり。末後の一行は是れ廻向門なり。偈の章門を分ち竟りぬ。

（『真聖全』一、二八一頁）

これは、天親が一心帰命の願生心の表白をもって浄土を讃嘆した「願生偈」のうえに、解義分である長行に示された五念門行が見出されることを指摘したものです。なかでも、「願生偈」冒頭の帰敬偈に、身に礼拝する礼拝門、真実なることを口に出してほめ讃える讃嘆門、如来の招喚したまう本来の世界としての浄土に生まれることを願う作願門、という身・口・意の三業が示されています。つまり、それは我われに与えられる宗教心のあり方が示されているとおっしゃるのです。曇鸞が「願生偈」の冒頭に示された「世尊我一心」という言葉の持つ決定的な意義を重視したことを、まずは注意すべきです。

曇鸞は、その「世尊我一心」について、次のように註釈していかれます。

> 「世尊」は、諸仏の通号なり、智を論ずれば則ち義として達せざること無し。断を語らば則ち習気余無し、智断具足して能く世間を利す、世の為に尊重せらるる故に世尊と曰う。此の言う意は釈迦如来に帰したてまつる。何を以てか知るを得となれば、下の句に「我依修多羅」と言わればなり。天親菩薩、釈迦如来の像法の中に在して、釈迦如来の経教に順ず。所以に生ぜんと願ず。願生に宗有り、故に知んぬ、此の言は釈迦に帰したてまつるなり。若し此の意を謂うに、遍く諸仏に告ぐこと亦復嫌うこと無けん。夫れ菩薩は仏に帰す、孝子の父母に帰し忠臣の君后に帰して、動静己れにあらず、出没必ず恩を知って徳を報ずるに由るが如し。理宜しく先ず啓すべし。又所願軽からず、若し如来威神を加したまわずば将に何を以てか達せんとする。神力を加えんことを乞う。所以に仰いで告ぐるなりと。
> 「我一心」は、天親菩薩自督の詞なり、言うこころは、無碍光如来を念じてたてまつりて安楽に生ぜんと願うこと、心心相続して他の想い間雑すること無きとなり。問うて曰わく。仏法の中には我無し、此の中に何を以てか我と称するや。答えて曰わく。我と言うに三の根本有り。一には是れ邪見語、二には是れ自大語、三には是れ流布語なり。今我と言うは天親菩薩自ら之を指しうる言なり、流布語を用う、邪見と自大とにあらざるなり。
>
> （『真聖全』一、二八一～二八二頁）

天親は、まず「世尊よ」と呼びかけます。「世尊」という言葉について、曇鸞は釈尊にかぎらず一切の諸仏を含みますが、ここでは『大無量寿経』を説かれた釈迦牟尼世尊であり、「世尊よ」と天親が敬虔感情において呼びかけておられる教主世尊を確認しておられます。「天親菩薩、釈迦如来の像法の中に在して」とあるのは、正法がすでに終わり像法の時になって、いかなる時代を生きているのか、ということです。『浄土論註』の言葉によれば「五濁無仏の時」、さらに言えば、一切の自力が無効であると知らされるほかない状況です。自力の菩提心によってどれほど難行である自力を尽くしたとしても、自己の問題、生死の問題は解決されない。その時代において、「世尊よ」と『大無量寿経』の教主である釈迦牟尼世尊、そして、世尊と同じく『大無量寿経』に説かれた本願の念仏の真実であることの証人になってくださる諸仏に呼びかけるのです。

「五濁無仏の時」にあって、仏道を求めることが容易でない。どのようにすれば五濁無仏の時を生きる我われは仏に出遇うことができるのか。それを曇鸞は問題にされました。ですから、ここに「世尊よ」とありますが、その世尊はもはやましまさない。しかし世尊の遺教がある、と言うのです。世尊のお説きくださった御教えがある、その御教えが願生の宗となる、いのちの依りどころとなる、と曇鸞は解釈しておられます。世尊は入滅されたけれども、世尊が教えの言葉のうえに、今、生きてましまし、今現在説法してましますす。その世尊に帰命し、そして、世尊が指し示したもう尽十方無碍光如来に帰命し、帰命のこころにおいて、願生していくということでしょう。

『尊号真像銘文』に「願生偈」の帰敬偈について文意を示してくださっています。

「世尊我一心」というは、世尊は釈迦如来なり。我ともうすは、世親菩薩のわがみとのたまえるなり。一心というは、教主世尊の御ことのりをふたごころなくうたがいなしとなり。すなわちこれまことの

信心なり。（『聖典』五一八頁）

「我」とは天親ご自身の「我が身」ということですが、曇鸞は龍樹の『大智度論』によって問題を提起して、この「我」の意味を説明します。仏教は本来「無我」を説き、「我」はどこまでも実体として存在しない、というのが基本的立場です。ところが、ここに「我一心に」とあるのは矛盾するではないか、という問題です。

それに対して、天親ご自身が我が身をあげて自らの信心を表明しておられるのは、自分を絶対視する、自我を主張する「邪見語」としての「我」とは違い、あるいは、「自大語」、自己について憍慢で、自己主張としての「我」とも違う、ということです。それは「流布語」、世間一般に自他を区別するほどの意味で、「我が身においては」ということに過ぎず、仏教の基本的立場に抵触するものではない、と曇鸞は説明します。

その「我」とは、釈迦牟尼世尊によって「汝」と呼びかけられた者です。そして、帰命尽十方無碍光如来なる彼岸の阿弥陀如来によって「汝」と喚びかけられてある者です。それが、ここに「我一心」と言われている「我」に違いない。二尊の遺喚、釈尊によって発遣され、弥陀によって招喚される。そのどちらにおいても「汝」と呼びかけられ、その呼びかけに呼び覚まされた「我」です。それは、邪見自大と言われる「我」ではない、と言わなければなりません。そして、仏の真実に呼び覚まされた信心の自覚において明らかになってくる「我」でありますから、人間の我執、無始時来なる流転を重ねてきた輪廻の主体としての「我」ではなく、その自我心が根底から翻されていくかたちにおいて明らかにされてくる「我」と言わなくてはならない。その「我」の「一心」とは、「帰命」、命に帰することですから、呼びかけに信順、信受して生きることです。呼びかけたもう「尽十方無碍光如来」の命に帰して、如来が招喚したまう浄土に願生していくことが「一心」なる信心の内実です。

一心帰命と五念門との関係

身に礼拝し、口に仏の徳を讃嘆し、そして、浄土に生まれるべく作願する。礼拝・讃嘆・作願という身・口・意の三業が、我われに与えられる宗教的なあり方、宗教心のあり方が、「願生偈」冒頭の帰敬偈「世尊我一心　帰命尽十方　無碍光如来　願生安楽国」の四句に示されているわけです。それによって、讃嘆されるべき如来と我われが帰るべき浄土について、真実功徳なるはたらきとして明らかにされるのが観察であり、「普共諸衆生　往生安楽国」と回向されていくのです。

天親自身の信念の表白として表された帰敬偈に、浄土往生の行である五念門が含まれていることは、我われのうえに開かれた信心は五念門という行、つまり念仏の行として展開していき、それによっていよいよ信心が確かめられ深められていく、ということを表しています。ここでは、信が行として不一不離、切り離すことのできない関係を見て取ることができます。

曇鸞は、「帰命尽十方　無碍光如来」の礼拝・讃嘆を註釈するにあたり、次のように述べています。

帰命すなわちこれ礼拝なりと。しかるに礼拝はただこれ恭敬にして、必ずしも帰命ならず。帰命は（必ず）これ礼拝なり。もしこれをもって推するに、帰命は重とす。偈は己心を申ぶ、宜しく帰命と言うべし。『論』に偈義を解するに、ひろく礼拝を談ず。彼・此あい成ず、義においていよいよ顕れたり。

（『聖典』一六八～一六九頁）

身に礼拝するのは、真実なるものを敬う恭敬の心があるから礼拝が成り立つけれども、礼拝は必ずしも帰命しているとは言えない、と指摘します。頭を下げ、手を合わせているから帰命しているとは言えないけれども、帰命は必ず礼拝となる、ということです。日本のような多神教の世界では、すべてのものに手を合わせるということを恭敬と言いますが、根を押さえれば人間の欲の姿であったりします。如来に対して礼拝することは、恭敬の心、私を超えた真実なるものに対する畏敬の思いによるけれども、如来の教え、諸仏世尊の教えに随い、その教えを通してはたらきたもう阿弥陀の根源的な呼びかけ、はたらきをこの身に聞いて、この身にいただいて生きる帰命、絶対の信順の心は自ら礼拝となるのです。

ここに、一心帰命と五念門との関係、信と行との関係が注意されています。もちろんこれは、最初の礼拝門について指摘されたものですが、五念門全体に通じるものであることは言うまでもありません。それは、一心が念仏の行として自然に現れていくということです。往生の信心は念仏の行として、念仏の生活を通して展開し、念仏の行を通して、かぎりなく信心それ自身を深めていき、そして、信心を明らかにしていくのです。そこに、行信一如ということがあります。

そして、「世尊我一心　帰命尽十方　無碍光如来　願生安楽国」という言葉で述べられた天親の信心における深い内省、深い領解は、『大経』における第十八願のおこころを明らかにすることにある、ということです。

第十八願は、三信を明らかにされたものですが、この三信はおのずから十念として展開するということでしょう。「至心に信楽して我が国に生まれんと欲え」という私の約束を信じて、生死を超え浄土へ生まれてこい、というのです。そこに、仏のいのちの願いのすべてが表されており、その三信は、おのずから

「乃至十念せん」という念仏の行となるのです。それを、天親は「世尊一心」といただかれたわけです。そして、「一心」は自ら五念の行として現れるのです。それが、『浄土論』がまさしく『無量寿経』を優婆提舎した「願生偈」であるということです。ですから、『浄土論』は、真実教である『大無量寿経』のいのちである第十八願のおこころを明らかにされたものにほかなりません。その三信を「一心」と表され、「乃至十念」を五念の行として明らかにされたものです。信心は行となり、行においていよいよ信心が内に深く問われ、信心がいよいよ明らかにされていく、そこに「行信一如」がある、ということを『論註』は明らかにしておられるのです。

願偈大意と起観生信

「願生偈」は一体何を明らかにされているのか。天親は「願生偈」を説かれて、

無量寿修多羅の章句、我、偈誦をもって総じて説きおわんぬ。（『聖典』一三八頁）

と結ばれますので、これを「総説分」と申します。それに対して、次の長行は、

無量寿修多羅優婆提舎願偈、略して義を解し竟りぬ。（『聖典』一四五頁）

と終わりますので、「解義分」と呼ばれます。その「解義分」で最初に「願生偈」の大意が示されています。

この願偈は何の義をか明かす。かの安楽世界を観じて、阿弥陀如来を見たてまつり、かの国に生まれんと願ずることを示現するがゆえなり。（『聖典』一三八頁）

安楽世界として表される如来の浄土を観じて、それを通して阿弥陀に見《まみ》える。そのために、彼の浄土に

生まれていくことを表してくださったことですが、それと同時に、願生心を我われのなかに呼び覚ましてくださった本願のおこころを表す偈です。曇鸞は、これを「願偈大意」と押さえられました。

次に、どのようにして阿弥陀の浄土を観て、阿弥陀仏に見えるのか。そのためにはどのようにすればよいかという方法が説かれますが、これを曇鸞は「起観生信」と名づけます。

いかんが観じ、いかんが信心を生ずる。もし善男子・善女人、五念門を修して行成就しぬれば、畢竟じて安楽国土に生まれて、かの阿弥陀仏を見たてまつることを得となり。なんらか五念門。一つには礼拝門、二つには讃嘆門、三つには作願門、四つには観察門、五つには回向門なり。

（『聖典』一三八頁）

ここで曇鸞は、「此の分の中に又二重有り。一には五念力を示す、二には五念門を出す」（『真聖全』一、三一二頁）と押さえ、本願のはたらきたもう阿弥陀の浄土を我われが見る手立てを確かめておられます。「いかんが観じ、いかんが信心を生ずる。もし善男子・善女人、五念門を修して行成就しぬれば、畢竟じて安楽国土に生まれて、かの阿弥陀仏を見たてまつることを得となり」ということが「五念力」になります。

「いかんが」というように、どのように我われは仏を観ずればいいのか、その道がどこにあるのか。そこに五念門が表されていくのですが、「五念力」ですから、五念門の力、念仏の力用と表されます。まちがいなく浄土に往生するという、必得往生の力です。念仏が力となってまちがいなく浄土に往生できる。我われを浄土に往生せしめてくださる力が念仏です。五念門の行は、如実に修行されると、必ず浄土に往生して阿弥陀仏を見るという力用を具足しているのです。しかし、念仏の力、はたらきは、念仏する者をして生死を超えしめ浄土に往生せしめるだけではなく、さらに浄土からこの生死の世界に還らしめる、ということです。「五念門」の「門」ということを押さえて、

「門」とは入出の義なり、人門を得れば則ち入出無碍なるが如し。前の四念は是れ安楽浄土に入る門なり、後の一念は是れ慈悲教化に出る門なり。

（『真聖全』一、三二三頁）

と、その門として示されることによって「入出無碍」、浄土の入出が自由自在である、というわけです。

瑜伽の実践体系としての五念門

五念門は『浄土論』独自な実践体系で、『浄土論』以外の著述にも見出すことはできません。私は、五念門の一番原初的な形態は『大無量寿経』に説かれた「嘆仏偈」における法蔵菩薩の志願に見出せるとは思っておりますが、天親自身が五念門を何によって立てられたのかは厳密には分かりません。ただ『浄土論』における五念門の説かれ方から言えば、瑜伽唯識の修道体系と関わっていることは間違いありません。

いかなるか礼拝。身業をして、阿弥陀如来・応・正遍知を礼拝したまいき。かの国に生ぜん意をなさせんがゆえなり。いかなるか讃嘆する。口業をして讃嘆したまいき。かの如来の名を称し、かの如来の光明智相のごとく、かの名義のごとく、実のごとく修行し相応せんと欲うがゆえなり。いかなるか作願する。心に常に作願したまえりき。一心に専念して、畢竟じて安楽国土に往生して、実のごとく奢摩他を修行せんと欲うがゆえに。いかんが観察する。智恵をして観察したまえりき。正念に彼を観ずることは、実のごとく毘婆舎那を修行せんと欲うがゆえなり。かの観察に三種あり。なんらか三種、一つにはかの仏国土の荘厳功徳を観察す、二つには阿弥陀仏の荘厳功徳を観察す、三つにはかの諸菩

薩の荘厳功徳を観察す。いかんが回向する。一切苦悩の衆生を捨てずして、心に常に作願す、回向を首として大悲心を成就することを得たまえるがゆえに。

（『聖典』一三八～一三九頁）

一言で言えば、それは「浄土の止観」です。つまり、「実のごとく奢摩他を修行せん」「実のごとく毘婆舎那を修行せん」という奢摩他・毘婆舎那の如実修行です。浄土に我われの心を置く、浄土に我われの心を向け、浄土を通して、浄土としてははたらきたもう仏の大悲の本願のはたらきを明らかにしていく止観の行、瑜伽の行として、五念門は立てられたのです。「瑜伽」とは「yoga」（ヨーガ）、結びつけるということですから、如来および如来の世界である浄土に我われの心を集中して、統一し、一体となっていくことです。ですから、五念門にあって、止観、瑜伽の行を説く第三作願門と第四観察門が主です。さらに回向として展開することも、まさしく瑜伽の実践体系として、決して不自然ではないと思われます。

「一心帰命願生」で表される信心が、礼拝・讃嘆・作願・観察・回向という五念門の念仏行として説かれ、信心は五念の行として展開することにおいて、かぎりなく信心が確かめられ深められていくのです。「いかんが観じ、いかんが信心を生ずる」というのですから、信心が五念として展開し、信心が必ず五念となる。帰命は必ず礼拝となると説かれましたけれども、それを通して、五念の行によって、かぎりなく信心が確立されていくのです。あるいは、信心がさらに願生心として、あるいは、浄土の大菩提心として展開していく。このような信心の深まりを明らかにすることが『浄土論』の大事な課題であると思います。

「一心」とは如来に帰命し、浄土に願生する帰命願生を内実とする信心です。その信心が展開していくとき、「浄心」という言葉で表されます。八地以上の菩薩のこころが「浄心」と呼ばれるもので、さらに「柔軟心」とも表します。これは、「一法句」「清浄句」「真実智慧無為法身」として法性法身なる絶対的な世界が象徴的に表され、象徴的なかたちをもってはたらきたもう大悲であり、その大悲を止観することにおいて得られるものが「柔軟心」です。曇鸞になりますと、その「柔軟心」は「浄土の大菩提心」であると言いますが、その中味は「願作仏心・度衆生心」ということ、『歎異抄』第四条に言う「いそぎ仏になりて、大慈大悲心をもって、おもうがごとく衆生を利益する」(『聖典』六二八頁)という宗教心です。自ら仏になり、そしてすべての迷える衆生を救わずにはおかないという「浄土の大菩提心」が「柔軟心」にほかなりません。まず「願作仏心」という願いにおいて仏とならしめられ、仏となった者はかぎりなく「度衆生心」という願いに生き続ける。その大菩提心が成就して仏になると、それは「大悲回向心」です。回向を主として大悲心を成就する還相の菩薩のはたらきなのです。

このように、『浄土論』で「一心」という言葉で表される純一なる信心が、さらに「浄心」と表され「柔軟心」と表され、あるいは「浄土の大菩提心」と表され、「大悲回向心」と表されることはよくよく注意しておかれるべきだと思います。

阿弥陀仏に見える——観、見の問題——

「願偈大意」に「かの安楽世界を観じて、阿弥陀如来を見たてまつり」とあり、「浄土を観ずる」「阿弥陀仏に見《まみ》える」と、「観」と「見」が区別してあります。

「浄土を観ずる」は「観彼世界相　勝過三界道」という清浄功徳に見出され、「阿弥陀仏に見える」は「観仏本願力　遇無空過者　能令速満足　功徳大宝海」という不虚作住持功徳釈に、「すなわちかの仏を見たてまつれば、未証浄心の菩薩畢竟じて平等法身を得証して、浄心の菩薩と上地のもろもろの菩薩と畢竟じて同じく寂滅平等を得しむるがゆえなり」と表されており、「願生偈」にはそもそも「観仏本願力」とありますす。親鸞聖人は『一念多念文意』におきまして、「「観」は、願力をこころにうかべみるともうす、またしるということころなり」(『聖典』五四三頁)とおっしゃっていますが、仏の本願力を観ずるならば、人間にとってもっとも致命的なことである生死流転における空過を超えて、如来の真実功徳がこの身に満たされると説かれ、そこに「阿弥陀仏を見たてまつる」と言ってあります。「かの仏を見たてまつれば」、未証浄心という真実の信心が得られない者も、信心の智慧をまさしく得た浄心の菩薩、さらには上地の菩薩という、八地、九地、十地の菩薩と畢竟じて同じものとされる、というのです。それが阿弥陀仏に見える者に与えられる功徳である、と表されています。

これは、『浄土論』にかぎらず、たとえば、『観経』の第九真身観には、

この観を作すをば、一切の仏身を観ずと名づく。仏身を観ずるをもってのゆえに、また仏心を見る。仏心というは大慈悲これなり。無縁の慈をもってもろもろの衆生を摂す。(『聖典』一〇六頁)

と、「仏身を観ずる」と「仏心を見る」というように、「観」と「見」が区別してあります。仏身の方は観る、仏心は見える、見仏です。仏身という形は、仏身のはたらきたもう浄土でもあります。どこまでもはたらきとして、認識の対象、我われが心に想い浮かべることのできる境界として我われのうえに現れる仏身を観ずるのです。

ですから、仏身を観ずるということは、形あるものを通してその形になってくださっている大悲の願心を観るのです。そして、仏に見えるのです。「見仏三昧」ということがありますが、これは「般舟三昧」「諸仏現前三昧」と言われるもので、一般には諸仏ですが、阿弥陀仏あるいは諸仏が、その仏を念ずる者

の前に現れたもうことを申します。つまり、仏身あるいは浄土を、方便としての形を通して、形を超えた大悲の願心を観るときに、その者の前に阿弥陀および諸仏が現前したもうのです。観ることを通して見えてくる、ということで、別な言葉では「聴聞」もそうだろうと思います。聴くことを通して聞こえることが、そこに開けてくるのです。如来および浄土を観じ、そして仏に見えるということは、仏弟子の深い祈りであったと言うべきでしょう。

そこに施設されたのが五念門の実践行です。身に礼拝し、口に仏の功徳を讃嘆する。そして、意において仏のはたらきたもう、仏のましますの浄土に生まれんと願う。この身・口・意の三業による礼拝・讃嘆・作願という、宗教心において得られてくる智慧をもって、仏および仏の世界を観察し、それによって得られた徳を私のものだけにとどめておかないで、有縁無縁の人にふり向け、回向していくのが五念門です。

転識得智の瑜伽行としての止観

「浄土の止観」としての奢摩他・毘婆舎那について、山口益先生の『世親の浄土論』に説かれていますが、唯識の論書のひとつ、獅子賢（九世紀頃）の註である『現観荘厳光明』によりますと、奢摩他とは、心を平生にたもち、ある対象に心を集中すること、心のなかに対象物を安置せしめることです。『浄土論』では「作願」ですが、瑜伽行唯識においては「作意」という術語があり、「manasikāra」（マナシカーラ）と言われ、「軽安」つまり心も身も軽く安らかであるという悦予感が伴うと言われます。それによって、心が混乱させられるようなことがなく、「行捨」と言われるようなすべての計らいが捨てられ、すべての妄念妄想、雑念が捨てられることです。一切の計らいが捨てられて対象と一体となり、対象に透入する、対象のなかに入り込み、対象と一体になるのが奢摩他です。一般に「心一境性」とも言われ、心をひとつの境界にとどめることで、そのための修行が奢摩他という行です。

それによって得られるのが毘婆娑那です。対象に心が集中されていくときに、その対象の中味、内容がはっきり見えてくるのです。見えてきたものを深く分析し、真実なるものをどこまでも正しく理解し、中味を選り分け、はっきりと理解していく智慧のはたらきが得られるのが毘婆娑那です。

心を静め対象と一体となり、対象の中味がはっきり見え、細かく分析される智慧のはたらきがどこまでも並び行われることを「止観双運」と言います。それが絶えず並び行われることによって、識を転じて智となす「転依」が成し遂げられていくのです。これが唯識の実践行ですが、『浄土論』においては、奢摩他・毘婆娑那、止観を中心とする「五念門」の念仏行として、この実践体系が説かれました。

五念門の中心としての讃嘆門

それに対して、曇鸞の立場は讃嘆門が中心です。天親において礼拝・讃嘆とは奢摩他・毘婆娑那を修するための準備段階、前提となり、中心は止観の行にあります。ところが、曇鸞になりますと、讃嘆に重点が置かれてきます。

曇鸞は『浄土論註』下巻におきまして、「いかなるか讃嘆する。口業をして讃嘆したまいき」(『聖典』一三八頁)という『浄土論』の言葉に対して、「「讃」は讃揚なり。「嘆」は歌嘆なり。讃嘆口にあらざれば宣べず、故に「口業」と曰うなり」(『真聖全』一、三一四頁)と確かめたうえで、次のように註釈していかれます。

『論の註』に曰わく、「かの如来の名を称し、かの如来の光明智相のごとく、かの名義のごとく、実のごとく修行し相応せんと欲うがゆえに」といえりと。「称彼如来名」とは、いわく無碍光如来の名を称するなり。「如彼如来光明智相」とは、仏の光明はこれ智慧の相なり。この光明、十方世界を照らすに障碍あることなし。よく十方衆生の無明の黒闇を除く。日月珠光のただ室穴の中の闇を破するがごときにはあらざるなり。「如彼名義欲如実修行相応」とは、かの無碍光如来の名号よく衆生の一切の無明を破す、よく衆生の一切の志願を満てたまう。しかるに称名憶念あれども、無明なお存して所願を満てざるはいかんとならば、実のごとく修行せざると、名義と相応せざるに由るがゆえなり。いかんが不如実修行と名義不相応とする。いわく如来はこれ実相の身なり、これ物の為の身なりと知らざるなり。また三種の不相応あり。一つは信心淳からず、存せるがごとし、亡ぜるがごときのゆえに。二つには信心一ならず、決定なきがゆえに。三つには信心相続せず、余念間つるがゆえに。この三句展転して相成ず。信心淳からざるをもってのゆえに決定なし、決定なきがゆえに念相続せず、また念相続せざるがゆえに決定の信を得ず、決定の信を得ざるがゆえに心淳からざるべし。これと相違せるを「如実修行相応」と名づく。このゆえに論主建めに「我一心」と言えり、と。

（『聖典』二一三〜二一四頁）

「如実修行相応」が五念門を修するうえで基本にあり、「如実」とは、真実の如く、真実そのもの、あるいは、真実を説きたもうた教えのごとく、その真実に随って修行し、真実のこころにかなって生きる、ということです。その「如実修行」の讃嘆行として、『浄土論』に「かの如来の名を称し、かの如来の光明智相のごとく、かの名義のごとく」と示されましたが、曇鸞は「かの名義のごとく」、つまり名のいわれ、名の意味について確認しています。「「称彼如来名」とは、いわく無碍光如来の名を称するなり」ですから、如来の名とは「無碍光如来」であり、なぜそのような「名」であるのかと言えば、「かの無碍光如来の名号よく衆生の一切の無明を破す、よく衆生の一切の志願を満てたまう」という「義」、「破闇満願」のはたらきを有しているからです。衆生の根元である無明を破り、それを願生浄土の志願へと転ずる力用において無碍であるというわけです。

そもそも、止観の行を成り立たしめる前提としてあった讃嘆門ですが、曇鸞においては、名号の讃嘆という讃嘆行のなかに止観がおさまってくるという転換が見られます。たとえば、作願門は、『浄土論』において、

いかなるか作願する。心に常に作願したまえりき。一心に専念して、畢竟じて安楽国土に往生して、実のごとく奢摩他を修行せんと欲うがゆえに。（『聖典』一三八頁）

と説かれます。曇鸞は、まず、

「奢摩他」を訳して止と曰う、止とは心を一処に止めて悪を作さざるなり。此の訳名は乃ち大意に乖かざれども義に於いて未だ満たず。（『真聖全』一、三一五頁）

と、訳語について不充分であることを指摘します。そして、「止」について三義を挙げていますが、通常の奢摩他の意味とは異なっていることが注意されます。

奢摩他を止と云うは、三の義有るべし。一には一心に専ら阿弥陀如来を念じて彼の土に生まれんと願ずれば、此の如来の名号及び彼の国土の名号、能く一切の悪を止む。二には彼の安楽土は三界の道に過ぎたり、若し人亦彼の国に生ずれば自然に身口意の悪を止む。三には阿弥陀如来正覚住持の力をし

て、自然に声聞・辟支仏を求むる心を止む。此の三種の止は、如来如実の功徳より生ず、是の故に「欲如実修行奢摩他故」と言えり。

（『真聖全』一、三二五～三二六頁）

この三義の第一義である「此の如来の名号及び彼の国土の名号、能く一切の悪を止む」は、讃嘆門釈の「かの無碍光如来の名号よく衆生の一切の無明を破す」を受けていることはお分かりかと思います。金子先生が「一切」というのは必ずしも「すべて」ということだけではなく、「根本」の無明を破り「根本」の願いを満たしたもうと領解すべきである、とおっしゃっておられたことが思い出されます。ですから、第二義は「一切の悪」、すなわち「根本無明」が破られることによって、阿弥陀の浄土に生まれたならば自然に身口意業の枝末煩悩が滅することを表していると見ることができます。第三義である「阿弥陀如来正覚住持の力をして、自然に声聞・辟支仏を求むる心を止む」は、大義門功徳と対応していることは明らかです。このように、作願門の註釈において、往生浄土の展開を通して、破闇満願の相が巧みに表されていること、また、名号による能止と如来の浄土における自然止という厳密な配慮も注意されます。それはまったく「如来如実の功徳」によるもので、しかも、讃嘆門、称名念仏するところにおのずと具足することを表しているのは、曇鸞独自の領解と言えます。

また、観察門について、

いかんが観察する。智恵をして観察したまえりき。正念に彼を観ずることは、実のごとく毘婆舎那を修行せんと欲うがゆえなり。

（『聖典』一三八頁）

とありますが、曇鸞は、

毗婆舎那を観と云うは、亦二の義有り。一には此に在りて想を作して彼の三種の荘厳功徳を観ずれば、此の功徳如実なるが故に、修行すれば亦如実の功徳を得。如実の功徳とは、決定して彼の土に生を得るなり。二には亦彼の浄土に生を得れば、即ち阿弥陀仏を見たてまつる。未証浄心の菩薩、畢竟じて平等法身を得証す。浄心の菩薩と上地の菩薩と、畢竟じて同く寂滅平等を得、是の故に「欲如実修行毗婆奢那故」と言えり。

（『真聖全』一、三一六頁）

と述べています。ここで、曇鸞は止観の瑜伽行的な意味をほとんど問題にされていません。それよりも、浄土を願生し、念仏する者における浄土の観察を明らかにしていると考えられます。浄土が「如実」、真実功徳の世界であるから、浄土を観察する者は決定して往生を得ると説くところによく示されています。その往生浄土についての絶対的な確信は、「未証浄心の菩薩、畢竟じて平等法身を得証す。浄心の菩薩と上地の菩薩と、畢竟じて同く寂滅平等を得」という不虚作住持功徳にもとづいて、浄土に往生することによって成仏できるという絶対的な確信として示されていることも注意すべきでしょう。

しかるに称名憶念あれども

親鸞聖人は、讃嘆門の破闇満願釈について、『教行信証』においては「行巻」と「信巻」で注意されています。「信巻」のところはさきほど読んだ箇所ですが、「行巻」では御自釈として示されています。

しかれば名を称するに、能く衆生の一切の無明を破し、能く衆生の一切の志願を満てたまう。称名はすなわちこれ最勝真妙の正業なり。正業はすなわちこれ念仏なり。念仏はすなわちこれ南無阿弥陀仏なり。南無阿弥陀仏はすなわちこれ正念なりと、知るべしと。

（『聖典』一六一頁）

「行巻」におきましては、どこまでも大行としての御名を讃嘆する意味において引かれています。ところが、「信巻」になりますと、「しかるに称名憶念あれども」以下の文が中心になっていると言うべきです。

しかるに称名憶念あれども、無明なお存して所願を満てざるはいかんとならば、実のごとく修行せざると、名義と相応せざるに由るがゆえなり。

（『聖典』二一三〜二一四頁）

念仏、名号には破闇満願の徳、はたらきがある。しかし、現実においては、称名念仏すれども無明なあり、志願が満たされないのはなぜなのか、というわけです。これは非常に大事な問いです。念仏することの信が、如来に相応せんとして修行しながら、それが相応にならないので信心が満たされないのです。その理由として、ふたつ挙げられます。ひとつは「不如実修行」、もうひとつは「名義不相応」です。このふたつの理由を出して、念仏しながら無明を破ることもできず志願を満たすことにもならない、と言うのです。

この「しかるに」という問いは、『浄土論註』における讃嘆門釈の問いであるだけでなく、『歎異抄』第九条も同じ問いが出されています。「念仏もうしそうらえども」（『聖典』六二九頁）という問いです。これは、すべての宗教に生きる人が直面しなくてはならない、根源的な罪障だと思います。「念仏せよ」と言われて念仏しているけれども、念仏していながらも、無明が破れず志願が満たされない。「踊躍歓喜のこころおろそか」であり、「いそぎ浄土へまいりたきこころ」など起こらない。それはなぜかと言うと、念仏の行において問われてくる我が身の事実を問題にしており、まさに「信巻」が課題としていることです。

それに対して、曇鸞は次のように述べています。

いかんが不如実修行と名義不相応とする。いわく如来はこれ実相の身なり、これ物の為の身なりと知らざるなり。

（『聖典』二一四頁）

まず、如来は実相の身であり、為物の身であることが明らかでないから、ということです。「実相」は智慧のはたらきとしての如来、「為物」は生けとし生ける者、命ある「物」の「為」の如来、それは大悲です。前にも申し上げていますが、二種法身で言いますと、実相身は法性法身、為物身は方便法身として、あるいは、実相・為物と言えども名号ですので、帰命尽十方無碍光如来の名号のうえについて言われることですから、方便法身としての如来における智慧と慈悲のはたらきを表します。

金子先生は、実相とは智慧を象徴するとおっしゃられます。まさに尽十方無碍光如来なる阿弥陀仏であり、そして、為物とは、阿弥陀として我われのうえにはたらきたもう因位法蔵菩薩を指す、ということです。名義と相応しないのは、如来が実相であり為物の身であることを正しく受け取ることができないのです。つまり、色もない形もない仏、尽十方無碍光如来が方便法身としてはたらきたもうこと、そして、その根源に大悲の主体である因位法蔵として、無明に閉ざされた我が身にはたらきたもう大悲心がまさしく我が身のうえに受け止められないことに起因する、とおっしゃられるわけです。そこに、どこまでも如来を対象化し、名号を称えることを通して、名号としてはたらきたもう如来の大悲に直接することができない人間の愚かさ、無明があるのです。そこに出てくるのが不如実修行の問題であり、信心の問題を問うてこられます。これは、『大無量寿経』の第十八願に依られながら、曇鸞が明らかにしてくださった問題です。

また三種の不相応あり。一つは信心淳からず、存せるがごとし、亡ぜるがごときのゆえに。二つには信心一ならず、決定なきがゆえに。三つには信心相続せず、余念間つるがゆえに。この三句展転して相成ず。信心淳からざるをもってのゆえに決定なし、決定なきがゆえに念相続せず、また念相続せざるがゆえに決定の信を得ず、決定の信を得ざるがゆえ心淳からざるべし。これと相違せるを「如実修行相応」と名づく。このゆえに論主建めに「我一心」と言えり、と。
（『聖典』二一四頁）

これは讃嘆門の釈ですから、あくまで称名讃嘆を課題にしているところです。称名讃嘆しながら、その名が法蔵の大悲の願心のはたらきであることを領解できないのが名義不相応の内実です。

そのかぎりにおいて、「一心帰命」と言われる「一心」が信心として成就しない、ということです。つまり、如来の救いを信ずると言うけれども、その信心が純粋でないと言っているのですから、人間の思いのところで如来を捉えるから若存若亡し、あったりなかったりすることを離れることができないでいるのです。そして、そこにしっかりと決定することもなく、さらに相続していかないということです。

信心が不淳不一不相続であるのは、如来が帰命尽十方無碍光如来の御名として、我われのうえにはたらいてくださってある御名を称えながら、御名としてはたらいてくださってある大悲の真実に触れないところから、「しかるに称名憶念あれども、無明なお存して所願を満てざるはいかんとならば」という問いが出てくるのだ、ということを曇鸞は押さえていきます。

見仏・観仏・念仏

『浄土論』でも、阿弥陀仏に見えることが、浄土を観ることを通して願われる究竟の目的です。その見仏を「般舟三昧」という言葉で表します。「般舟三昧」を説いた『般舟三昧経』は、『大阿弥陀経』などとならんで大乗の最初期に成立した「原始大乗経典」と呼ばれるべきものと考えられており、講談社から出版されました『浄土仏教の思想』全一五巻におさめられた梶山雄一先生（一九二五〜二〇〇四）の研究が現在もっともすぐれた研究成果であることは承知しておかれるべきでしょう（末木文美士・梶山雄一『浄土仏教の思想』第二巻、講談社、一九九二年）。

「般舟三昧」とは「諸仏現在前」、もろもろの仏が仏を念ずる者の前に現前したもうということ、「観」が「みる」ということに対して、「見」は「まみえる」、あるいは、「現れる」ということです。たとえば、源信の『往生要集』に『大集経賢護分』という名称で引用された経典があります。これが実は『般舟三昧経』で、『般舟三昧経』自体の成立は浄土経典の先駆をなすものですが、のちに『大集経』と呼ばれる叢書として編集される過程で、「賢護分」という名称で編入されたもののようです。それで、『往生要集』に拠りますと、次のようにあります。

『大集経賢護分』（巻二）に云わく。「善男子・善女人、端坐繫念し、心を専らにして彼の阿弥陀如来・応供・等正覚を想いて、是の如きの相好、是の如きの威儀、是の如きの大衆、是の如きの説法を、聞くが如く繫念し一心に相続して、次第乱れず、或は一日を経、或は復一夜せん。是の如くして或は七日七夜に至るまで、我が聞く所の如く具足して念ずるが故に、是の人は必ず阿弥陀如来・応供・等正覚を観たてまつる。若し昼の時に於いて見たてまつること能わざれば、若しは夜分に於いて、或は夢の中に、阿弥陀仏必ず当に現じたまうべきなり」と。（『真聖全』一、八七二頁）

仏を念ずる者の前に昼夜、あるいは夢のなかに阿弥陀仏が現れたもうのですが、この般舟三昧は、念仏三昧の当面の目的であった見仏をより一層強めて表現に出した、見仏目的の念仏三昧であると言われています。あるいは、故郷を偲ぶ遊び子の心情をもってたとえられた表現もあり、見仏とは親を訪ねる心、親に会うという深い宗教的な心情、感情を表すものということができます。そして、帰るべき故郷を訪ねて生きる心でもあります。

また、般舟三昧を説く経典はふたつの系統に分かれており、ひとつは『文殊般若経』に説かれる「一行三昧」、今ひとつは『観仏三昧経』に説かれる「観仏三昧」です。後者の「観仏三昧」は般舟三昧をさらに積極的に説くものとして成立したと言われています。前者の『文殊般若経』という経典は、般若、空の思想について説かれた経典で、そこに説かれる「一行三昧」は九十日間の常行三昧として説かれており、別名、「真如三昧」、あるいは「一相三昧」とも言われます。それは、真如法性というさとりの世界を観ずることであり、その真如法性を観ることについて、理的に観ずることと事的に観ずることがあり、理観は般若波羅蜜の智慧をもって真如をさとることで、すべての人にできるというわけにはいきません。その一切の計らいを捨て、一切の計らいを超えた智慧を得ることのできない者に与えられる道が事観です。それが「称名念仏三昧」として表されるものです。

この称名念仏三昧については、善導が注意しておられまして、『往生礼讃』に『文殊般若経』を引用されています。

光明寺の和尚の云わく、また『文殊般若』に云うがごとし。「一行三昧を明かさんと欲う。ただ勧めて、独り空閑に処してもろもろの乱意を捨て、心を一仏に係けて、相貌を観ぜず、専ら名字を称すれば、すなわち念の中において、かの阿弥陀仏および一切仏等を見たてまつるを得」といえり。

（『聖典』一七三頁）

この「称名念仏三昧」こそが、事観、空の智慧を未だ得ることのできない者に対して仏に見える方法として与えられており、道綽や善導は称名念仏三昧こそが念仏三昧である、と言われて、称名念仏によって、仏に見えるという方途が示されました。

　もうひとつ注意すべきは、仏に見えるということにさき立って観仏がある、ということです。「観仏」、仏を観ずる、原語は「anupasyati」（アヌパシュヤティ）ですが、それについてふたつの道が考えられるようです。これは赤沼智善先生（一八八四～一九三八）の『佛教経典史論』（法藏館、一九八一年、復刻第一刷、四〇九頁）から教えていただいたものですが、「肉身を見る（dassati）ものは我れを見ず、法を見るものは我れを見る」という原始経典の言葉があります。これは、『サンユッタ・ニカーヤ』と思われます。形を見て形に執われて仏に遇うことができないけれども、法を見る者は我を見る、ということがあります。これは『大経』の阿難の場合でもそうだと思います。阿難尊者は釈尊の従弟であり、仏弟子として二十五年にわたって釈尊のお給仕をした多聞第一のお弟子ですから、常に仏に見え仏に仕えたけれども、仏に遇うことができないままであり、仏滅後にさとりを開くにいたったとも言われています。あまりにも偉大な仏を尊敬する思いのなかで、仏の真実、仏のおこころに出遇うことができなかったのです。それが時節到来し宿縁開発して、仏のうえに現れた光輝くお姿に触れたとき、その光の源のところにある大悲の智慧にふれることができたのです。

　そこから阿難は立ち上がって、「この光はどこからくるのか。今、仏がにこやかに微笑んでおられるその微笑みはどこから生まれてくるのか。そのおこころの源を教えていただきたい」と尋ねたのです。そういう阿難の質問に答えて、仏陀の出世本懐が説かれたわけでしょう。そこに、宗祖は深い感動を持たれ、「大経和讃」は「尊者阿難座よりたち」（『聖典』四八三頁）という言葉から説かれてまいります。

　阿難は、色身においてすぐれた教主釈尊のお姿に幻惑されて、そのことに馴れて、その背後にある法身、大悲の主体としての如来のいのちに出遇うことができなかったのです。それが、ようやくして宿縁開発して、色身を超え、色身を生み出す源にある法身に出遇うことができたのです。

肉身を見る者は我を見ない。形に執われている者は真実の我に出遇えない。法を見る者、真実を見る者は我に出遇う。この場合の法は、今の『大経』における釈尊と阿難で言えば、釈尊のいのちとして表される阿弥陀です。法身というのは阿弥陀でしょう。無量寿・無量光なる阿弥陀、すべてのいのちの根源なるもの、釈尊のさとりの内実そのもの、その阿弥陀にふれることにおいて、色身として歴史のうえに形を表された釈尊に出遇うことができる、ということです。これは『大経』にかぎらないのです。

我われは形を通さなければならないのですが、形に執われてその形の背後、内面にあるもの、その形を生み出した根源のいのちそのものに遇うということがはなはだ容易でない。これは、よき人との出遇いにおいても問題になり、よき人にかぎらなくても、いろいろな人との出遇い、あるいは、他の生物との出遇いや自然との出遇いにおいても同じことが言えると思います。形に執われて、そのいのちにふれることがないままに終わっていく。言葉に執われて、言葉を超えた願いにふれることがないということです。

ですから、観仏とは、形を通して形を超えたものに出遇う、いのちそのものに出遇うことでなければならないのです。そして、形を通してということがどうしても必要な手立てなのです。般舟三昧を行ずる者にとって大事な行業は、仏の形像を造ることだと言われます。つまり、仏像が生まれてきたというのは、仏に見える道、手立てとして仏像が刻まれたのです。仏像には、仏に見えたいという深い祈り、あるいは、仏に見えたいという深い歓びが表されているのです。仏像を観想するというのはそういうことです。それは仏像だけでなくて、仏を通してさらに仏のましますし国土を観ずるために、曼荼羅というものを生み出してきました。敦煌にもありますが、「観経曼荼羅」「阿弥陀経曼荼羅」などという仏国土が描かれ、仏像が刻まれることを必要な手段とするのです。

観仏については、釈尊に限定されないで、そのほかの仏、阿弥陀、あるいは、それ以外の諸仏菩薩を観ずるということで説かれてまいります。釈尊を中心に観ずるのが『観仏三昧経』であり、阿弥陀の世界、浄土を観ずるのが『観無量寿経』です。また、たとえば、『観仏三昧海経』に、

如来の大悲、衆生を慈愍し、願くは来世盲冥の衆生の為に観像相法を具足演説し諸の衆生をして、仏の所説に依って恒に諸仏世尊に値遇することを得、念仏三昧を得、三昧力の故に諸の衆生をして罪悪を遠離せしめ、罪滅を以っての故に現に諸仏を見せしめよ。（『大正蔵』一五、六九一頁）

と説かれています。「観像相法を具足演説し」というのが第一番目で、まず像を観ずるのです。そして、観像を通して諸仏に値遇するのです。形を通して形を超えた仏に遇うのが「念仏三昧を得る」ということです。そして、その念仏三昧のゆえに見仏が与えられるのです。このように、「観仏」と「見仏」と「念仏」という三つがひとつに繫がって説かれています。

『観経』もまさしく「観仏」と「見仏」の関係を詳しく説かれた経典です。『観経』定善十三観の中心となる第九真身観の前には第七華座観、第八像観があります。仏のまします座を観ずる。その仏の座というのは「蓮華蔵世界」と表されますが、その座を観ずる。そして、第八像観で具体的な姿・形の仏像を心に思い浮かべることにおいて、そこにましますす仏身を観ずる。そして、真身を観ずることを通して、仏のこころを見ると説かれています。「この観を作すをば、一切の仏身を観ずと名づく。仏身を観ずるをもってのゆえに、また仏心を見る。仏心というは大慈悲これなり。無縁の慈をもってもろもろの衆生を摂す」

（『聖典』一〇六頁）とありますように、「観」と「見」は区別して説かれていくのです。仏の身から放たれる八万四千の光明は一切の衆生を照らし、そして、念仏する衆生を摂め取って捨てない「摂取不捨」のはたらきを成し遂げてくださるのです。その「無縁の大悲」が仏身を観ずる者のうえに与えられ、その全体が「念仏三昧」です。観仏を含む念仏ということを、一生造悪の身と言われるほかないこの身にいただいていくのが「称名念仏三昧」と言われている道だとおっしゃっているのが『観経』なのです。

なお、仏に見える、見仏については、「聞見」と「眼見」ということがあります。我われが見るという場合、この眼で仏を見ることはできませんが、教えを聞くことを通して仏に遇うということがあります。それは、仏によって開かれた仏の智慧の眼をもって、まざまざと見るということでしょう。この世において、我われの眼で仏が見えると、とんでもないことです。現生においては、「聞見」という道しかないけれども、はっきりと仏に見えたい、「眼見」は浄土において、ということです。浄土においてはっきりと仏に見えたい。それは深い宗教的心情ではないでしょうか。今日ではほとんど消えてしまった、失われてしまった、というのが現状であろうと思います。形だけに執われて、形を超えたものを思う、親に会いたいというような深い宗教的心情が失われたと思えてなりません。

『浄土論』長行解義分の「願偈大意」で「阿弥陀仏を見たてまつる」とありましたが、それを受けて、次の「起観生信」で、「いかんが観じ、いかんが信心を生ずる」と問うて、

もし善男子・善女人、五念門を修して行成就しぬれば、畢竟じて安楽国土に生まれて、かの阿弥陀仏を見たてまつることを得となり。（『聖典』一三八頁）

と答えられています。「いかんが観ずる」という問いに対して、「五念門を修する」と言うのです。五念門

の「念」とは「憶念」ということです。「念仏」ということのもとの意味は「憶念執持」、繰り返し反復して念ずるということです。憶い続け、念じ続けることが念仏のもとの意味です。折に触れ、縁に触れ、寝ても醒めても仏を憶う。我われの思うというのは、たまたまであり、いつも思い続けているわけではありません。けれども、意識の底に憶い続けていることがあり、それがなにかの縁で思い出されてくるということが憶念執持ということです。念仏とは憶念執持していくことで、それが五念門にほかなりません。

如来の至心回向のお姿

「五念門」の「門」について、よく言われるのが「入出無滞」ということです。出たり入ったりできるものでなくては門とは言えません。そして、そこに滞ることがない、それが門ということです。曽我先生は「浄土は我われが見ることはできない。我われを超えた絶対彼岸の浄土が我われに開かれるには、門が必要である。門を通して、絶対の彼岸としての浄土が我われのうえに開かれてくる。その浄土を開いてくださる門がお念仏である」と言われました。お念仏において浄土が開かれ、遇えなかった仏に遇う道が開かれるのです。しかも、その門は「入出二門」であって、出たり入ったりするのです。

五念門について、そのもとは『大経』の「嘆仏偈」にあることは述べました。たとえ、浄土が建立されても、この娑婆世界、地獄の世界にとどまって、すべての衆生を救い取るという願いを捨てることは決してない。これが「嘆仏偈」の結びです。ここに、五念門の原始形態があると私は考えています。親鸞聖人は、それを、「嘆仏偈」のあとに説かれた「勝行段」である法蔵菩薩の永劫の修行の相のうえに見られています。勝行段は、「嘆仏偈」の結びに表された回向の願いが展開していく相を説かれたものです。

阿難、時にかの比丘、その仏の所、諸天・魔・梵・龍神八部、大衆の中にして、この弘誓を発し、この願を建て已りて、一向に志を専らにして、妙土を荘厳す。修するところの仏国、恢廓広大にして、超勝独妙なり。建立常然にして、衰なく変なし。

（『聖典』二六～二七頁）

勝行段は、五劫に思惟し尽くされた選択本願念仏をもって、すべての者を救うために、永劫の修行を、今、現になさっている、ということを表しています。法蔵菩薩は、「無間地獄に身を沈めて、私は決して衆生を救うという願いを捨てない」と自ら誓って、我われの生死流転の根源にあって、我われを呼び覚ましてくださっているのです。曽我先生の言葉で言えば、我われは仏さまのおつむのうえを歩いているのだ、ということです。そのことを我われは一向に気づこうとしないのですが、まさに生死海、宿業の身の根源のところに身を沈めてご苦労してくださっているのです。そこに如来の至心回向のお姿があります。それを見出していかれたのが親鸞聖人であり、そのことをはっきり教えられたのが『入出二門偈』です。

菩薩は五種の門を入出して、自利利他の行、成就したまえり。

不可思議兆載劫に、漸次に五種の門を成就したまえり。

（『聖典』四六一頁）

ここでは、五念門の主体は我われでなく法蔵菩薩です。法蔵菩薩が永劫の修行において五念門を行じてくださり、そして、五念門によって得られる五つの浄土の功徳を衆生に与えられる、というのが親鸞聖人の深いご領解です。その五念門は、我われをして生死流転を超えて浄土に間違いなく往生せしめてくださる力です。このように曇鸞はおっしゃった、というわけです。

第四節　五念門と五正行

善導の三心と五正行

『浄土論』に示された五念門に対して、善導によって明らかにされた「五正行」があります。どちらも浄土往生の行ですが、両者はどのように関わっているのでしょうか。

五正行は、『観経疏』の「散善義」で説かれます。我われの一切の分別、執われが滅せられ、仏の境地に心が専注して、心が静かなる状態に住する道として「定善十三観」が説かれました。これが『観経』の正宗分の前半です。さらに、息慮凝心の不可能な者のために、仏はあらためて韋提希の求めなかった「散善」を自ら進んで説かれました。韋提希の深いところで求めているもの、本来的に凡夫が求めているものを仏が見通して説きたもうたのです。それが「散善」の廃悪修善でした。心を静めることができない者は、せめて悪いことを止めて善いことをするように心がけよとお説きになった。そこに「九品」が説かれ、その最初である上品上生には、

「上品上生」というは、もし衆生ありて、かの国に生まれんと願ずれば、三種の心を発してすなわち往生す。何等をか三つとする。一つには至誠心、二つには深心、三つには回向発願心なり。三心を具すれば、必ずかの国に生ず。（『聖典』一一二頁）

と、浄土を求める者が必ず三心を具足しなければならないことが示されています。どのような行を行うにしても、深い信心において、そのことがなされなければ、救いの行にならないということです。

そこに「一者至誠心」「二者深心」「三者回向発願心」とあります。第十八願の「至心信楽欲生我国」という本願の三信とは違って、「一者」というところには、釈尊の教えによる確かめがあります。次の「二者」「三者」と並列的にあるわけではなく、「一者」とは「第一」ということで、その確かめが「二者」を生み出し、「二者」を通してさらに「三者」に展開していくのです。最初に求められたものが、至誠、真実、まことであれ、ということです。そして、真実であることについて、内も外も真実であることにおいて、内外が相応しない身の事実が明らかにされていくのです。

善導は、『観経』の教えには表に表された意味と、その裏に含まれた深い意味があると言い、親鸞聖人は善導の解釈の内に含まれた深い意味を我が身のこととして受け止められました。それは、「内は愚にして外は賢なり」（『聖典』四二三頁）として、私のうえに真実なしということです。どこまでも虚偽以外の何ものでもなく、内は愚でありながら外は賢善精進の相を現じていく。そういうごまかしのなかに生きる虚偽雑毒の身であることを受け止め、真実は如来のほかにないことを徹底していくところに、「二者深心」が開け、さらに如来の浄土を願生していく「三者回向発願心」へと展開していくのです。なかでも、大切なのは「深心釈」です。

「深心」について、善導は「「深心」と言うは、すなわち深信の心なり」（『聖典』二一五頁）と言っています。「深信の心」とは、如来の真実心によって開かれてきた目覚めの心と言っていいと思います。それは、我われにおける反省とはまったく質を異にするものです。我われの反省や後悔と言われるものは、私が反省したという、「我」がいつまでも残るのです。そのかぎり、差別や批判を生み出していくことになります。それが身の事実ですが、その身の事実をそのままに深くいただく心が「深心」と言われるものです。

この「深心」について、親鸞聖人は『愚禿鈔』で的確にまとめられて、「七深信六決定」として示されています。

七深信とは、

第一の深信は「決定して自身を深信する、」すなわちこれ自利の信心なり。

第二の深信は「決定してかの願力に乗じて深信する、」すなわちこれ利他の信海なり。

第三には「決定して『観経』を深信す。」

第四には「決定して『弥陀経』を深信す。」

第五には「ただ仏語を信じ決定して行に依る。」

第六には「この経に依って深信す。」

第七には「また深心の深信は決定して自心を建立せよ」と。

六決定とは、已上次いでのごとし、知るべし。

（『聖典』四四〇頁）

「六決定」とは、七深信の第一から第五番目までと第七番目に「決定して」という言葉があるから、それを六決定と呼ぶわけです。

第一は「自身を深信する」という機の深信、第二は「決定してかの願力の乗じて深信する」という法の深信で、『大無量寿経』の第十八願を通して明らかにされる深信です。その最初に「自身を深信する」とあります。浄土真宗における信心は「深信自身」に究まります。我が身を「無有出離之縁」と徹底して深く信ずること、別の言葉であれば「地獄一定の身」「そくばくの業をもちける身」と表される、その我が身を深く信ずることです。「仏かねてしろしめして、煩悩具足の凡夫とおおせられたることなれば」（『聖典』六二九頁）と、仏によって見通され、照らし出された我が身に深く頷く。曽我先生の言葉で言えば、我が身を引き受け信受すること、そして、信知する、はっきりとそのことを認識し自覚することです。それが浄土真宗における救いの内実です。

仏陀の最後の説法に「自灯明、自帰依」という教えがあります。我が亡きあとは、自らを灯とし、自らを依りどころとして生きる者であれ、そして、煩悩の激流を超え、輪廻の洪水を超えて行け、とおっしゃった。自らを依りどころとして生きるということは、私が我が身の事実を知らされ、この我が身の事実をありのままに引き受けていく身になることのほかにはありません。そこに頷かれるものが、そのもの自身を成り立たせ、自身の深信として成就するものこそ、如来の願力に乗托せしめられる「乗彼願力」の身です。如来の願力に乗托せしめられるとは、別の言葉で「摂取不捨」でもあります。摂め取って捨てないという、無条件の救済を約束された如来の大悲の願力のはたらいてくださる身のことです。

深信というところにあるのは「南無」、蓮如上人の言葉であれば「たのむ」です。「乗彼願力」というのは助けたもうことでしょう。阿弥陀仏は、そのほかにはましまさない。阿弥陀仏は自身を深信する南無のこころとして私のうえにはたらき、私のうえに生きてくださっているということです。

三仏三随順

「深心釈」のところに、

三随順とは、

一には「これを仏教に随順すと名づく。」

二には「仏意に随順す。」

三には「これを仏願に随順すと名づく」と。

（『聖典』四四一頁）

とあります。「仏教」「仏意」「仏願」と、同じように「仏」と言いますが、そこに三つの意味があります。

「仏教に随順す」という場合の「仏」は教主です。我われの生きていく道を、教えを通して明らかにしてくださり、浄土の三部経を説きたもうた釈尊のことです。

「仏意に随順す」とは、釈尊が浄土の三部経において説かれたのは、本願の念仏ということのほかにはありません。釈尊の教えは正しくすべての人にとって受け入れられるべきもの、随うべきものであって、その道に過ちなしと証明してくださる「仏意」が諸仏です。諸仏は証人として本願念仏の教えの真実であることを証明し、念仏して生きる往生人を護念してくださる方、諸仏・善知識と言われる方です。

「仏願に随順す」は、弥陀の本願のほかにはありません。釈尊の説きたもうた教えにより、そして、その釈尊の教えを伝えてくださった諸仏・善知識の教えに随っていき、根源の仏願に帰していくことです。浄土の三部経で言えば、『観無量寿経』『阿弥陀経』『大無量寿経』に対応します。図式化すると、次のようになります。

仏教――釈尊――『観経』
仏意――諸仏証誠――『小経』
仏願――弥陀――『大経』

『観無量寿経』は、悲劇のただ中に身を沈めている我われ凡夫を救うために説きたもうた教主世尊の教えです。一生造悪の下下品の衆生はただ十声の念仏しか救いの道はない、とおっしゃった。そして、この道こそすべての者が平等に救われていく道であることを証明してくださり、諸仏の証誠護念のなかを念仏者は生きさせていただく、ということを明らかにしてくださったのが『阿弥陀経』でしょう。自分ひとりで聞法しているわけではなく、諸仏・善知識、よき友のお育てを通して、はじめて阿弥陀の本願がこの身に聞こえてくるのです。

善導は、釈迦・諸仏・阿弥陀という三仏の教えとお意と願いに随順して生きていく者を「真の仏弟子」と名づけるのであると言われて詳しく説いていかれます。そして、真の仏弟子としての信心を我われがこの身に確立していく道にふたつあるとおっしゃっています。ひとつは「就人立信」で、人に就いて信を立てること、もうひとつは「就行立信」で、行に就いて信を立てる、ということを示してくださいました。この場合の「人」とは、仏です。善導は「満足大悲の人」(『聖典』二一六頁)と言います。大悲を満足せる人としての仏、どこまでもその仏の教えに依っていくべきであって、菩薩の論に依ってはならない、と言っています。大悲を満足せる人、その仏陀によって説かれた教えこそ、真理が明らかに表し尽くされているのです。それは、十全に説き明かされている教え、了教であり、菩薩の論はその仏のお意を明らかにするものではありますが、必ずしもすべてを正しく充分に説き明かしているとは言えないのです。つまり未了義の教えであり、その菩薩の論に依ってはならないのです。

今の時、仰ぎて一切有縁の往生人等を勧む。ただ仏語を深信して専注奉行すべし、菩薩等の不相応の教を信用してもって疑碍を為し、惑を抱いて自ら迷いて、往生の大益を廃失すべからざれとなり。

(『聖典』二一六〜二一七頁)

このように善導は、満足大悲の人に依るべきであり、菩薩の論に依ってはならないと厳しく言われます。

「就人立信」とは仏に依ることですが、仏に依るとは同時にそのまま、仏の教えをいただき、仏の教えに生きられているよき人の教えに随って生きるということです。よき師に随って生きるのが仏法のすべてであることは、「化身土巻」に引かれた『涅槃経』の文にもあります。

『涅槃経』(迦葉品)に言わく、経の中に説くがごとし、「一切梵行の因は善知識なり。一切梵行の因、無量なりといえども、善知識を説けばすなわちすでに摂尽しぬ。」(『聖典』三五二頁)

「経の中に」とは、阿難と釈尊の問答を説かれた『阿含経』の言葉です。阿難が「よき師に出遇うことは大事であるが、よき師に出遇ってからどうすればよろしいでしょうか」と尋ねたことに対して、仏陀が「そのように言ってはならない。よき師に出遇うことが始めでありすべてである」と説かれたのです。我われの一切の迷いのもとは邪見にあり、その邪見を捨てしめるものが善知識である、ということです。仏法と言いましても、具体的には仏法に生きてくださる、よき師・よき友に遇うことが就人立信です。

それに対して、就行立信は、よき師のいのちであるものに遇わなければ、よき師に出遇ったことにはならない。前に原始経典の「肉身を見るものは我れを見ず、法を見るものは我れを見る」という言葉を紹介しましたが、よき師のお姿にとらわれることなく、よき師のいのち、いのちとしての行に依らなければならないということです。そこに説かれてくるのが「五正行」です。

五念門と五正行との違い

「五正行」は、善導が『観経』に依って明らかにされた往生浄土の行です。浄土を求める者の励むべき行として、読誦・観察・礼拝・称名・讃嘆供養の五つの行を立てられました。「読誦」は浄土の三部経を読誦する、「観察」はその三部経に説かれている仏および仏の世界、浄土について心をいたし、その深いこころをはっきりと知るということです。そして、「礼拝」は身に阿弥陀仏を礼拝する、「称名」は口に「南無阿弥陀仏」と称名する。そして最後に「讃嘆供養」となります。

なぜ、最初に読誦が挙げられるのかと言えば、観察するために、仏を知るために、浄土を知るために読誦するのです。読誦によって観察を実践するのが「観仏三昧」です。それによって見《まみ》えた仏を礼拝し、その礼拝はおのずから称名となり、称名は讃嘆供養となる。これは文字通り「念仏三昧」です。『観経』の表に説かれているのは「観仏三昧」で、「観仏三昧をもって宗とす」（『聖典』三三三頁）と言われますが、さらに「また念仏三昧をもって宗とす」（『聖典』三三三頁）と、ふたつの「宗」、かなめがあると善導は押さえました。それは何のためかというと、観を捨て念仏に立つためです。心を静めて仏を観、浄土を観るということはとてもおよばない。そういう身であることを知って、念仏の道に立つのです。そこに、方便の教えとしての『観経』があります。

善導は、この五正行について、その中心は称名念仏であって、それがまさに仏によって往生浄土の行として定められた「正定業」であると決定しました。それに対して、読誦・観察・礼拝・讃嘆供養は、正定業である称名念仏を身につけるための「助業」である、と言います。そして、この五正行はすべて浄土の三部経によるものですが、それ以外はすべて雑行とし、善導は「行」について「正」と「助」と「雑」とに峻別していかれました。何が我われにとって救いの道なのか、あれもこれもということではなく、このことひとつが私にとって身についていく行である。そのことひとつが私にとっての救いの道である、ということを明らかにされているのです。

自力の行はいよいよ人間を迷いの世界に導き、迷いの世界に陥れていく以外の何ものでもなく、宗教を求める心において、いよいよ人間は迷信邪教のなかに入っていくのです。仏は、そういう一切のさまざまな自力の行がおよばないことを自覚せしめ、正しい道に呼び戻し、本当の自身に出遇わしめる道とします。仏が選択し、仏によって正しく浄土に往生すべき身となるはたらきとして与えられたものが、正定業としての称名念仏です。自力無効ということを通しながら、正行、正定業に帰せしめるところに大悲の善巧方便があります。それが『観経』の教えであり、その教えに随っていくべきであることを明らかにしたのが善導です。

念仏がなぜ救いの行であるのか。それは、ただ仏の本願に順うがゆえ、「順彼仏願故」です。私が決めるのではありません。自力無効の身は、仏の本願に順うほかはない身です。それが「二河譬」に「我今回らばまた死せん、住まらばまた死せん、去かばまた死せん」(『聖典』二一九〜二二〇頁)と示された三定死の身です。そして、その者のうえに「仁者」と語りかけ、「汝」と喚びかけてくださるのです。二尊の発遣と招喚の教えに随う以外に私の生きる道はないのです。地獄に行く道であろうと浄土に行く道であろうと、それは一切私には分からないし、分かる必要もない。ただ自力無効の身においては念仏して生きるよりほか道はない、と教えられました。

なぜ念仏が選ばれたのか、私どもが考えてみても分かりません。それは、我われの考えや思いをはるかに超えた如来の選びです。五劫の思惟の究極である選択本願の名号において、ただ仏の大悲の本願をいただくほかありません。仏のいのちである本願は「宿願」とも表されます。我われが求めるにさき立って、生死流転している我われを仏自身のこととして見出し、その衆生を我自身として救い取ろうとしてくださったのです。仏のかねてからの願いのすべてが込められている「誓願」を、「約束」とも表されます。必ず私の責任において救いを果たし遂げるという仏の深い大悲の願いが言葉として結晶せられたものが名号です。それを、法然上人は「選択本願念仏」と表されました。大悲の本願が、その智慧のかぎりを尽くして選び抜いてくださった真理の一言が「南無阿弥陀仏」というお念仏なのです。

『浄土論』には、一心帰命願生という真実の信心はおのずからなる相として五念門の行となると説かれますが、それに対して、善導は『観経』によって、浄土を求めるべき者の勤めとして五正行を立てられました。そこには、観仏三昧を主とすることがあり、また念仏三昧を主とすることがある。その深い意味は、観仏から念仏へと回心転向していくことにあります。そして、五正行において、前三後一は念仏を身につけ、念仏の心を深めていく助業であり、唯一なる正定業は称名念仏であると教えられました。そこに、五念門と五正行の違いがあります。

五念門は、宗教心のはたらく具体的な相です。帰命の心はおのずから礼拝となるのです。親を憶う心は、おのずから「お母さん」と呼ぶ声になり、言葉となることと同じです。これは自然のことですが、礼拝しているからといって、帰命している、本当に信順しているとは必ずしも言えない、という問題です。礼拝はおのずから讃嘆・作願・観察・回向となる。これは信心の深まりです。五正行はそれとは違い、同じ浄土の行であっても、宗教儀式という性格が強いと思います。

善導は『観経疏』とともに、『観念法門』『往生礼讃』『法事讃』『般舟讃』という五部九巻の書物を通して、浄土教における宗教心を宗教儀式として普及化し、民衆に広く伝えていった人です。五正行もその意味合いが強いと思います。それに対して、『浄土論』に説かれた五念門は、浄土教における実践道として純粋な形態と言えます。

五念門の根底である「一心」は、「至心に信楽して我が国に生まれんと欲え」という本願のまことが、我が身のうえに「我一心」として開かれたものです。「我一心」と表される信心は、おのずから五念門行、念仏の行として展開します。そして、五念門は如来の浄土を開き、願生浄土の道として展開してくるのです。そこに如来浄土の徳である五つの功徳が次第に開かれて、その功徳を願生していく身のうえにいただいていくのです。そういう道を『浄土論』では説いてくださっているのです。

第五節　五念門再説

帰命と願生

「世尊我一心　帰命尽十方　無碍光如来　願生安楽国」は、天親における本願成就文であると思います。「我一心帰命願生」と、天親の信心の表白がなされていますが、これは天親個人にかぎらず、すべての者が本願を正しく信受することにおいて開かれる信心を明らかにされたものです。邪見憍慢のほかない我われのなかに、「一心帰命願生」という、信心に目覚めた「我」をたまわるのです。曽我先生のお言葉であれば、「如来によって汝として呼ばれてある我に目覚めた心」の「我」です。それは、一心の自覚を通してたまわる我であり、その内容を「帰命」と「願生」で表します。

「帰命」とは、我われがこの人生を生きていくうえで、如来を依りどころとすることを表し、その「帰命」は「願生」という如来のはたらきたもう浄土、生死を超えたさとりの境界に生まれていく、根拠と方向を持った目覚めが開かれていくのです。そのような信心が五念門として表される念仏の生活、往生の歩みとして展開し、さらに五念門は我われをして必ず如来の浄土に往生せしめる力を持っているのです。そして、五念門を修することによって我われのうえに如来浄土の徳が与えられてくることを、五功徳門として表されます。これまで縷々申し上げてまいりました、『浄土論』の基本的な構成です。また、『浄土論』では五念門の中心は止観行です。天親の瑜伽行唯識の実践道から言えば、止観行が中心を占めていますが、曇鸞は註釈するにあたり、どこまでも「五濁無仏の時」を生きる煩悩成就の凡夫人に立って、『浄土論』を学び、『浄土論』を明らかにしていかれました。奢摩他・毘婆娑那の止観行を中心とする五念門を、止観行にさき立つ讃嘆門を中心として領解したのです。如来の御名を讃嘆する称名讃嘆の行こそが五念門の中心であることを明らかにしていきます。

まず「身に礼拝する」ことですが、宗教というのは礼拝を身につけていくことにある、と言っていいでしょう。礼拝について、『浄土論註』上巻では帰命の心として確かめておられます。如来の真実をいただいた心はおのずから礼拝になる。おのずから合掌念仏して生きるという姿、形をとるのです。しかし、礼拝しているから帰命だとは言えません。

帰命すなわちこれ礼拝なりと。しかるに礼拝はただこれ恭敬にして、必ずしも帰命ならず。帰命は（必ず）これ礼拝なり。もしこれをもって推するに、帰命は重とす。（『聖典』一六八～一六九頁）

礼拝には、絶対的なものを敬うという恭敬の心はあるが、しかし恭敬の心は絶対的信順、信託としての帰命だとは言えない、ということです。神仏のおそれを感じ、神仏による幸せを求めるところに恭敬の相はあるのですが、帰命とは言えないのです。帰命とは「命に帰する」ということで、文字通り、如来の呼びかけに絶対的に信順し、如来のはたらきにすべてを信託して生きることです。

なぜ如来を礼拝するのか

それでは、我われが信順し、信託する如来とはいかなるものであるか。そのことを『浄土論註』下巻で、帰命の依りどころとしての如来について明らかにしていきます。なぜ、我われは如来を礼拝するのでしょうか。

『大無量寿経』では法蔵菩薩が師の世自在仏に礼拝し「嘆仏偈」が説かれます。そこで、世自在王仏の徳を「如来・応供・等正覚・明行足・善逝・世間解・無上士・調御丈夫・天人師・仏・世尊」（『聖典』一〇頁）と、如来の十号を掲げて、まさに世自在王仏が仏の願いを成就された方であることをほめ讃えられておられます。

曇鸞は、十号で表される如来の至極、かなめについて、次のように指摘します。

　云何なるか礼拝、身業をして阿弥陀如来応正遍知を礼拝したまいき。諸仏如来の徳に無量有り、徳無量なるが故に徳号亦無量なり。若し具に談ぜんと欲せば、紙筆に載せること能わざるなり。是を以て諸経に、或は十名を挙ぐ、或は三号を騰げたり、けだし至宗を存するのみと、あに此れ尽さんや。言う所の三号は、即ち此れ如来・応・正遍知なり。「如来」は、法相の如く解り、法相の如く説き、諸仏の安穏道より来るが如く、此の仏も亦是の如く、来りて更後有の中に去らず、故に如来と名づく。「応」は応供なり。仏は結使除尽して一切智慧を得て、一切天地の衆生の供養を受くるに応ぜり、故に応と曰うなり。「正遍知」は、一切諸法実に不壊の相にして、不増不滅なりと知る。云何が不壊なる、心行処滅して言語道過せり、諸法は涅槃の相の不動なるが如し。故に正遍知と名づく。（『真聖全』一、三一三頁）

ここで、三つの徳、「如来」「応供」「正遍知」の三号によって、我われが信順し、信託していく絶対の依りどころとしての徳を表される、と言っています。如来とは真実から来たりたもう方ということです。曇鸞は「法相」という語を使っていますが、「法相」とは真実そのものです。真実そのものをさとり、そしてさとりを得たままを説きたもうたのが如来であって、迷いを超えたさとりの境界、安穏の世界から我われのところに来たりたもうた方である、と言っています。その如来は一切の煩悩、結使を滅せられた方で、阿羅漢と呼ばれます。その「阿羅漢」（arhat：アルハット）というのは、煩悩の毒を滅せるものということで、『大智度論』では「殺賊」（『大正蔵』二五、七一頁）と註釈されています。一切の煩悩の賊を滅せる方であり、「応供」とあるように、すべての供養を受けるに相応しい徳を身に具えた方であります。そして、真実の智慧を成就し、一切を知り尽くす完成された智慧そのものである如来は、我われの一切の思いを超えた、心の行処の滅するものであり、我われのいかなる言葉をもっても表すことのできない、言語道断なるものなのです。

根源語としての「南無阿弥陀仏」

『浄土論註』のはじめに「「無量寿」はこれ安楽浄土の如来の別号なり」（『聖典』一六八頁）と註釈しています。すべての如来に共通するのが十号であり、「如来・応供・正遍知」の三徳であるけれども、『浄土論』において天親が「帰命尽十方無碍光如来願生安楽国」と、帰依のまことをささげて世尊を礼拝し、

「世尊よ」と呼びかけて、世尊が説きたもうた「帰命尽十方無碍光如来」を拝まれているのですが、それは如来の別号であるというわけです。

それは、単なる仏の「通号」、共通の名ではなく、まさしく本願成就の名であります。如来浄土の徳のすべてを名をもって表された、「真理の一言」という語で表されるべきものです。その一言、言語を超えたものが言葉となって、我われに呼びかけたもうのです。岩本泰波先生（一九一二〜一九九九）は、南無阿弥陀仏とは、如来と我われとが切っても切れない深い関わりの中にあるということを知らしめられる根源語である、と言っています。如来自ら「我」と名告り、我われを「汝」と呼びかけたもう根源語、それが「南無阿弥陀仏」という名号であり、「南無阿弥陀仏」の名号を聞くことにおいて、如来と我われ、無限なる者と有限なる者が切っても切れない関係にあるということを知らしめるのです。根源語である名号の意味を、言葉をもって説かれたのがまさしく『大無量寿経』なのです。曇鸞は、

「帰命尽十方無碍光如来」は、「帰命」はすなわちこれ礼拝門なり、「尽十方無碍光如来」はすなわちこれ讃嘆門なり。（『聖典』一六八頁）

と註釈しました。曇鸞にとって「帰命尽十方無碍光如来」とは、選びなくすべての者に呼びかけ、はたらきかけられてある根源語でしょう。すべての言葉のもっとも根源なるもの、すべてがそこから生まれてくる根源なるもの、と言っていい。真実を求め、真実に出遇いえた者のうえには、おのずから身に礼拝することが現れるのです。そして、その身は自ら仏の御名を称える讃嘆の行として展開するのです。

讃嘆門釈の構成

曇鸞は、讃嘆門について大事な深い領解を示しています。口に讃嘆することを称名と言う、という端的な押さえです。

「称彼如来名」とは、いわく無碍光如来の名を称するなり。「如彼如来光明智相」とは、仏の光明はこれ智慧の相なり。この光明、十方世界を照らすに障碍あることなし。よく十方衆生の無明の黒闇を除く。

（『聖典』二一三頁）

「尽十方無碍光如来」という御名は、如来の光明智相というはたらきを持った名である、ということです。称名の方が「名」であり、光明智相の方は「義」、名号のいわれです。名に込められ、名においてのみ表し出される深い意味を光明智相ということで表されます。讃嘆とは名を称えて、如来の光明智相のごとくに、如来のこころにかなうように念仏していくことである、と押さえます。そこで、名の意味であり、名のはたらきである光明智相とは何かについて、

かの無碍光如来の名号よく衆生の一切の無明を破す、よく衆生の一切の志願を満てたまう。

（『聖典』二一三頁）

と言っています。この「破闇満願」が帰命尽十方無碍光如来の名の徳であり、名のはたらきです。身に礼拝し、口にその名が称えられる「帰命尽十方無碍光如来」は、根本無明を破り、無明を転じて願生浄土の願いに転じてくださるはたらきです。そのはたらきにおいて碍りなきもの、碍りなき道となってくださるものが、「帰命尽十方無碍光如来」という仏の名であるということです。

そこで、『浄土論註』上巻では「無碍」について問題にしていかれます。

問うて曰わく。若し無碍光如来の光明無量にして十方国土を照らしたもうに鄣碍する所なしと言わば、此の間の衆生何を以てか光照を蒙らざらんや、光り照らさざる所有らば、あに碍有るにあらずや。答えて曰わく。碍は衆生に属す、光の碍にはあらざるなり。譬えば日光四天下に周ねけれども、盲者には見えざるが如し、日光の周ねざるにはあらざるなり。亦密雲の洪きに霔げども頑石の潤おわざるが如し。雨の洽おわざるにはあらざるなり。（『真聖全』一、二八三頁）

「無碍光如来」としてすべての者を救いたもうのが如来の名であるけれども、現実の事実としては、その光を身に感ずることがない者、あるいは無明の闇が破れない者が存在します。それは一体なぜか、という問いです。

それに対して、碍りは如来にあるのでなく、光を蒙る側の衆生にあると説明をしています。対象的に無碍ということを考えるのではなく、光が常にはたらいていながら、その光を受け取ろうとしない、感じ取ることができない我われの側に迷いの源がある、ということです。たとえとして、差別表現に関わることですが、陽の光は四天下に普く輝きはたらいているけれども、眼の見えない者にはそれを見ることはできない、と説明します。ただし、その場合、眼が開いていても光のはたらきを受け取ることができない、眼が見えなくても光がそこに見えるという方がありますから、肉眼の問題ではなくて、智慧の光がはたらいていても、それを我が身に受け取ることができない人間の心の問題です。そこに碍りがあり、それこそ無明というほかはないのです。自己に執われて自己を絶対視する、そして、それによって真実なるはたらきを聞こうともせず、それを受け取ろうとしない。そういう人間の深い我執こそが碍りのもとです。その我執を照らし我執を破ってくださるものが称名であるということです。

そして、曇鸞は『浄土論註』下巻において、大事な問題を提起していかれます。このことは前にも申し上げましたが、「しかるに」という語を置いて、

しかるに称名憶念あれども、無明なお存して所願を満てざるはいかんとならば、（『聖典』二一三頁）

という問いを出していかれます。それに対して、

実のごとく修行せざると、名義と相応せざるに由るがゆえなり。（『聖典』二一三～二一四頁）

と、称名憶念あれども、なぜ無明の闇が破れ、我われの願いが満たされないのかと言えば、念仏を申しながらも、「不如実修行」、真実の行、如来のこころにかなった真実の行でないから、と答えるのです。それはなぜかと言えば、内なる心が淳心でなく、一心でなく、相続しない、という念仏申す者の心、内面的な心の問題として取り上げていくのです。

「不淳・不一・不相続」の「不淳」は、親鸞聖人の言葉だと「疑蓋無雑」でしょう。「淳」というのは素朴・純朴・素直な心です。如来の真実をそのまま受け取ろうとしない「疑蓋」、それは我われの疑いの心です。自分を中心に考えて、自分を超えた真実を求めようとしない。また、真実に触れたとしても、そこになお、自分は有限相対であり虚仮不実であることをそのままに知ることができないで、自分の力を頼む。そういう疑蓋をまったく離れた心が「淳心」です。「一心」とは純一無二の心です。一心に帰命し願生する。純一に、ただ本願を信じて疑わない心で、その心が自ら「相続」していくのです。破闇満願のはたらきを持った名を称えながらも、無明が破れない、願いが満たされない。それは内なる信心が明らかでない、真に確立されていないからである、と押さえます。そして、その信の内容を「淳・一・相続」でないから決定しないと確かめてくるわけです。

称名念仏しながら、その御名が大悲の本願のはたらきであるという、念仏においてはたらきたもう如来の大悲の本願のこころを正しく領解しない。念仏してもそれが我われを呼び覚ます宗教心を満足せしめていく行にならず、如実修行にならないのです。これは、さきの「礼拝」について、礼拝しているからと言っても必ずしも帰命になるとは言えないという確かめと同じ質の問題です。信心はおのずから行、念仏生活となっていく。そして、念仏生活においていよいよ信心が内に問われ、深められていくのです。常に「しかるに称名憶念あれども」という問いを通しながら、念仏において信心が確かめられていくのでしょう。曽我先生が「我々が頭の中に南無阿弥陀仏を描いて、それを観念して、疑蓋無雑の信心を決定しようというのは空論・空想である。そのような信心は、ひとつの妄念にすぎない。我々は、ちゃんと身心に南無阿弥陀仏というものを戴いている」(『曽我量深選集』第八巻、弥生書房、一九七一年、一三九頁)と言われました。我われの信心が観念にとどまらないのは、そこにいつも南無阿弥陀仏という如来のはたらきが、我われのなかに称名念仏となってはたらいてくださるからだ、とおっしゃっているのです。信と行の関係、信は行となり、行は信を内に深めていくことに曇鸞の立場があります。

讃嘆門釈と三在釈

「しかるに称名憶念あれども」という問いによって示されました、不淳・不一・不相続の問題は、八番問答に明らかにされました在心・在縁・在決定の三在釈とも対応していることは注意すべきです。

三在釈では、五逆十悪の罪業と十念念仏との関係を三つの内容で確認されています。「在心」では、「かの罪を造る人は、自らが虚妄顚倒の見に依止して生ず」(『聖典』二七四頁)るのに対して、「この十念は、善知識、方便安慰して実相の法を聞かしむるに依って生ず」（『聖典』二七四頁）という関係です。「在縁」におきましては、「かの罪を造る人は、自らが妄想の心に依止し、煩悩虚妄の果報の衆生に依って生ず」（『聖典』二七四頁）るのに対して、「この十念は、無上の信心に依止し、阿弥陀如来の方便荘厳・真実清浄・無量功徳の名号に依って生ず」（『聖典』二七四頁）るのです。最後の「在決定」では、「かの罪を造る人は、有後心・有間心に依止して生ず」（『聖典』二七五頁）るのに対して、「この十念は、無後心・無間心に依止して生ず」（『聖典』二七五頁）ということになります。これを図表化すると、次のようになります。

在心	虚妄顛倒の見	善知識の方便安慰（実相の法を聞く）
在縁	妄想の心 煩悩虚妄の果報の衆生	無上の信心 阿弥陀如来の方便荘厳・真実清浄・無量功徳の名号
在決定	有後心・有間心	無後心・無間心

五逆十悪の者は、千歳の闇室にもたとえられる無始時来の虚妄顛倒の見を依止として、自らの妄想の心、あるいは煩悩虚妄の果報の衆生によって苦悩を続け、有後心・有間心に動かされて決定することなく、空過輪廻していくのです。しかし、ひとたび善知識に遇い、真実の教えを聞くことによって、阿弥陀如来の方便荘厳・真実清浄・無量功徳の名号を信じるという無上の信心を獲得し、無後心・無間心に住して念仏するならば、時節の久近・多少を問うことなく、すでにそこに救いは成就していることを論証しているの

です。十念念仏のうえに、如来の本願の真実のすべてが全現していることを明らかにして、自己の罪障の深さに執われ、如来の本願を疑惑することがあってはならないことを厳しく誡められているのです。

讃嘆門釈に示されました三不信の問題におきましても、念仏しながら名義に相応しないという名義不相応の確かめとして、三種の不相応が示されました。

また三種の不相応あり。一つには信心淳からず、存せるがごとし、亡ぜるがごときのゆえに。二つには信心一ならず、決定なきがゆえに。三つには信心相続せず、余念間つるがゆえに。この三句展転して相成ず。信心淳からざるをもってのゆえに決定なし、決定なきがゆえに念相続せず、また念相続せざるがゆえに決定の信を得ず、決定の信を得ざるがゆえに心淳からざるべし。これと相違せるを「如実修行相応」と名づく。このゆえに論主建めに「我一心」と言えり、と。（『聖典』二一四頁）

「しかるに称名憶念あれども」と、称名憶念しながら破闇満願とならない理由が名義に相応せず三種の不相応となっていることは、称名憶念することと救済の法とを実体的に相対化し、別個のものとして捉え、称名憶念を手段として、そこに如来の救済を期待することになるのです。称名そのものが如来の救済のすべてであることを領解しないで、称名の事実のほかに如来を実体的に捉えて、そこに破闇満願のはたらきを求めている立場です。そのような捉え方が三在釈に示された問題と同質の事柄を指し示しているのです。

曇鸞は、三不信について述べたあと、次のような問いを出して確認しています。

問うて曰わく。名をば法の指と為す、指をして日を指うるが如し、若し仏の名号を称するに便ち願を満つることを得るは、日を指うるの指、能く闇を破すべし。若し日を指うるの指、闇を破すること能わずば、仏の名号を称すとも、亦何ぞ能く願を満たんや。（『真聖全』一、三一四頁）

このたとえは、日と指を区別して称名と如来を区別して捉えるもので、称名それ自体が如来の行であることを明らかにしていないのです。その答えとして、「名の法に即する有り、名の法に異する有り」（『真聖全』一、三一四頁）と述べているように、名について法に即する名、つまりは法のはたらきとしての名と、そうでないものがあることを明確に区別すべきであり、名号はまさしく法に即するものと答えていくのです。曇鸞が八番問答の三在釈で示した、十念念仏と罪業との重軽の対比もまた、称せられる名号が如来の救済の法に即していることを示しているのです。名号は如来の真実功徳のすべてを具足しているのですから、名号を称念する、その十念念仏のところにすでに如来の救済は本願のはたらきとして成就しているのです。そのことが明らかにならないのが名義不相応ということです。そこに、如来による救済の行である称名念仏をして不如実修行たらしめている根本の原因がある、というのが讃嘆門釈の教えるところです。

三不三信誨慇懃

親鸞聖人は、讃嘆門釈で示された不淳・不一・不相続の心について、「曇鸞和讃」で詳しく示されています。

　無碍光如来の名号と
　かの光明智相とは
　無明長夜の闇を破し
　衆生の志願をみてたまう
不如実修行といえること

鸞師釈してのたまわく
　一者信心あつからず
　若存若亡するゆえに
二者信心一ならず
　決定なきゆえなれば
三者信心相続せず
　余念間故とのべたまう
三信展転相成す
　行者こころをとどむべし
　信心あつからざるゆえに
　決定の信なかりけり
決定の信なきゆえに
　念相続せざるなり
　念相続せざるゆえ
　決定の信をえざるなり
決定の信をえざるゆえ
　信心不淳とのべたまう
如実修行相応は

信心ひとつにさだめたり

（『聖典』四九三〜四九四頁）

これらの和讃について詳しく見ていくことはできませんが、「この三句展転して相成ず」というところが「三信展転相成す」となっているところは注意しておかれるべきでしょう。「不淳・不一・不相続」の三種が展転して、不如実修行の具体相として示されたものが、「三信展転相成す」ですから、「淳心・一心・相続心」の「三信」が「展転相成」して、となり、「如実修行相応は　信心ひとつにさだめたり」と結ばれますように、「如実修行相応」の内容として示されていることになります。三不信の結びの「これと相違せるを「如実修行相応」と名づく。このゆえに論主建めに「我一心」と言えり」を、端的に表現したものでしょう。

ところが、親鸞聖人は、「正信偈」では曇鸞ではなく、道綽のところに「三不三信誨慇懃」と言われています。「ねんごろに」とおっしゃっているわけですが、必ずしも「ねんごろに」とは言えないようにも見えます。

道綽の『安楽集』で言いますと、第二大門の結びになります。

問うて曰わく。若し人但弥陀の名号を称念すれば能く十方の衆生の無明の黒闇を除きて往生を得といわば、然るに衆生有りて名を称し憶念すれども無明猶在りて所願を満てざるは何の意ぞ。答えて曰わく。如実修行せず、名義と相応せざるに由るが故なり。所以は何ん、謂く如来は是れ実相身、是れ為物身なりと知らざればなり。復三種の不相応有り、一には信心淳からず、存せるが若し亡ぜるが若きの故に。二には信心一ならず、謂く決定無きが故に。三には信心相続せず、謂く余念間つるが故に。迭相に収摂す。若し能く相続すれば則ち是れ一心なり。但能く一心なれば即ち是れ淳心なり。

此の三心を具して若し生れずといわば是の処り有ること無けん。（『真聖全』一、四〇五頁）

むすびに「此の三心を具して若し生れずといわば是の処り有ること無けん」とあります。その意味について、先学は、「若し生れずといわば」、漢文で「若不生者」ですから、これは第十八願にある「若不生者不取正覚」の「若不生者」ですから、「淳心・一心・相続心」の三心は、第十八願の成就であるということを指摘しています。淳・一・相続の心として表される無上の信心において、念仏する者は間違いなく浄土に生まれる、生まれないということは決してありえないと、道綽が断定しておられることを親鸞聖人は注目されたのであろう、と言っています。

また、金子先生によりますと、親鸞聖人が道綽の教えとして「三不三信誨慇懃」と述べていられるのは、「正信偈」の言葉であれば「像末法滅同悲引」、像法・末法・法滅のときの衆生、すべて同じく等しく救いたまうところに注目されたからである、ということです（『金子大榮著作集』別巻一、春秋社、一九八五年、四二九～四三〇頁趣意）。像末法滅の衆生とは一生造悪の凡夫です。「一生造悪」という言葉も『安楽集』に出てきますが、像法、末法、そして法滅の世を生きる一生造悪の凡夫を平等に救いたまう。そのことを明らかにされたのが道綽禅師であった、ということでしょう。

道綽が「此の三心を具して若し生れずといわば是の処り有ること無けん」とおっしゃったのは、三心を具して純一なる帰命の心において念仏を申し、その念仏において生死の迷いを超えるのは如来の「若不生者不取正覚」という約束であるからこそ、宗祖が「正信偈」において「誨慇懃」とおっしゃった意味があると、金子先生は指摘されています。

いずれにしても、曇鸞が讃嘆門釈に説かれた、仏の名を称えて生きる称名念仏は如来の本願の名のはたらきです。その名号のはたらきとして、一切の無明が破られ、一切の志願が満たされる破闇満願が成し遂げられていくのです。しかし、それも常に「称名憶念すれども」という問いを内に問いながら、念仏の道が展開していくことを注意されたと思います。この問いに大事な意味があると言うべきでしょう。

止観の「止」の三つの意味

五念門の解釈において、『浄土論』では奢摩他・毘婆娑那を説く作願門と観察門が中心ですが、『浄土論註』におきましては、五念門は凡夫相応の行、我われ凡夫が救われていく浄土往生の行として明らかにされました。

『浄土論』で作願門に説かれたのは奢摩他の行で、奢摩他とは、心をひとつの境界にとどめ、それによって一切の邪見、妄念を離れ、無心の境地になることです。それによって、毘婆娑那という深い智慧を得るのです。六波羅蜜で言いますと、第五番目の禅定波羅蜜と六番目の般若波羅蜜を中心に置いて、大乗独自な実践行を明らかにしていったのが瑜伽行派です。

曇鸞は、作願門の註釈で、止観の「止」について三つの意味があると言っています。まず此土、現生における行、それから彼土、浄土における行、そして、浄土における行にさらにふたつの意味を挙げていきます。此土、この現生における「止」とは、

奢摩他を止と云うは、三の義有るべし。一には一心に専ら阿弥陀如来を念じて彼の土に生まれんと願ずれば、此の如来の名号及び彼の国土の名号、能く一切の悪を止む。（『真聖全』一、三一五頁）

とあります。我われの一切の妄念、雑念を除去し滅してではなく、ただ如来を念ずることが「止」という

ことになります。我われが仏を念じていくならば、如来の、そして、浄土の名号が我われの一切の悪を止《とど》めたもうのです。奢摩他の行というときは、我われの側に奢摩他を行ずる主語がありますが、ここでは、仏を念ずるならば名号が我われの一切の悪を止めたもうという如来の側に主語が変わっています。

私が止めるのではなく、如来が止めたもうのです。その場合、前にも申し上げましたが、一切の悪とは、さきの讃嘆門釈に示されました一切の無明を指すと領解されます。自己あるいは人生を、ありのままに正しく見る智慧をまったく持たないだけでなく、真実なるものにどこまでも背いて生きるような罪業の身を如来が止めたもう、ということです。

それでは、浄土においてはどうなるのか。

二には彼の安楽土は三界の道に過ぎたり、若し人亦彼の国に生ずれば、自然に身口意の悪を止む。

(『真聖全』一、三一五頁)

浄土は欲界・色界・無色界という三界の道をはるかに超えた世界、無色界という一切の観念的なさとりの境界をも超えた世界です。そういう浄土に生まれるならば、自然に身口意の悪を止めるのです。第一の場合、此土においては、現生に「能く一切の悪を止む」ということですが、今度は「彼の国に生ずれば、自然に身口意の悪を止む」と言っています。「能く止める」と「自然に止める」という語の違いですが、「能く」とは不可能なるものを可能にする、という意味でしょう。絶対にありえない不可能なることが、如来の名号のはたらきにおいて成し遂げられていくのです。第一の「能く止める」に、そのような意味を読み取ることができるのではないでしょうか。

それに対して、浄土に生まれたならば無為自然の浄土の徳として、「自然に止める」のです。自然に一

切の悪が如来浄土の徳として止められていくのです。それを受け、もうひとつ展開してくるのが、第三の、

三には阿弥陀如来正覚住持の力をして、自然に声聞・辟支仏を求むる心を止む。

（『真聖全』一、三一五頁）

という註釈です。第二と同じく「自然に」ですが、第二は浄土の徳、第三は阿弥陀如来の徳として示されます。「阿弥陀如来正覚住持の力」です。空しく人生が過ぎ、ただいたずらに流転を重ねていく我われを空過から超えしめる住持力です。金子先生の言葉であれば「必要にしてかつ十分なる人生」（『聞思室日記』コマ文庫、一九七五年、七七頁）だったと、己れの人生をいただくことができる身に転じてくださる根源的な住持力です。

如来浄土の徳、自然の徳として、「声聞・辟支仏を求むる」、二乗心を求める心を止めるのです。個人の救いやさとりに自己満足し、そこにとどまってしまうことを「七地沈空の難」とも説かれますが、空の観念的さとりに沈む心を破ってくださることが挙げられています。

このような領解のひとつは、国土荘厳の大義門功徳に対応します。阿弥陀の浄土においては女人、根欠、二乗の種は生じないと説かれますが、浄土に生まれたならば、いかなる者も観念のさとりにとどまらないで無上菩提心を発すのです。

もうひとつは、仏荘厳の不虚作住持功徳です。仏の本願力を観じ、遇い、乗托して生きるならば、空過を超えしめられていくと説かれます。未証浄心の者も、仏の本願力によって平等法身を獲得して、浄心・上地の菩薩と呼ばれる者に等しい身とされる存在です。そういう者は涅槃界としての浄土にとどまらないで、普賢の徳、還相普賢行を行ずる者となるということですが、その内実を「止」の第三義は表していま

す。

此土における観と彼土における観

作願門に続く観察門について、曇鸞の解釈では、「止観」の「止」は、我われが一切の妄念妄想を滅していくことではなく、一心に弥陀の名号を専念すること、つまり讃嘆門の実践という如来の名号のはたらきによって、我われの一切の悪を能く止めてくださるということです。そして、その者が浄土に生まれるならば、浄土の徳として自然に一切の悪が止められ捨てられ、さらに、二乗の観念のさとりに止まることを破ってくださるということでした。それを通して、我われの三業に与えられる智慧のはたらきにより、真実なるものを明らかに深く観察して正しく知り尽くすことが観察門になります。瑜伽行の実践から言えば、無分別智のはたらきを表すものです。しかし、曇鸞の場合、どこまでも讃嘆門と作願門の領解を受けて解明していきます。

此土、現生における「観」は、仏・国土・菩薩の荘厳を観ずることです。「願生偈」に示された三種荘厳の一つひとつについて、『浄土論註』上巻で註釈し、下巻で「毗婆舎那を観と云うは、亦二の義有り」（『真聖全』一、三一六頁）として、

一には此に在りて想を作して彼の三種の荘厳功徳を観ずれば、此の功徳如実なるが故に、修行すれば亦如実の功徳を得。如実の功徳とは、決定して彼の土に生を得るなり。（『真聖全』一、三一六頁）

と述べています。要するに、如来のはたらきを姿、形として明らかにされたものが三種の荘厳功徳であるけれども、全体は如実の功徳そのものです。如実の功徳は、どこまでも「一心に帰命し願生する」と表さ

れる無上の信心において浄土を憶念観察することによって、浄土に往生することにほかならないわけです。

真実功徳を憶念し観察する浄土は、真実功徳そのものですから、真実功徳をこの身に得る、仏を念ずれば念ぜられる仏のはたらきがこの身に与えられてくるのです。「如実の功徳とは、決定して彼の土に生を得るなり」と言うのですから、間違いなく生死を超え離れて浄土に往生する身と決定していくような信心の自覚が与えられるのです。これは正定聚不退転、現生不退を表しています。仏の浄土を念ずるならば、その浄土は真実功徳の世界であるがゆえに、その真実功徳が念ずる者のうえに与えられるのです。そして、彼岸の浄土に往生するならばどうなるかと言えば、「観」が「見」になる、仏に見えることとなるのです。つまり、仏が浄土に生まれた者の前に現れたもう智慧となるのです。ですから、「観」の第二義に、

二には亦彼の浄土に生を得れば、即ち阿弥陀仏を見たてまつる。未証浄心の菩薩、畢竟じて平等法身を得証す。浄心の菩薩と上地の菩薩と、畢竟じて同く寂滅平等を得、是の故に「欲如実修行毗婆奢那故」と言えり。

（『真聖全』一、三一六頁）

と説かれるのです。この「観」の第二義は、作願門の「止」の第三義、「阿弥陀如来正覚住持の力をして、自然に声聞・辟支仏を求むる心を止む」と対応しています。仏の不虚作住持功徳力によって、二乗にとどまる心が破られ超えられていく、ということを受けて、仏に見えるならば、未証浄心の菩薩も平等法身を得て、浄心・上地の菩薩と同じく寂滅平等の涅槃のさとりを得るのです。

このように、現生における正定聚不退転と浄土における涅槃のさとりを明らかにして、念仏に生きる身に与えられる智慧は如来の真実功徳が我われのうえに信心の智慧として開かれたものであることを表しています。瑜伽行としての五念門ではなく、凡夫相応の行、我われ凡夫に与えられる浄土往生の行として明

らかにされていると言わなければなりません。

往相と還相の回向

曇鸞独自の五念門解釈を通して言うならば、観察門の智慧は名号にたまわると言うべきでしょう。弥陀如来を念じ、称名念仏の行においてたまわる名号のはたらきとして与えられる信心の智慧です。そして、その智慧は回向として展開するのです。

回向について、「願生偈」の「我作論説偈　願見弥陀仏　普共諸衆生　往生安楽国」（『聖典』一三八頁）を、

此の四句は是れ論主の廻向門なり。廻向とは己が功徳を廻して、普く衆生に施して共に阿弥陀如来を見たてまつり安楽国に生ずとなり。（『真聖全』一、三〇七頁）

と確認されます。そして、長行解義分における天親自身の、

いかんが回向する。一切苦悩の衆生を捨てずして、心に常に作願す、回向を首として大悲心を成就することを得たまえるがゆえに。（『聖典』一三九頁）

という文を註釈して、

「云何が回向したまえる。一切苦悩の衆生を捨てずして、心に常に作願すらく、回向を首として大悲心を成就することを得たまえるがゆえに」とのたまえり。回向に二種の相あり。一つには往相、二つには還相なり。往相は、己が功徳をもって一切衆生に回施したまいて、作願して共にかの阿弥陀如来の安楽浄土に往生せしめたまうなり。還相は、かの土に生じ已りて、奢摩他・毘婆舎那・方便力成就

することを得て、生死の稠林に回入して、一切衆生を教化して、共に仏道に向かえしめたまうなり。もしは往・もしは還、みな衆生を抜きて生死海を渡せんがために、とのたまえり。このゆえに「回向為首得成就大悲心故」と言えり、と。

（『聖典』二三三頁）

と述べられます。ここに、往相・還相の課題が提示されたわけです。

「往相」「還相」という語は、曇鸞によって初めて使用された大事な言葉で、曇鸞以後、この言葉は使われずに親鸞聖人によって復元された、と言っていいのではないでしょうか。

往相・還相という言葉によって、生死を超え生死に帰るという大乗の語る「無住処涅槃」の思想が表されていったことは、これまで繰り返し申し上げてきたことです。『大経』が「猶し大乗のごとし、群萌を運載して生死を出だすがゆえに」（『聖典』五五頁）と説いていますように、衆生を負荷して生死を超えていこうとする大乗菩薩道の重要な課題です。大乗の菩薩の願いとして、智慧あるがゆえに生死にとどまらない。しかし、大悲あるがゆえに涅槃にとどまらない。これをひとつで表すと、「無住処涅槃」という言葉になるわけです。もちろん、その意味は『浄土論』においても説かれているのですが、曇鸞は「往相」「還相」という言葉を用いることによって、課題をより一層明確にしたということができると思います。

回向とは、自分にいただいた真実功徳を私しないで、すべての衆生にふり向けていくということです。そして、ふり向けていくことの根源は如来の本願力回向にあります。ですから、親鸞聖人は「云何が回向したまえる」「回向を首として大悲心を成就することを得たまえる」と尊敬語を付して、回向の主体を如来の方に置かれました。

往相の回向について、さきほど「信巻」に引かれた文章を読みましたが、尊敬語を付けずに読み下しますと、「往相は、己が功徳をもって一切衆生に回施して、作願して共にかの阿弥陀如来の安楽浄土に往生せしむ」となります。ですから、共に浄土に往生せんと願うことが回向の心ですが、曇鸞は浄土に往生するということは「為楽願生」とは違う、ということを問題にしています。

王舎城所説の『無量寿経』を案ずるに、三輩生の中に行に優劣ありといえども、みな無上菩提の心を発せざるはなし。この無上菩提心は、すなわちこれ願作仏心なり。願作仏心は、すなわちこれ度衆生心なり。度衆生心は、すなわちこれ衆生を摂取して有仏の国土に生ぜしむる心なり。このゆえにかの安楽浄土に生まれんと願ずる者は、要ず無上菩提心を発するなり。もし人、無上菩提心を発せずして、ただかの国土の受楽間なきを聞きて、楽のためのゆえに生まれんと願ぜん、また当に往生を得ざるべきなり。このゆえに言うこころは、「自身住持の楽を求めず、一切衆生の苦を抜かんと欲うがゆえに」と。「住持の楽」とは、いわくかの安楽浄土は、阿弥陀如来の本願力のために住持せられて、受楽間なきなり。おおよそ回向の名義を釈せば、いわく己が所集の一切の功徳をもって、一切衆生に施与したまいて、共に仏道に向かえしめたまうなり、と。

（『聖典』二三七頁）

「かの国土の受楽間なきを聞きて、楽のためのゆえに生まれんと願ぜん、また当に往生を得ざるべきなり」とありますように、「極楽」と聞いて、個人的な幸せを目指して浄土を求めたとしても不可能であり、浄土は共なる衆生の世界であり、「願作仏心・度衆生心」という浄土の菩提心においてのみ開けていく世界であることを強調します。衆生と共に願われていく世界ですが、愛憎善悪の柵のなかから出られないのが現実です。しかし、そのような業縁関係にある者が共どもに救われていく世界として浄土を願って生きることに回向の精神があります。その願いを我われのうえに発起せしめる根源の力が、まさに本願力であり往相の回向です。

還相の回向も、浄土に生まれたならば、奢摩他によって得られる毘婆娑那という智慧を成就していくのですが、そこからさらに、「方便力成就することを得て、生死の稠林に回入して、一切衆生を教化して、共に仏道に向かえしめたまうなり」と、「共に」ということを課題にします。ですから、回向の根底にあるのは「普共諸衆生」の問題です。

浄土を願生し、生死を超えて彼岸の浄土に往生を遂げていく世界ですが、そこに往相還相という徳が自然に成就していく世界として求められていくのです。そして、まさしくの究極は浄土にとどまることではなく、浄土から還ってすべての衆生と共に仏道に向かわしめることにあるのです。これが、『浄土論註』が明らかにした大きなお仕事であったと思います。

三つの領解

往相と還相の関係について、ことに還相回向に関する近年の議論については、いろいろな問題を抱えていると思います。私の領解としては、宗祖のお書きになったものを通して見れば、三つの領解ができると思っています。

一つ目は「往相の時間的・空間的背景としての還相」です。ただ、時間的・歴史的背景として、釈尊はじめ七高僧、善知識だけではなくて、あるいは、現に我われのうえにはたらいていてくださる方の還相のはたらきによって、私どもの往相、往生浄土の歩みが支えられている、ということです。

この場合、ふたつの意味があると見るべきでしょう。ひとつは、往生の道を身にかけて歩み、そして、往生の道の真実であることの証人としての還相です。これが直接的なものです。もうひとつは、総序の文に示されましたように、『観経』『涅槃経』に説かれた王舎城の悲劇に関わったすべての人を「権化の人」とおっしゃっています。この場合は、必ずしも念仏して往生浄土の道を歩まれた方ではないけれども、すべての人が我われをして仏道に立たしめるという方便のはたらきをしてくださる還相です。これは深い智慧の眼を開かなければ見えないと思います。

二つ目は、『大経』『浄土論』『浄土論註』、そして宗祖において明らかにされたように、「往相の証果としての還相」です。往相のさらなる究極において、むしろそれを求めて浄土に往生していくという意味での還相があります。衆生と共に、という回向です。浄土に往生し仏となり、菩薩となって、さらに迷った人びとを仏道に向かわしめる還相のはたらきとして生き続けるのです。これこそが浄土に往生する究極の目的です。ただ、今日ではなぜかこのことがあまり語られなくなりました。

第一の時間的・空間的背景としての還相が強調されて、往相の究極に展開していくべき還相についてはほとんど問題にされなくなったという現在の状況は、果たしてそれでいいのであろうかと思います。現在の人間関係が縦の関係も横の関係も消えていくなかで、現代人に頷けるように解釈しようとすると、浄土に生まれた者が還って来ることは考えられないことになっているのだろう、と思います。

それでは、どういうかたちで還相回向するかと言えば、往生とは成仏する、仏に成るということで、具体的には名号のなかに摂まっていくという領解です。そして、名号として還って来ることでしょう。

名号とは阿弥陀の根源の呼びかけですが、その呼びかけに呼び覚まされ、呼びかけに生きた人びとのはたらきのすべてを内実とするはたらき、言葉でしょう。ただ一方的に阿弥陀の名ということではなく、阿弥陀の根源なる呼びかけによって生き、そして、名号となって還って来ている人びと、そのすべてを内実とする名です。ですから、「南無阿弥陀仏」という名号は、時間的・空間的に無限に展開していくはたらき、功徳を持ったもの、と私は領解します。その名号を通してということは、我われにとっては具体的には称名念仏においてということです。称名念仏において浄土から還って来る人びととの出遇いが開けていくのです。

「我と汝」という如来と我との縦の関係を通して、我と衆生という横の関係においても「我と汝」という関係が開けていく言葉です。往相は生死輪廻を超えて、涅槃の境界である浄土に生まれていくことですが、さらに生死輪廻を超えたところに立って生死輪廻していく、大悲によって自覚的に生死輪廻していくことです。

親鸞聖人の深い心は、聖人入滅後も、無数の人びとに転生してきました。宗祖の入滅後も、親鸞を貫き通した仏の深い願い、それは親鸞その人の願いであり、いのちであります。聖人のいのちの願いは、我われ一人ひとりのうえに転生してきたということがある。それが還相回向だと思います。

三つ目は「往相即還相」です。これは我われの意識を超えていると思いますが、私どもが念仏において救われることが還相のはたらきを持つというのは、自己においてではなく他己において、そのことが証明されていくということです。自分が救われていくことが周囲に還相の相としてはたらいていく。しかし、それはもはや、私の意識を超えているできごとです。ただ、如来のはたらきとして、そういう「即」ということが行われていくことは、やはり考えなくてはならないことだと思います。

私においては、還相の願いを課題にしながら、しかも私においては、ただ自己の救いということが一大事で、その一大事をいただいていくときに、私の思いを超えて、計らいを超えて、他によって逆に自分が明らかになっていく。そういうことがあるのであろうと思います。

あとがき

幡谷明先生は真宗学の碩学として、そして、曇鸞研究の第一人者として多くの業績を発表され、高い評価を得ておられます。

一九七六年、それまでに発表された主要な論文をまとめて『親鸞教学の思想史的研究』（文栄堂書店）として刊行されました。巻末には索引が作成され、後学の者に対する非常にありがたい配慮となっています。

一九八〇年、真宗大谷派の安居次講で『浄土論註』を講本として講ぜられ、一九八九年に上梓された『曇鸞教学の研究――親鸞教学の思想的基盤――』（同朋舎）へと展開されました。この書は研究篇と資料篇の二巻で構成され、研究篇の第一部「曇鸞教学の研究」は上記安居講本が収録されています。なかでも、『浄土論』の二十九種荘厳と『摂大乗論』の十八円浄との関係について、関連文献の精密な対照表が作られており、現在でも色褪せることのない幡谷先生のすぐれた研究業績として特筆されます。その一端は本書中でも語られています。第二部「親鸞の還相回向論」は、先生が一貫して課題とされた還相回向の領解について公にされた関係論文が収録されています。また、資料篇はまことに圧巻であり、「本文篇」の「浄土論註上下二巻対照表」、『論註』の文章・語句に関する出典個所を摘出した「出典篇」、後代の浄土教諸師における『論註』受容の一端を窺知することのできる「引文篇」、そして「補録」と、『論註』関連の資料の集大成となっており、これからの『論註』研究者にとって欠かすことのできない書籍です。

なお、この書は二〇一〇年に第二版が刊行されました。「再版に当たって」で記されているように、梶山雄一先生からの指摘を受けていくつかの修正が加えられています。先生の学究に対する真摯さと厳密さが窺われるところですが、そこにはなお修正できていない錯誤や誤字脱字等があることも併せて記されており、我われは幡谷先生のお書物を読むにあたっても、どこまでもテキスト、文献に帰って確かめていくことこそ、先生のおこころに相応するものであろうと愚考するところです。梶山雄一先生の指摘については、『親鸞教学』五六号（一九九〇年九月）所収の書評「幡谷明著『曇鸞教学の研究』」を参照ください。

以上のような一連の研究業績は、一九九二年に文学博士の学位請求論文「（主論文）浄土教における菩薩道の研究」「（副論文）浄土論註上下二巻対照表」へと昇華されてまいります。この学位論文は単著として刊行されることはありませんでした。参考までにその目次を『大谷学報』第七一巻第一号（一九九二年五月）に掲載された「学位論文審査要旨」より引用しておきます。

第二節　曇鸞における菩薩道
一　曇鸞の時機観――曇鸞教学の基底
二　浄土観――真実功徳の世界
三　願生論――願生と浄土
四　他力回向論――浄土の大菩提心
第三章　親鸞における菩薩道
第一節　親鸞教学の形成過程――特に法然・善導教学の受容について
第二節　親鸞における曇鸞教学の受容と展開
第三節　親鸞における菩薩道
一　横超断四流の意義――親鸞の生死観
二　親鸞の還相回向論

ちなみに、この学位請求論文の主査は寺川俊昭先生であり、お二人の先生の還相回向についての領解の相違点が、寺川先生ご自身による審査要旨に的確に示されていますので、参照いただければと思います。それによって、幡谷先生が一体どのようなことを課題としておられたのかがくっきりと浮かび上がってくると思います。私としては、「浄土真宗において菩薩道を強調しすぎると、聖道門化するのかもしれない」という趣旨の言葉を呟かれたことが思い出されます。このような学位論文を提出された幡谷先生をして言わしめた言葉であるからこその重みを思います。

このたびの講話集第五巻は、第一巻から第四巻までと同様、そのような幡谷先生による、山本秀晃氏のご自宅で開催された「幡谷法座」での『浄土論註』の講義録です。一九九九年一月から二〇〇三年三月まで全三十六回の講義の、前半第十八講までを収録しています。

先生は一九九四年三月に大谷大学を退職されますが、一九九二年に安居本講で『浄土三経往生文類』を講ぜられたのちに、それを踏まえて、「幡谷法座」において、一九九二年十月から一九九八年十二月までお同行とともに学び直されていかれました（その講義録が講話集第四巻となります）。その講義が終了したのち、『浄土論註』がテキストとして選ばれていきました。大谷大学を退職され、浜田のご自坊へ戻られて、「最後に残るのはお念仏ひとつでしょう」という曽我先生からの言葉を噛みしめながら、門徒同行の皆さんともう一度きっちりと『浄土論註』を読み直していこう、自身の出発点に帰っていこうとする先生の姿勢が窺われます。

講話集の出版計画当初、『浄土論註』の講義を書籍化することについては、私たち刊行会の体制も不十分であったため除かれていましたが、関係各所からの要請を踏まえ、「やはり、幡谷先生の講話集に『浄土論註』は欠かせないだろう」という結論へと至った次第です。

本書中、『浄土論註』を引用するにあたって、宗祖の『教行信証』に引用されている箇所は『真宗聖典』初版（東本願寺出版）により、『教行信証』に引用されていない箇所は『真宗聖教全書』第一巻・三経七祖部（大八木興文堂）によっています。そのために、語句表記に統一が取れていない箇所がありますが、ご寛恕願います。これは、幡谷先生が『浄土論註』を講義するにあたって、『真宗聖典』を用いられていたことによるものであり、どこまでも親鸞教学の思想的基盤を明らかにする曇鸞『浄土論註』の講義であることによることをご賢察ください。結果として、『真宗聖典』と『真宗聖教全書』第一巻を使い分けることによって、本書中に引用される『浄土論註』本文が『教行信証』に引用されているかどうかが、読者はおのずと判断できるという点も申し添えておきます。

第一章「『浄土論註』を読むために」は、幡谷先生の曇鸞研究の視座がいかんなく発揮された一章です。曽我量深、金子大榮、山口益、長尾雅人、梶山雄一などなど、幡谷先生が直接に聞き学ばれてきた先生方の言葉、先行研究を踏まえながら、『浄土論註』を読むために必要不可欠な視点が講義されています。先生はさまざまな資料を用意されて講義されていますので、実際の講義では資料のポイントだけを説明するだけにとどまっているところもありました。したがって、第二章以降も同様ですが、原稿整理の段階で加筆修正を行い、多くの参考文献を引用しています。

以下、特記すべきいくつかの点について、若干の断想とともに記しておきます。

まず、講話集第一巻のあとがきで、江林智静先輩が付記された「チャンダーラ、犬」への言及についてです。これは、本書第五章で講義されたように、長尾雅人先生の「The Bodhisattva Returns to this World」（この世にかえる菩薩）という論文によるものです。参考として、原英文と日本語訳を次に挙げておきます。

A typical birth of a Bodhisattva is explained in the *Bodhisattvabhūmi*, as follows:

Wishing to benefit those lowly beings from a *caṇḍāla* up to a dog, wishing to calm their calamity, or wishing to guide them, a Bodhisattva takes any form from that of a *caṇḍāla* up to that of a dog at will.

Here we see how severe and radical the Bodhisattva's rebirth is; it is almost impossible to accomplish. As his 'will' to be reborn gushes forth due to his limitless compassion, his place of rebirth ranges throughout all of the six *gatis*, even including the hells.

（Nagao, Gadjin. 1991. *Mādhyamika and Yogācāra: A Study of Mahāyāna Philosophies.* New York: State University of New York Press. p. 30）

典型的な菩薩の誕生について、『菩薩地（Bodhisattvabhūmi）』は次のように説明している。

チャンダーラ（caṇḍāla）から犬に至るまで卑しい者（lowly beings）を利益することを願い、彼らの苦難を穏やかなものとすることを願い、また、彼らを導くことを願って、菩薩は、チャンダーラから犬に至るまで、自由自在にどのような形をも現すのである。

ここで、菩薩が再び生れ出ること（rebirth）が、いかに厳しく極端なものであり、成就することがまったく不可能であるかが窺われる。再び生れ出ようとする菩薩の「意志」が、際限のない慈悲（limitless compassion）のためにほとばしり出るので、その菩薩が再び生れ出る場所は、地獄さえも含んだ六道（the six gatis）すべてに及ぶのである。

ここで示された『菩薩地』の漢訳箇所を、江林先輩が玄奘訳『瑜伽師地論』から提示してくださったことはまことに有意義なことです。

「長尾先生の英論文を日本語訳するように」という幡谷先生からの無理難題がいつ頃であったのか、すでに忘却の彼方となっていますが、大谷大学退職前、指導教授としてご指導いただいていた頃であったことは間違いありません。インターネットがそれほど一般的でない頃、英和辞典や梵和辞典、仏教辞典、長尾先生の『中観と唯識』や山口先生の『仏教学序説』に掲載されたサンスクリット語索引などを使用して、どうにか形にすることができましたが、先生にとりましては、後註を翻訳しなかったことがご不満のようでした。後日、他の方に依頼されていたように記憶していますが、今となっては、どなたが担ってくださったのか不明で、翻訳された後註を私もきちんと保管しておらず、大変申し訳なく思っております。そのような翻訳作業を通して、先生から仏教学的アプローチをたたきこまれたように感じています。

なお、「caṇḍāla」について、当初、私は「旃陀羅」の訳語を当てていましたが、「チャンダーラ」と修正するよう指示されたことが思い出されます。現在、真宗大谷派が全宗門的課題として是旃陀羅問題に取り組んでいますが、その当時、先生にとりまして、「旃陀羅」と表記することにためらいを感じられ、原語のままカタカナ表記するよう指示されたことでした。「菩薩はチャンダーラや犬を救うために犬やチャンダーラとなる。自由自在にどのような形をも現す」という、菩薩の「際限のない慈悲」(limitless compassion)をどこまでも大切に語っていかれました。

幡谷先生は、還相回向について述べられる際に、この論文にたびたび言及しておられ、講話集第七巻でも触れておられますが、その典拠が『大乗荘厳経論』や『解深密経』となっている箇所があります。先生がお話しされたままを文字起こしして原稿整理が行き届かないままとなった結果です。『瑜伽師地論』菩薩地が正しく、ここにお詫びして訂正いたします。第七巻の編集を担当してくださった池浦裕哉さんには、校正段階できちんとした修正の指摘をすることができず、大変申し訳ございませんでした。

幡谷先生の教学用語として、「包越的世界」という言葉があります。阿弥陀の浄土を論ずる際にたびたび用いられています。本書中、この言葉は出てきませんでしたが（「包まれて超えていく」という趣旨の文脈は認められます）、第二巻、第七巻では「包越的世界」として浄土の問題を語っておられます。参考までに、この言葉について先生の思いが語られた、二〇〇三年十月に行われた九州教学研究所一泊研修会講義録「無住処涅槃と還相回向」の一節を紹介いたします。

浄土という世界は、私の言葉では包越的世界、すべてを包んで超えている世界、それがパーラローカとしての他方世界です。包越という言葉は私の学生時代、東北大学に高橋里美という哲学の先生がおられ、その先生が包越の弁証法ということを言われ、それを学生時代に読んで非常に感銘し、それが私の常套語になりました。お浄土はまさに超えて包んでいる世界です。だから決して生の延長線上に想定されるものではない。それを超えているがゆえに包み、包むことによって超えている世界です。それは決して単なる悟りの境界というのではなくて、万人の救われる場所です。

（『増補　大乗至極の真宗――無住処涅槃と還相回向――』方丈堂出版、二〇一三年、一〇九頁）

しかしながら、「包越的世界」という先生の教学用語が広く共有されることは少なかったようです。真宗大谷派教学研究所が行った幡谷先生へのインタビュー記事が『教化研究』一六三号に掲載されています。（幡谷先生は）宗祖が伝統的解釈である死後の実体的な世界として執えられていた浄土を問い直し、現在における「宗教的自覚の領域」であることを明らかにしたと究明されている。そうした一貫した浄土の理解について、氏は、現在の心境を次のようにおっしゃった。

浄土とは法悦的世界だと思う。それは虚空の如く遍満する世界です。我々は如来の摂取して捨てないという無量光明土の光に包まれて、その光を此の身に頂きながら、無明の闇を生きているわけだ。現生か未来かを決めなくてはならないものではなくて、すべての迷いを超えて、しかもすべての迷いを包んでくださっておる世界、それが私にとってのお浄土です。それを、こうでなくてはならないと決める必要もなければ、決めることもできないんだと私は思う。

浄土とは何か、往生が現生なのか未来なのか——それは「決める必要もなければ、決めることもできない」のだと。あきらめや開き直りなどとは異なる、ある種の確かさをもつ言葉として響いてきた。氏が「法悦的世界」と述べるように、聖教に説かれる文字や言葉が伝えようとする浄土の真実は、我々が決定したり、言葉で表現することのできない、「こころもおよばれず。ことばもたえた」（『唯信鈔文意』・『真宗聖典』五五四頁）世界なのであろう。

（本明義樹「「学」の相（すがた）という課題——幡谷明氏を訪ねて——」『教化研究』一六三、二〇一九年、二〇六〜二〇七頁）

ここで、インタビュアーは「法悦的世界」と聞き取られています。「すべての迷いを超えて、しかもすべての迷いを包んでくださっておる世界」とあっても、「包越的世界」とは文字化できていません。私としては、この文章を読んで正直迷いましたが、おそらくはこのインタビュー記事が公での先生の最期の言葉になるのではないか、という思いもあり、訂正すべきでないかと関係者に連絡いたしました。その後、教学研究所も丁寧に対応された模様で、再度、幡谷先生宅を訪問され、訂正する必要はないという結論に至った旨、報告いただきました。このことについて、既に先生と別件でお電話した時に訂正する必要はない旨、お聞きしていましたので、かえって教学研究所関係各位にお手を煩わせたことでした。

以上のような経過も踏まえて、私としては「包越的世界」という言葉が、向後、広く共有されることを念ずるばかりです。蛇足ですが、この言葉について、真宗学の言葉遣いとしては、「横超」など、「越」ではなく「超」という文字を使用して「超える」と表現するため、「包越」よりも「包超」のほうが分かりやすいのでないかと愚考したりもしていましたが、前掲のように高橋里美先生の「包越の弁証法」という言葉によることを改めて先生より教えていただいた次第です。

最後に、還相回向論について申し添えさせていただきます。本書ではそこまで丁寧に展開されておらず、第一巻や第七巻においてより詳細に講義されていますので、両書を熟読いただければと思いますが、本書の最後に講義された、還相回向についての三つの領解について、僭越ながら補足させていただきます。

本書では、一「往相の時間的・空間的背景としての還相」、二「往相の証果としての還相」、三「往相即還相」と講義されていますが、そもそも、先生の一番早い段階での整理が一九九三年十月に行われた大谷学会研究発表会においてであり、その時の発表資料によりますと、一「往相の証果としての還相」、二「往相の背景としての還相」、三「往相の内徳としての還相」と、語調も整えられまとめられています。

還相回向について、幡谷先生がなぜこのような整理総括をなされたのか。

言うまでもなく、その当時、寺川先生による往還二種回向についての大きな問題提起がありました。『大谷学報』第七三巻第四号（一九九四年四月）に掲載された発表要旨「還相回向論」に次のように書き出されています。

近年改めて往還の二種回向論、殊に還相回向論が注目され種々の見解が提示されているが、還相回向論の問題は、本来我々が衆生として生きているという、人間にとって根源的、かつ究極的な課題としてある。そして、そのことを問うことが大乗の至極としての浄土真宗を明らかにすることに他ならない。

参考までに、その時の学会発表の音源を文字化した手元資料では、次のようにあります。

この往還二回向論、殊に還相回向論について近年改めて問題視されまして、種々の領解が提示されております。その理由につきましては、現在、真宗の社会性が問われていることへの応答が迫られていることによる、と解釈される方もいらっしゃいますけれども、私自身としましては、それは一つの縁であろうけれども、還相回向論そのものは我々が衆生として生きる、その人間にとってのもっとも根源的な究極的な課題であると受け取ります。そして、そのことを明らかにすることが、教学的には大乗至極の真宗ということを明らかにすることであると考えてまいりました。

そのような観点から、これまで二、三の論文において私自身の見解を発表してきたことでございます。ただ、今回改めて、その還相回向論、これは最近発表されるものを読んでおりますと、しばらく黙しておる方がいいという感じが強くするるんでございます。それは、人間の思惟の実体性、そして、そこから出てくる言葉の限界というものを感じますものですから、そのことはしばらく自分自身としては沈黙のなかで考えたいという思いが強いんでございますけれども、改めて還相回向論を問題にしたい、そういう題のもとで発表したいと思い立ちましたのは、何か、最近発表されます還相回向論はいささか恣意的であって、かえっていろんなことが言われれば言われるほど、その真実義は領解し難くなっているということを強く感じます。そういうことから、今一度、聖教、文献に即しながらこの還相回向論を考え直す必要があるのではなかろうか。そういう思いから、あえてこういう題を選ばしていただいたことでございます。

幡谷先生の許可を得ずにこの資料を提示することにためらいも感じますが、ある研修会でこの講義録全文をコピーして参加者に配布されたことがあったと記憶していますので、ご賢察たまわりたく存じます。

還相回向についての幡谷先生と寺川先生の領解の相違について、ここで論評することは「あとがき」の範疇をはるかに超えることですので、先に紹介いたしました、幡谷先生の博士学位請求論文に対する寺川先生による「審査結果の要旨」を引用しておきます。

最後に強いてこの論考の問題点というべきものを挙げるならば、筆者も言及しているように、問題は親鸞における二種回向ことに還相回向の了解のところにある。筆者は注意深く論考しているけれども、それを如来の回向によって往相道に立った衆生が常行大悲の実践によって還相行を行ずる者となり、これを菩薩の行を象徴する普賢行に等しいものとみることによって、その衆生に〝菩薩〟の意義が実現すると主張しているようであるが、実はこのような還相回向の了解は、現在までの真宗理解において多くの研究者に共有されている見解であり、その意味で〝伝統的〟な了解の一つである。そしてこのような了解を、いわば思想史的な関心に立って論証し、〝菩薩道〟という明確な像を与えたところに、この論文の積極性があるというべきかと考える。

しかしながら、親鸞はきわめて独創的な仏教理解を展開した仏教者であったと考えられる。例えば親鸞は自己を徹底して〝煩悩具足の凡夫〟と自覚して、そこから眼をそらすことはしない。そして祖師と仰いだ仏教者たちの著作を学ぶについても、そこに語られる「菩薩」はすべて〝法蔵菩薩〟に帰え《(ママ)》して了解し、自己において〝菩薩行〟を実質あるものとして語ることはしなかったように思われる。

従って二種回向についても、あげてこれを法蔵菩薩＝如来の行として把握して、自己＝煩悩具足の凡夫は、その恩徳によって真実の信心を得、現生に正定聚の身となって願生道に立つものであることを強調し、そこに自己＝衆生の〝分際〟すなわち責任をもって立つ場を自覚していると解されるのである。筆者の論考は、親鸞における〝菩薩道〟を論証するにやや急であって、親鸞のこの独自の二種回向の了解を、その著作の全般にわたって検証することが必ずしも十分ではなかったのではないかと考えられる。しかし、親鸞の仏教の根幹をなす二種回向の理解については、本格的な議論が漸く始まったと解すべき状況であるから、筆者のこの幅広くかつ精緻な論考は、すぐれて積極的な意味をもつ見解の提起と評価すべきである。

（『大谷学報』第七一巻第一号、四二一～四二三頁）

最近、市野智行編『曇鸞『浄土論註』の新研究――真宗理解の再構築のために――』（法藏館、二〇二四年）という書籍が刊行され、「幡谷回向説」として三つの領解が紹介されています。この書について論評する立場にはありませんが、「還相回向に関する先行研究一覧」に、先に紹介した大谷学会研究発表会の発表要旨「還相回向論」が漏れていることだけは指摘をさせていただきます。大谷学会研究発表会の発表要旨として掲載されているという性質のものですから、当該誌の表紙に「還相回向論　幡谷明」と表記されていない以上、先行研究一覧から漏れ落ちることは致し方ないことではありますが、当日の研究発表を拝聴した一人として、研究発表のレジュメと資料を作成した者として、また、私事ですが、先生の長岡京のご自宅に伺って、二泊三日かかってようやく仕上がったこと、先生から手作りの食事を振舞っていただいたことなどを思い出すとき、ただただ残念だという思いから指摘した次第です。または、このあとがきを記しながら、この幡谷先生の学会発表こそが還相回向に関する議論の始まりであると評すべきではないか、とまで考えるようになりました。

最後になりましたが、本書の原稿整理の段階で江林智静先輩のご助力をいただきました。私の諸事情により編集担当する巻を変更していただき、ご迷惑をおかけいたしました。まことにありがとうございました。平原晃宗事務局長には、細部にわたって編集作業をサポートしていただきました。第六巻につきましてもよろしくお願いいたします。法藏館編集部の榎屋達也、満田みすずの両氏には、遅れに遅れた原稿整理と校正作業を忍耐強くお待ちいただきましたこと、甚深の謝意を申し上げます。

二〇二四年一〇月二八日

第五巻編集担当　内藤円亮

幡谷　明（はたや　あきら）

1928年、島根県浜田市真宗大谷派顕正寺に生まれる。1951年、大谷大学文学部卒業。1955年、大谷大学研究科修了。1962年、大谷大学専任講師に就任。1972年、大谷大学教授に就任。1980年、安居次講を務める。1992年、文学博士。安居本講を務める。1994年、大谷大学名誉教授に就任。2012年、真宗大谷派講師・董理院董理に就任。2021年、逝去（満93歳）。

幡谷明講話集　第五巻
浄土論註講義　上

二〇二五年一月二〇日　初版第一刷発行

著　者　幡谷　明
編　者　幡谷明講話集刊行会
発行者　西村明高
発行所　株式会社　法藏館
京都市下京区正面通烏丸東入
郵便番号　六〇〇-八一五三
電話　〇七五-三四三-〇〇三〇（編集）
〇七五-三四三-五六五六（営業）

装幀者　山崎　登
印刷・製本　中村印刷株式会社

ISBN 978-4-8318-3457-7 C3315

幡谷明講話集　全七巻

Ａ５判・上製カバー装・各巻四、〇〇〇円＋税

第１巻　浄土文類聚鈔講義
第２巻　文類偈講義
第３巻　唯信鈔文意講義
第４巻　浄土三経往生文類講義
第５巻　浄土論註講義　上
第６巻　浄土論註講義　下
第７巻　講話集　帰るべき世界